高职高专
智慧健康养老服务与
管理专业系列教材

智慧养老实务

于　敏　张振霞　王　燕　徐玉梅　主编

ZHIHUI YANGLAO SHIWU

化学工业出版社
·北京·

内容简介

《智慧养老实务》的内容分为七个部分。绪论部分为智慧养老的概述，第一章介绍不同养老模式对智慧养老的需求及应用，第二章介绍智慧养老模式的设计及实施，第三章介绍智慧养老的关键技术，第四章介绍智慧养老的实现，第五章介绍智慧养老的发展趋势，第六章介绍智慧养老案例。全书将智慧养老的理论和实践相结合，框架体系完整，逻辑严密，配备数字资源（以二维码形式呈现），具有较强的实用性和可操作性。

本书的知识性和实用性并重，既可以作为高职高专类院校智慧健康养老服务与管理、健康管理、现代家政服务与管理等专业的教材使用，又可供各地卫生健康部门、民政部门、老龄办，以及从事智慧养老工作的机构、智慧养老设备提供商、智慧养老方案提供商、相关从业人员阅读和参考。

图书在版编目（CIP）数据

智慧养老实务/于敏等主编.—北京：化学工业出版社，2022.5（2023.5重印）
ISBN 978-7-122-41389-5

Ⅰ.①智… Ⅱ.①于… Ⅲ.①养老-中国-高等职业教育-教材 Ⅳ.①D669.6

中国版本图书馆 CIP 数据核字（2022）第 077627 号

责任编辑：章梦婕		文字编辑：谢晓馨　陈小滔
责任校对：宋　夏		装帧设计：张　辉

出版发行：化学工业出版社（北京市东城区青年湖南街 13 号　邮政编码 100011）
印　　装：河北鑫兆源印刷有限公司
787mm×1092mm　1/16　印张 11½　字数 278 千字　2023 年 5 月北京第 1 版第 3 次印刷

购书咨询：010-64518888　　　　　　　售后服务：010-64518899
网　　址：http://www.cip.com.cn
凡购买本书，如有缺损质量问题，本社销售中心负责调换。

定　　价：36.80 元

《智慧养老实务》编审人员

主　编　于　敏　张振霞　王　燕　徐玉梅

副主编　曹冬梅　郑昆明　裴　云　高　飞

编　者　（按姓名汉语拼音排序）

曹冬梅（潍坊市智慧养老服务中心）

董玉兰（寿光市社会福利中心）

高　飞（潍坊护理职业学院）

侯帅杰（乌鲁木齐职业大学）

韩笑笑（潍坊护理职业学院）

贾珍珍（潍坊护理职业学院）

李　蕾（潍坊护理职业学院）

李　莉（重庆城市管理职业学院）

牛　耿（深圳健康养老学院）

裴　云（江苏经贸职业技术学院）

申　晨（潍坊护理职业学院）

陶　娟（安徽城市管理职业学院）

王　燕（潍坊护理职业学院）

王宗运（潍坊护理职业学院）

徐玉梅（潍坊护理职业学院）

于海萍（潍坊护理职业学院）

于　敏（潍坊护理职业学院）

郑昆明（山东易邻里信息科技有限公司）

赵擎擎（潍坊护理职业学院）

张艳玲（潍坊护理职业学院）

张振霞（潍坊护理职业学院）

主　审　李爱夏（宁波卫生职业技术学院）

前

言

随着我国老年人口的不断增多、老龄化问题日益严重，为实施积极应对人口老龄化国家战略、发展养老事业和养老产业，智慧养老应运而生。智慧养老作为一种新型的养老模式，在改善老年人养老环境和提高老年人生活质量方面有着巨大的优势。在国家政策的鼓励和支持下，智慧养老产业将迎来发展的黄金期，在现代服务业中的发展前景也愈加广阔。

"智慧养老实务"课程是高职高专类院校智慧健康养老服务与管理、健康管理、现代家政服务与管理等专业的核心技能课程。本书是根据《国家职业教育改革实施方案》及《职业教育提质培优行动计划（2020—2023年）》的精神和要求，由校企合作开发的职业教育教材，满足高等职业教育人才培养的要求，体现职业教育特色。

本书根据教学标准的要求和初学者的实际情况，从实用角度出发，以循序渐进的方式，由浅入深地全面介绍了智慧养老的相关知识和实际应用。本书的特点具体有以下几个方面。

实用性：注重激发学生的学习兴趣，培养学生自主学习的能力。在每一章节中设置了激发学生学习兴趣的单元导语或案例，使学生能够很快进入本章节的特定情境，为后面的学习做好铺垫。

科学性：本书的内容和形式以权威的理论为依据，以职业院校学生的实际需要为出发点，适合职业院校学生的实际需求。

实践性：提倡教学活动化，增强教学的实践性，重点设计两个环节。第一个环节是导入部分设置"案例导读"，学生可根据教材所提供的案例进行思考、探究，与其他学生或教师交流共享。第二个环节是每章都开展的"实训演练"，通过设计真实的、具有挑战性的、参与性强的问题和活动，引导和推动学生积极主动地探究问题。

本书的知识性和实用性并重，系统、全面地介绍了智慧养老的基础知识与应用技术，又对智慧养老实践及新领域进行了拓展。全书共分为七章，分别是绪论、不同养老模式对智慧养老的需求及应用、智慧养老模式的设计及实施、智慧养老的关键技术、智慧养老的实现、智慧养老的发展趋势、智慧养老的案例，同时配备数字资源（以二维码形式呈现）。本书既可以作为职业院校相关专业的教材，也可作为智慧养老从业人员的学习用书及参考资料。

本书由全国多所高职高专院校的骨干教师和企业人员联合编写，集思广益，力求满足智慧养老课程的不同需求。具体编写分工如下：绪论和第一章第五节由于海萍、张振霞编写，徐玉梅审稿；第一章第一节由李蕾编写，李莉审稿；第一章第二节和第四节由韩笑笑编写，陶娟审稿；第一章第三节由张艳玲编写，董玉兰审稿；第二章由于敏编写，王燕审稿；第三章第一节、第三节、第五节、第七节由高飞编写，牛耿审稿；第三章第二节、第四节、第六节由赵擎擎编写，裘云审稿；第四章由申晨编写，侯帅杰审稿；第五章由贾珍珍编写，曹冬梅审稿；第六章由王宗运编写，郑昆明审稿；全书由李爱夏审阅。

本书在编写过程中得到了作者所在院校领导的大力支持，编者在此表示衷心的感谢。另外，本书在编写过程中也参考了同行专家的论文和著作等资料，在此向相关作者表示深深的谢意。

由于编者水平及时间有限，不足与疏漏之处在所难免，敬请广大读者提出宝贵意见，以便再版时予以更正。

编者

2022 年 1 月

目录

第二章 智慧养老模式的设计及实施 / 051

第三章 智慧养老的关键技术 / 071

第四章　智慧养老的实现　　/ 117

绪论

知识目标

    1.掌握智慧养老的特点与内容。

    2.熟悉基于远程技术的智慧养老模式、基于智能家居的智慧养老模式、基于多方参与的智慧养老模式和基于养老管家的智慧养老模式。

    3.了解国内外智慧养老发展史。

素质目标

    1.培养热爱养老服务行业的职业素养。

    2.树立爱岗敬业的职业道德观念。

    3.努力学好专业知识，并在实践过程中不断丰富和提升专业素质。

PPT课件

📚 **案例导读**

为发展智慧养老，H 市建立了包括智能化养老服务平台、志愿者服务平台、智慧管家服务平台、养老机构管理平台等智慧平台在内的智能化养老服务机构，为老年人提供各种服务，方便老年人的生活。其服务主要包括以下几个方面。

"一号通"订单服务：所有生活在市区的居民，都可以拨打养老服务热线免费获取服务信息。生活服务平台：建立全市"社区＋居家服务业"综合数据库，实现"15 分钟生活养老圈"一键通订制服务。紧急求助：服务对象按下安装在家中的"电子保姆"呼叫器（紧急按"红键"，求助按"绿键"）后，智能化系统可同步显示用户的姓名、年龄、住址、子女电话、健康情况等信息。"一站式"保姆服务：为日间照料中心 3～5 公里❶范围内的老年人提供生活照料、医疗护理、家政服务、送餐送水、陪护等生活服务。"一张网"暖心服务：通过建立志愿者服务网，实现志愿服务记录和智能化管理，所有服务对象与爱心志愿者结成"帮爱对子"，定期组织开展志愿者活动。

智慧养老系统通过在全市建立市、区、街道、社区四级服务网络，服务范围覆盖到全体市民，帮助广大居民、老年人解决了紧急求救、生活求助、日常咨询等困难。在这种"无边界"的智慧养老模式下，老年人无需去养老院，只要在社区和居家的场景中即可享受传统养老院提供的养老服务，体会到智慧产业推进下智慧产品带来的智慧养老服务。

思考： 智能化养老服务平台有什么特点？它和传统的养老服务有什么区别？

联合国公布的人口数据显示，目前全球很多国家，尤其是发达国家，如欧洲、北美洲等地的国家正在面临人口老龄化的问题，日本是全球人口老龄化最严重的国家。根据我国第七次全国人口普查的结果，截至 2020 年 11 月 1 日我国 60 岁及以上人口为 26402 万人，占全国总人口的 18.7%，其中 65 岁及以上人口为 19064 万人，占总人口的 13.5%。与 2010 年相比，60 岁及以上人口的比重上升了 5.44 个百分点，人口老龄化程度进一步加深，均衡发展压力持续加大。面对我国人口老龄化日益严重的趋势，积极应对老龄化成为关系到我国国计民生和国家长治久安的一项国家战略，发展养老事业和养老产业、优化孤寡老人服务、推动实现全体老年人享有基本养老服务、解决养老问题成为实施战略的关键。

随着大数据、云计算、人工智能等新一代信息技术的发展，智能电网、智慧交通、智慧医疗、智慧环保、智慧城市等名词开始进入人们的生活，智慧养老在此背景下应运而生。2012 年，全国老龄办首先提出了"智能化养老"的理念，批准华龄智能养老产业发展中心在全国探索建立"全国智能化养老实验基地"，构建六大智能化系统——建筑设施智能化系统、物业管理智能化系统、健康管理智能化系统、生活服务智能化系统、照护服务智能化系统和文化娱乐智能化系统，为智能化养老树立示范样板，并为即将建设和已验收合格的老年社区、老年公寓等养老机构和老年服务设施提供参考标准。

一、智慧养老的含义

智慧养老的概念最早由英国生命信托基金会提出，旨在依托互联网、物联网、云计算和大数据等新一代信息技术，打破传统养老模式易受时空约束的局限，将养老服务中的各个主体整合联系起来，形成一个有机整体以提高养老服务质量。

---

❶ 1 公里＝1 千米。

（一）智慧养老与传统养老的区别

老有所养是中华民族的传统美德。从古至今，中国传统家庭以个人的终生劳动积累为基础，多采用代际交换的"反哺式"养老模式，大多数老年人倾向于传统养老，即家庭养老。所谓家庭养老指的是与社会养老相对应的一种养老模式，是指人进入老年阶段后，居住在家并由子女或者其他亲属负责照顾老年人的生活，养老问题全部由家庭解决的养老模式。家庭养老实质上是一种通过家庭成员之间的互助与自助行为使老年人获得生活保障的机制，它主要包括子女赡养和亲属扶养两种主要形式，其中以子女赡养为主。家庭养老为保障老年人的生活发挥了巨大的作用。

改革开放以来，我国社会在很多方面发生了转型，在一定程度上解构和重塑了家庭的基本结构、赡养功能和人伦关系。传统家庭养老模式在经济供养、生活照料、精神慰藉等方面都面临着诸多问题和挑战。主要表现在以下三个方面。

① 快速的人口结构转变使家庭养老功能弱化：我国不可逆转地从"多子年轻化社会"转向了"少子老龄化社会"。20 世纪 80 年代以来，我国人口结构发生变化，由于持续的低生育率，我国家庭出现规模小型化、结构核心化、功能虚弱化、关系离散化、风险放大化的趋势。0～14 岁少儿人口比重不断下降，65 岁及以上老年人口比重不断上升，养老问题接踵而至。随着人口结构转变的持续深化，独生子女风险家庭、脆弱家庭，以及失独、伤独、孤儿等残缺家庭和代际居住分离的老年空巢困难家庭不断增加，家庭抵御养老风险的能力受到极大挑战。很多独生子女已成年的家庭缺乏来自子代的养老支持和情感慰藉，家庭养老功能严重弱化。

② 劳动力等生产要素的自由流动导致出现老年空巢家庭：年轻劳动力人口大范围、远距离地流动，导致家庭居住模式的离散化和成员关系的疏远化，家庭空巢期提前出现。分开居住的偏好得到强化，老年空巢期延长，老无所依的潜在风险因此增大。

③ 城镇化进程导致农村老人和成年子女之间的"赡养脱离"：越来越多的年轻劳动力实现了"半城镇化"，即职业非农化、栖居城镇化。然而，年轻劳动力离开家乡却导致"赡养-照料-慰藉"的三重脱离，使很多农村老人被边缘化，出现了越来越多的空巢老人。

社会转型带来了巨大的养老风险，传统家庭养老模式已经危机四伏、难以为继。在这样的社会背景下，对养老模式进行改革，开创新的养老模式势在必行。信息技术的发展，特别是新一代信息技术的发展，为传统养老体系重新焕发活力给予了巨大的支持。很多地方尝试通过信息技术和互联网提高养老服务能力，即智慧养老，取得了不错的效果。

智慧养老利用先进的 IT 技术手段，研发面向居家老人、社区的物联网系统与信息平台，并在此基础上提供实时、快捷、高效、低成本的物联化、互联化、智能化养老服务。以可穿戴设备智能手表为例，其功能包括定位、求助、监测和报警。通过智能手表的 GPS 定位技术，可以随时了解老人的位置，不再担心老人走失或迷路。如果老人行动不便，当老人摔倒或突发疾病时，可以一键"SOS 紧急求救"，通知急救中心和家属，使老人在第一时间得到救助。此外，智能手表还能通过外接蓝牙医疗设备监测老人的血压、血糖等健康指标，这些自动采集的健康信息，加上服务中心医护人员或家属进行健康调查或定期体检录入的数据，形成持续的健康档案，可以对老人进行更全面的健康监测、预警、建议、指导、干预等一系列健康管理。多样的信息监测手段，能够帮助老人监测心脑血管等疾病的突发风险，形成健康的生活方式（包括合理作息、饮食、运动、服药提醒等），有助于对老年人常见慢性病的预防和康复治疗。当智能手表监测到脉搏异常时，手表就会自动报警，让家属或医护人员能及时了解情况，为老年人消除威胁健康的安全隐患。不仅是智能设备，智慧养老还需要监测系统、第三方商家、政府等多方的配合和支持。

目前，智慧养老以最前沿的物联网与互联网科技为基础，有效整合通信、生命体征监测等相关技术，根据传统养老的个性化及共性化需求，利用远程传感设备采集人体重要生理数据，通过无线射频技术传输到远程健康服务中心。医疗保健团队对这些数据进行远程实时监测分析，形成个人健康数据档案和分析报告，并提供专业的保健养生、医疗咨询与建议，从而实现保障老年人健康的目的。同时协同各个部门整合社会服务资源，调动各方面的积极性，共同营造老年人养老服务的社会环境，推动专业化的老年生活照料、医疗卫生、康复护理、文体娱乐、信息交流。智慧养老与传统养老相比，其优势主要表现在以下两个方面。

其一，智慧养老打通了服务通道，打破了原有的分割、固化、脱节、冗余的服务模式，尤其是智慧养老服务平台的建立与应用软件的更新升级，让养老服务的需求方和供给方对话无障碍，增强了两者之间互通有无的及时性和有效性。养老服务供给方可以及时、全面地了解养老需求方的差异性诉求，提供大众化和个性化的养老服务，大大提升养老服务的性价比、效率和质量，从而使供需双方实现双赢。

其二，从服务软硬件看，智慧养老服务比传统养老服务在服务软硬件上更胜一筹。智慧养老服务除人工和通信设备外，还融入了互联网、物联网、人工智能等高端科技，通过搭建养老服务信息平台，更加便于养老需求方通过网站、手机 APP、各类传感器、智能可穿戴设备等智能终端进行服务项目选择，使供给方通过云计算、大数据分析需求信息，实现养老需求方与供给方之间的隔空实时对话，有效提升养老服务效率和服务质量。

（二）智慧养老的定义

智慧养老包含"智慧"和"养老"两个关键词。"智慧"是指养老服务使用各种新兴的信息技术，特别是能够减少人工参与的智能化技术；"养老"是指为老年人提供必要的生活服务，满足其物质生活和精神生活的基本需求，也就是说，一种服务只要用在老年人身上，就可以称为养老服务。实质上，智慧养老是利用先进的互联网、云计算、可穿戴设备等新一代信息技术手段，整合政府、社会及社区家庭的资源，构建面向家庭养老、社区养老和机构养老的物联网系统与信息平台，为养老提供更便捷、高效、灵活的公共管理创新服务模式。它是面向居家老年人、社区及养老机构的传感网络系统与信息平台，可提供实时、快捷、高效、低成本的物联化、互联化、智能化养老服务。

目前，关于智慧养老还没有明确的定义。我国老龄办将智慧养老解释为：将智能化技术与养老服务相结合，依托网络和大数据，集合运用空间地理信息管理技术、数据传感技术、老年服务技术等，整合社会各个环节的资源供给方，为广大老年人群体打造安全、优质、低成本服务的新型养老模式。

智慧养老通常包括三个方面的含义，分别是智慧助老、智慧孝老和智慧用老。

智慧助老，即用信息技术等现代科技帮助老人实现"增""防""减""治"。"增"即增进老人的自理能力，如"防抖勺"技术可以帮助患帕金森病的老人自主进餐；"防"即防止老人出现意外，如在感测到老人可能跌倒的时候，防跌鞋会给老人的足部一个反向的力，从而降低跌倒的风险；"减"即减少老人的认知负担，如养老服务系统自动挑选值得信赖的服务商或服务人员推荐给老人，从而减少老人选择的压力，提高精准服务效率；"治"即辅助老人疾病的治疗，如服药提醒器可以提醒老人按时服药。

智慧孝老，即利用信息技术等现代科技提供孝敬老人的服务。助老更多是从设备、器材等物质方面给予老人帮助，智慧孝老则主要是从精神层面给老人以情感和尊严的支持。智慧孝老应用包含供老、料老、伴老、顺老、敬老、耐老、祭老、防啃老、防扰老九个智慧支持模块，老人或子女可根据实际情况选择使用。

智慧用老，即通过信息技术等现代科技利用好老年人的经验、技能和知识，帮助老年人实现人生的第二青春。一方面可以让老年人帮助子女带孙辈，或者协助其做好家务，同时，老年人所具有的一些独特的经历和感悟，也会给子女和孙辈很多建议和启示。另一方面，对于一些具有专业技能的老年人，他们还可以为企业或社会贡献自己的知识和技能。智慧用老除了利用信息技术支持老年人为家人提供帮助外（如老年人带孙辈的视频可以传送到老年人子女的手机上，实现三方的轻松互动交流），还可以通过一些系统或平台实现代际知识转移，促进年轻一代的知识利用或知识创造。

（三）智慧养老服务的特征

智慧养老的出现为养老服务带来新的机遇，其特征主要表现在以下四个方面。

1. 技术性

智慧养老利用现代化技术和智能设备，通过"互联网＋"和大数据的模式对海量数据进行分析，依托一系列拥有智能化设备的高新科技产业，实现自主的生活护理、起居帮助、信息传输、安全控制、生理数据检测、信息上传与下载等功能，挖掘市场的潜在需求，不断解决护理人员不足或者护理价格过高的问题，提高服务的质量，让老年人享受到优质的服务与体验，充分体现其智慧性。

2. 多样性

智慧养老服务的内容是多层次的，可以满足老年人多元化的需求。智慧养老服务的一大亮点就在于妥善地实现多种多样的生活护理功能，包括通过无人值守智能设备对失能老年人进行照顾和看护，通过家庭燃气检测系统、水电开关控制系统来保证老年人的居家安全，通过定位仪器、自动信号灯来保证老年人的出行安全等。智慧养老服务种类繁多且内容有着显著的多样性。

3. 综合性

智慧养老服务依托新一代信息技术来建设功能齐全的综合服务平台，它不再是传统养老模式中若干项旧有服务模式的简单堆砌，而是针对一系列传统服务的综合化平台。这个平台能够对老年人生活所需要的各项服务做出统筹化、综合化的设计，让不同背景下的社会资源通过平台进行统一分配，显著地完善了各类服务的协同程度。

4. 交互性

智慧养老的重点在于"智慧"一词，即通过必要的人工智能手段，对老年人的需求做出反应，给出必要的应答，或者是提供远程范围内的其他服务帮助渠道。同时，老年人对生活的诉求将在具备交互能力的智慧养老平台系统中得到充分的表达，如老年人可以通过智慧养老社交平台，利用其经验智慧发挥余热，做到"老有所为"，实现自我需求。

二、智慧养老的发展历程

随着我国人口老龄化程度的不断提高，智慧养老借助物联网、计算机网络、智能设备等先进技术，实现家庭养老、机构养老与社区养老等一系列传统养老方式的有机融合，为老年人提供不间断、全方位、便利高效的养老服务，从而满足老年人的物质与精神需求，是养老服务的升级。为了更好地发展智慧养老，促进养老服务行业的快速发展，需要了解智慧养老的发展史。

（一）智慧养老国外发展历程

西方国家进入老龄化社会的时间比较早，持续时间长，对养老问题的研究起步早而且技术较为成熟。2008 年 11 月，IBM 公司提出了建设"智慧地球"的理念。2010 年，IBM 公司正式提出"智慧城市"的构想。随后在"智慧城市"的引领下，大批"智慧"产业涌现出来，如"智慧交通""智慧社区""智慧零售""智慧教育"等，在此背景下，智慧养老应运而生。智慧养老的前身是"智能居家养老"，最早在 2012 年由英国生命信托基金会提出，当时称为"全智能化老年系统"，是指运用一套完整的智慧养老系统（智能家居、远程监控、呼叫求助）对老年人的居家生活进行远程监控，通过提供专业化服务，促进老年人的身心健康。智慧养老借助传感器、物联网、大数据等技术，改变传统的养老模式，为老年人提供生活照料、医疗健康、生命动态监测等服务，让老年人能够享受到高质量的老年生活。智慧养老早期研究主要围绕智能家居的具体应用功能、无线传感网络来展开，侧重于技术和应用功能研究。随后，美国、英国、日本等国家率先进行了有关智慧养老项目的实践，并获得一定的成效。

1. 养老服务创新方面

德国政府在智慧养老服务领域投入了大量资金及心血。2006 年，德国"高科技战略"中的"数字经济与数字化社会""健康化生活"等重点领域与智慧养老密切相关。2007 年，欧盟的 14 个成员国成立了环境辅助生活研究机构，建设环境辅助生活系统，即家中各类智能传感器共同连通在一个智能平台上，构建一个即时反应环境，一旦监测系统分析出居家者出现突发状况，便会紧急联络亲属、急救中心进行救援。2008 年，德国联邦教研部支持了 18 个与环境辅助生活系统研发相关的项目。由于家庭改装环境辅助生活系统价格较高，部分慈善机构使用养老保险专项经费来支付改造费用。另外，德国部分政府部门联合创建了一个基于信息通信技术的老年社会融入项目"SONIA"。"SONIA"将很多社交软件功能集成到平台上，提供交流、公告、娱乐等服务，线上线下相结合，减少了信息资源浪费，方便了用户反馈与政府监督，提高了老年人的生活质量。

2. 养老领域应用方面

日本政府在 2007 年提出借助护理机器人等智能化设备减轻家庭与护理人员的负担；2013 年探讨信息通信技术在超高龄社会的运用；2014 年日本部分政府部门实施照护机器人开发导入机制；2016 年提出"Society 5.0"计划，通过网络空间与物理空间的融合，使每个人共享超智能社会带来的福利。同时，日本政府对智慧养老产品的研发和推广十分重视。日本筑波大学研制的专为肌肉萎缩、行动不便的老年人设计的"机器外套"已成功推广，使老年人的行动和护理人员的工作变得更加简单。

3. 老年人及照护者的信息需求方面

2008 年，澳大利亚政府启动"老年人宽带项目"，在 2008 年至 2015 年间建立 2000 多个数字亭，老年人在数字亭可以免费使用电脑并接受相关的培训，使得老年人数字贫困问题得到有效解决。澳大利亚和英国成立的虚拟"第三龄大学"、美国的在线学习 SeniorNet 网站等线上平台均可满足老年人的线上学习需求。澳、美、英等国家公开政府收集的养老服务机构数据和现场检查数据，包括养老服务机构的地址、电话、服务种类、是否享受政府资助、评估等级等，满足公众便捷查询和了解养老服务机构的需求。澳大利亚政府为老年人建立了专门的老年服务网站——"My Aged Care"，为老年人提供需求评估、服务查询和投诉的渠道。澳、美、英等国家通过电话、网络等平台为家庭照护者提供支持，平台提供当地的服务资源、与照护者相关的资讯、老年护理知识、各项技能训练课程、康复器材的使用说明等，不仅能提高照护者的照护技术和照护质量，还能帮助老年人生活得更加安全和自信。

（二）智慧养老国内发展历程

我国的智慧养老起步较晚，总结其发展历程可划分为三个时期。

1. 萌芽期（2012—2013年）

我国智慧养老模式的产生来源于智慧城市的提出和发展。2010年在学术界出现了"信息化养老"的概念；2011年出现了"科技养老"的概念；2012年全国老龄办首先提出"智能化养老"的理念，并且鼓励、支持、推动开展智能养老的实践探索。后又提出了"网络化养老"的概念，进而发展成了"智能养老"与"智慧养老"。2013年国务院发布了《关于加快发展养老服务业的若干意见》，全国老龄办成立全国智能化养老专家委员会，为我国智慧养老产业发展制定目标、引路导航，学术界开始统一使用"智慧养老"。本时期经过政府和各界人士的积极推动，已有很多优质的智慧养老项目得到实施。

2. 发展期（2014—2018年）

2014年，民政部发布通知，在北京市第一社会福利院、北京市大兴新秋老年公寓、江苏省无锡市失能老人托养中心等全国7家养老机构开展国家智能养老物联网应用示范工程试点工作。2015年，国务院发布《关于积极推进"互联网＋"行动的指导意见》，明确指出要促进智慧健康养老产业发展。2016年，工信部、民政部和国家卫计委三部门联合召开"信息技术和健康养老融合发展高峰论坛"，提出要加强对智慧健康养老产业体系的推广，做大做强智慧健康养老产业，并在论坛上发布了《智慧健康养老产业发展白皮书》。2017年国家出台了《智慧健康养老产业发展行动计划（2017—2020年）》，2018年国家发布《智慧健康养老产品及服务推广目录（2018年版）》等政策，推动了我国智慧养老产业的不断发展。

3. 黄金期（2019年至今）

2019年1月21日，工信部、民政部、国家卫健委联合主办了第二届智慧健康养老产业发展大会，大会指出发展智慧健康养老产业为应对人口老龄化提供了有力的科技支撑，并再次明确了智慧养老相关产业政策及智慧养老发展路径。2020年，国务院办公厅印发《关于切实解决老年人运用智能技术困难的实施方案》，进一步解决了老年人在运用智能技术方面遇到的困难。2021年，工业和信息化部、民政部、国家卫生健康委三部门联合印发《智慧健康养老产业发展行动计划（2021—2025年）》，提出到2025年智慧健康养老产业科技支撑能力显著增强，产品及服务供给能力明显提升，试点示范建设成效日益凸显，产业生态不断优化完善，老年"数字鸿沟"逐步缩小，人民群众在健康及养老方面的幸福感、获得感、安全感稳步提升。二十大报告提出："深入贯彻以人民为中心的发展思想，在幼有所育、学有所教、劳有所得、病有所医、老有所养、住有所居、弱有所扶上持续用力，人民生活全方位改善。"智慧养老产业迎来发展黄金期。

三、智慧养老模式

随着智慧养老的不断发展，智慧养老模式得到不断创新。目前，常见的智慧养老模式包括四种类型，分别是基于远程技术的智慧养老模式、基于智能家居的智慧养老模式、基于多方参与的智慧养老模式、基于养老管家的智慧养老模式。

（一）基于远程技术的智慧养老模式

随着远程技术的发展，远程通信、远程视频、远程监测、远程医疗等已逐渐被人们所熟悉。基于远程技术的智慧养老模式运用智能设备，实时监控老年人的动向、身体指标，让智能养老设备走进生活，成为忙碌的子女背后的"眼睛"，从而更好地知晓老年人的信息。该模式的原理是运用物联网技术，设计出方便老年人佩戴的仪器，伴随着老年人的运动出行，监测老年人的各项生理信息，包括心率、血压、血氧、运动步数、睡眠、血糖等，根据监测到的数据干预运动、饮食、心理、行为等，同时将数据反馈给子女或养老机构。

目前，国内外较成熟的模式有瑞典的 ACTION 模式、芬兰的远程监测模式、中国珠海的 e-Link 模式等。

1. 瑞典：ACTION 模式

ACTION 模式即使用远程信息处理的干预措施，协助家庭护理人员来满足老年人的需求。ACTION 模式借助信息技术支持家庭护理者，以便能够更好地为老年人提供照护。ACTION 模式参与主体包括服务专家、家庭护理人员、接受服务的老年人。服务专家不直接为老年人提供服务，而是借助信息技术给予家庭护理的"新手"辅助指导。

在 ACTION 模式的整体结构中，服务专家的专业知识通过网络传递，能够最大程度被全体家庭护理人员学习和使用，从而间接提高了老年人的生活质量。该模式包括三种主要的组成部分：多媒体教育项目、配有视频电话的服务站、呼叫中心。其中，多媒体教育项目主要针对护理人员和老年人的需求开展，包括日常护理技能、喘息服务、对失智和卒中（俗称中风）患者的服务指导与认知训练，以及娱乐性的在线游戏等；服务站功能则需要老年人家中有一台能够上网的计算机，借助摄像头和互联网视频电话设施，方便使用者和呼叫中心的服务专家进行视频、语音互动。

2. 芬兰：以老年人为中心的远程监测模式

以老年人为中心的远程监测模式以物联网技术为依托，构建物联网监测系统框架。对常规的老年人活动，监测系统借助物联网三层体系架构完成收集数据、传递数据、分析数据等步骤。对正常的数据会定期向老年人提供监测报告、生活建议和早期预警等。对异常的数据将会启动相关干预措施，为老年人提供专业的指导和支持。为了更好地为老年人提供针对性的服务，监测系统还连入了第三方代理机构，以提供专业的医疗分析和服务。

3. 中国珠海：e-Link 模式

e-Link 模式通过老年人端、子女端、护士端、医生端等智能客户端，将老年人及其子女与治疗专家、护理专家、营养专家、运动专家、心理专家、辅具适配专家等远程连接。同时通过大数据计算，服务商也可更加精准地为老年人推送服务，提高服务精确度，提升服务质量。老年人的子女也可以通过手机 APP 获得老年人的健康数据，及时和老年人沟通并为老年人提供帮助。

老年人通过 e-Link 居家养老系统可以享受到综合评估、健康数据智能管理、日常生活远程监控、紧急救援（发生跌倒、走失等）、安全防护、生活照料、医疗保健、家政服务、人文关怀、文化娱乐等服务内容。

（二）基于智能家居的智慧养老模式

智能家居是以老年人居家为背景，通过可预测、可监测、可报警的家居设备的应用来保障老年人的生活安全。该养老模式的原理是通过安装智能安防、紧急求救、智能门禁、煤气监测、空气质量监测等居家设备或智能机器人，为居家老年人降低生活危险，营造安全舒适的环境。例如：法国 Sweet-Home 模式、德国环境辅助生活技术、中国北京无介入照护模式。

1. 法国：Sweet-Home 模式

Sweet-Home 模式以音频技术为基础，通过自然人机互动的方式（语音和触觉命令）为需要护理但仍能自主生活的老年人提供协助。独自居住的老年人可以直接向智能控制器提供信息（如语音命令），或通过环境感应装置向智能控制器提供信息（如温度、湿度）。该模式能帮助在活动、视觉方面有困难，需要安全保障的老年人，提高他们居家生活的自主性、舒适性和安全性。例如，在危险情况下发出警告或在老年人摔倒时协助他们进行求助，为老年人带来安全感。

在 Sweet-Home 模式整体的运行结构中包括全球性的住宅和楼宇控制标准，可以连接符合该标准或协议的设备。在老年人的家中，通过埋设话筒获取室内的声音，声音被获取或检测到后，分别进行声音的质量评估，然后对环境声音和人员语音进行区分，根据预设的算法进行处理，如果发现异常则进行报警，或者通过专门的交流设备与相关人员进行交流。该模式的目标用户是在家中独自居住并能自主生活，但是在视觉等方面需要帮助的老年人。该模式使他们尽可能以最自然的方式，随时随地掌控自己的生活环境，提升自己的生活质量。

2. 德国：环境辅助生活技术

环境辅助生活技术是一种具有扩展性的智能技术平台，它将各种不同的设备连接在平台上，构建一个能够即时反应的环境，利用移动通信技术对老年人的状态和环境进行分析，并实时监控老年人的身体状况，自动提供紧急呼救。它可以帮助使用者提高认知能力，进行各种基本的日常生活活动，让老年人在自己习惯的环境中生活更长时间，保证老年人生活安全的同时，降低老年人的看护成本，提高老年人的生活质量。

3. 中国北京：无介入照护模式

无介入照护模式以智能传感器为基础，通过传感器和云平台全天候监测并分析能自主生活并且比较重视自己身体健康情况或者存在一定健康风险的老年人的体征，以无人工介入的形式，在不改变生活习惯的条件下，为老年人提供照护和预警服务，发生异常后及时通知接警中心的监护人员和老年人的监护人，线下为老年人提供帮助和照护。

无介入照护模式的传感器可以分别安装在卧室、客厅、厨房、卫生间等进行日常活动的区域，可以选择跌倒、睡眠、淋浴、坐便、活动和呼叫六类传感器中的若干个进行安装。传感器能够检测老年人上述活动的情况，监测数据被传入云计算平台进行分析，对异常情况进行预警，并线下派出服务人员进行对接和照护。

（三）基于多方参与的智慧养老模式

基于多方参与的智慧养老模式是指多方联动，共同为老年人打造更便捷、更安全、更有质量的智慧养老环境。该养老模式的原理是利用医疗机构的技术和专业健康管理公司的团队服务，与社区家庭综合服务中心、卫生服务中心合作开展医养结合的居家养老服务，实现"医院-社区-居家"的养老模式。三者相互结合、补充，可一并解决资金、人才培养、经营三大难题。例如：NORC 模式（美国）、Honor 应用平台模式（美国）、"1＋2＋1"模式（中国乌镇）、"北京通"模式（中国北京）。

1. 美国：NORC 模式

NORC 模式称为"自然形成退休社区"，是因美国老年人选择居家养老、年轻人逐渐迁出社区等社会现象而自然形成的，其主要特征为社区内老年人口所占比例逐渐增大。NORC模式主要提供四个方面的核心内容，即个人社工服务、医疗健康服务、教育娱乐服务、给老年人的志愿机会。其主要涉及四个方面的参与者：社会服务提供者、医疗健康服务提供者、房产拥有者或管理者、老年居民。

NORC模式作为一个开放的环状结构，将不同的参与主体有效地组合在一起，形成了一个多主体协同治理体制。尽管每个NORC老龄社区支持的服务项目都有它独特的运营方式，但它们都在一个社区多主体协同治理的框架内，即社区范围内，多元的参与主体运用公共权力，通过平等的沟通、协商、谈判、合作方式，自发地组织起来采取集体行动，以解决共同问题，实现社区利益最大化。

通过整合多元化的合作主体，NORC模式非常重视具体运作项目的流程规范化，让多元主体参与到需求评估、项目设计、项目执行和效果评价等全过程中，并特别强化需求导向的项目管理。项目在执行前会进行全面的调研，通过采访和数据分析来确定每一个社区的独特情况。比如，老年人的年龄结构、收入水平、最普遍的慢性病等，NORC模式会根据这些分析对症下药，制订出最符合该社区需求特色的服务。

2. 美国：Honor 应用平台模式

Honor应用平台是由美国Honor Technology公司开发的APP类应用平台，主要服务对象为老年人。任何满足条件（有服务资质、年满21岁、提供过至少6个月的服务等）的人员均可在平台审核通过后，在Honor平台上注册成为一名养老服务的提供人员。Honor平台本身不提供线下的场所和服务人员，而是通过匹配养老服务提供人员与老年人或其子女线上提交的订单，满足其养老服务需求。

Honor平台主要提供陪伴服务、配餐服务、卫生护理、用药提醒、上门照护、简单家务、陪同锻炼、辅助出行等居家养老服务。老年人或其子女第一次注册使用时，需要接受平台的电话评估，评估时间在一个小时以上，评估内容主要涉及老年人的生活能力、心理情绪、认知情况等。评估结束之后老年人或其子女可以根据需要，选择相关服务和服务人员。Honor平台主要包括养老顾问、养老专业人员、Honor专家等。其中，养老顾问主要负责对老年人进行评估和制订护理计划；养老专业人员则是在Honor上注册通过的服务人员，主要由他们为老年人提供上门服务等；Honor专家负责提供"7×24"（每周7天，每天24小时）的在线电话服务支持。

作为第三方公司开发运营的平台，Honor已经在美国加利福尼亚州、得克萨斯州、新墨西哥州等地运营。其收费已经与政府的长期照护保险、公众医疗等经费涉及的多个系统进行了对接，精简了老年人和其子女的支付流程。

3. 中国乌镇："1+2+1"模式

乌镇的"1+2+1"模式是将政府、志愿组织、养老服务商等多方参与主体整合统一而形成的。该模式通过设立数据平台和管理平台，将多个主体的业务结合起来，方便为老年人提供更加优质的服务。通过整合各方力量，让不同的服务主体、监管部门、志愿者等共同参与养老，形成了不同干系人协同养老的服务模式。其中第一个"1"代表大数据平台，即构建一个数据中心，用于建立服务需求数据跟踪与分析体系；第二个"1"代表综合管理平台，乌镇政府涉及养老的主管机构可以利用该平台完成监管、审批等功能；"2"则代表常规服务和定制服务，常规服务可以通过交互系统进行多样化选择，定制服务则可以根据个性化需求来提供。

4.中国北京："北京通"模式

"北京通"是北京通养老助残卡的简称，它是集社会优待、政策性津贴发放、金融借记账户、市政交通一卡通等多功能于一体的IC卡。它由北京通养老卡数据服务中心进行推广，北京市60周岁及以上的老年人可以免费申请办理该卡，目前主要靠补贴和福利政策吸引老年人。其支付功能已与北京市多个部门，如市政交通一卡通平台、北京农商银行IC卡平台等进行对接，政府会按月或按季度将补贴统一发放到符合资助政策的老年人的养老卡中，老年人可以用补贴款项支付指定项目的费用。此外，老年人也可以在卡内充值并使用此卡进行普通消费。

目前，基于养老卡的数据已经可以完成特定区域（如市、区、街道、社区）的如下数据分析工作：区域老年人基本特征画像、区域高龄老年人画像、区域老年人消费行为画像、区域老年人出行行为画像、区域外地老年人画像、市内迁徙老年人画像、资金监管状态画像等。

（四）基于养老管家的智慧养老模式

养老管家是国外普遍存在的一种养老模式，该模式基于以人为本、人人交互的思想，能够个性化、专业化、有交互地为老年人提供养老服务。养老管家作为连接老年人和各类服务提供商的中介，是整个模式运营的核心，需要具备良好的道德素养和职业技能。

1.美国：分级分类的差异化服务模式

分级分类的差异化服务模式通过整合、集中各类养老服务，借助信息技术和系统，打破服务壁垒，集成整合为一个完整的家庭护理包。通过对老年人护理服务的分级分类，能够更加容易地区分出不同老年人的服务需求，实现"推荐式"的服务提供，即在护理过程中有针对性地向老年人推荐同一层或上一层的服务内容，老年人根据自身的需求和经济条件选择接纳与否。这种方式能够提前发现老年人隐藏的服务需求，同时也能够让服务供给方更加合理地进行人员安排。

分级分类的差异化服务模式包括以下四个差异化服务层次。

① 最底层的交互方式为人与环境，主要是自动监测，即借助自动监测设备，收集人的行为、生理数据，判断老年人的异常状态。这个服务层次的老年人数量最多，占接受服务老年人的50%，目前针对异常状态的服务单次成本为1~8美元。

② 第二层的交互方式为人与人，老年人通过打电话来提出相应的服务需求，再由工作人员完成需求的录入和服务资源的分配。这个层次占接受服务老年人的30%，目前针对老年人电话需求的服务单次成本为8~20美元。

③ 第三层的非就诊式照护采用服务推荐的方式，通过收集和分析老年人的长期服务需求，向老年人推荐最优的照护方案，这个层次占接受服务老年人的15%，目前针对老年人需求的服务单次成本为25~40美元。

④ 最高层的技能型照护也是采用服务推荐的方式，这个层次占接受服务老年人的5%，数量最少。但是位于这个层次的老年人一般是失能老年人，需要专业护理，因而服务单次成本很高，为80~125美元。

2.加拿大：SIPA模式

SIPA模式以养老管家为基础，以老年人作为服务对象，提供基于社区的、全方位的、整合的服务。其中，政府机构主要涉及老年人的保险金、补贴金等财政问题；社工组织主要涉及社区内开展的志愿服务活动；长期照护机构则主要提供长托、短托、日托等形式的照护服务；服务商则泛指第三方的养老服务商，它们可以为老年人提供助餐、助洁、助浴等服务；而家庭医师和医院等，则为老年人提供医疗保障和专业的医疗康复服务。

SIPA 模式的主要交互方式为人人模式，即老年人通过系统筛选出合适的养老管家后，养老管家针对老年人需求制订养老服务计划，并匹配相应的服务资源来服务老年人，使老年人能够尽可能地享受到最合适的服务。这种模式要求整个管理团队具备良好的 IT 素养，能够熟练使用系统的管理端和服务端，而老年人则不强求能够使用系统。

SIPA 模式是以社区为基础的整合照料模式，充分发挥了社区治理的优势，凭借养老管家这一中介，高效地整合和匹配社区范围内的各种养老和医护资源，从而不断提高养老资源的利用率，同时给老年人提供有针对性的养老服务。

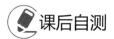

课后自测

实训演练

1. 实训目的

了解智慧养老的发展现状。

2. 实训内容与步骤

（1）阅读下列文本材料，进行材料分析。

在"后浪"奔涌的年代，老年人想要正常、舒适地生活，学会一些简单的手机操作与网络常识很有必要。

J 市是 S 省率先进入中度人口老龄化的城市之一，目前 J 市老龄人口已达 130 万人，占总人口的 20.47%。日前，在 J 市森林公园内，记者随机采访了 20 位 60 岁以上的市民，他们中有 8 人使用的是老年手机，剩下 12 人使用智能手机，但大多数人只会接打电话，有的甚至连微信都不会用。在这 12 位老年人中，有 8 人认为"智能手机学不会"，4 人认为"还在努力学习中"。那么，如何让他们尽快摆脱"边缘化"的处境呢？

为老年人提供有针对性的学习讲座，能达到立竿见影的效果。从 2017 年起，S 省老年大学就开设了智能手机班，每年上百个名额几分钟就被"抢光"。70 岁的李爷爷就是智能手机班的一名学员，上课的时候，老师每讲一句，他就认认真真地记在笔记本上，回家后再自己琢磨，不懂就跟儿子和孙子讨教。一个学期下来，他熟练地学会了手机的日常操作：社交、娱乐、支付。迈入古稀之年的他，今年还学会了玩抖音、制作美篇、在直播上购物，玩得不亦乐乎，比大多数老年人都"时髦"。

在 J 市，也有一些社区开设了类似的培训课程。L 区第三社区 60 岁以上的老年人有1000 多名，占社区总人数的 20%。为了帮助老年人跟上时代发展，社区连续多年开设了互联网培训班，教老年人使用手机、电脑、相机等电子产品。老年人的学习热情非常高，后期还准备开设一些进阶课程，比如如何玩抖音等。

老年人需要培训班，更需要家人的陪伴。子女送给老年人电子产品，却"管送不管教"，是当今很多老年人面临的问题。老年群体不能与时代脱节，更不能被科技发展所抛弃，这需要社会各界共同努力。一方面，子女应该给老年人多一些关爱，教父母使用科技产品也是尽孝的一种方式；另一方面，社会层面应扩大针对老年人培训的覆盖面，呼吁更多社区人员、社工、志愿者加入进来，对老年人实行普惠性的培训。政府在信息方面也应该提供"兜底保障"，为老年人保留一定比例的传统通道，比如银行、车站、医院等公共场所保留足够的人工窗口，来满足这些老年群体的需求，别让他们感到自己被人遗忘。

（2）开展小组讨论：如何让"智慧养老"真正体现和实现"智慧"，让老年人摆脱"边缘化"的处境？

3. 实训总结

记录小组讨论的主要观点，推选小组代表在课堂上阐述小组的观点。

第一章
不同养老模式对智慧养老的需求及应用

知识目标

    1.熟悉老年人需求层次模型和智慧养老对老年人需求产生的作用。

    2.掌握居家养老、社区养老、机构养老、异地养老的主要内容、特点，以及智慧化需求和应用。

    3.了解老年群体的概况和未来居家智慧养老服务的趋势。

能力目标

    1.能分析养老机构智慧化管理的范围，从智慧居家养老的角度为老年人提供相应的服务。

    2.具备实施智慧化居家养老服务的能力和应用现代信息技术管理的能力。

    3.能针对养老机构的实际情况提出相应的智慧化管理建议。

素质目标

    1.树立爱岗敬业、尊老爱老的职业道德观念。

    2.培养热爱养老服务行业的职业素养。

    3.努力学好专业知识，在实践过程中丰富和发展自己。

PPT课件

第一节　智慧养老的服务对象

📚 案例导读

为破解居家养老服务难题，M 县加大养老服务设施建设力度，有效整合线上线下社会服务资源。通过"互联网＋养老"模式，积极打造医养结合的智慧健康养老平台，建立线上信息化老年人服务数据中心，分为位置服务、健康管理、生活服务、智能居家四大板块，并通过政府购买服务的方式，引进知名智慧养老产业公司，为符合条件的困难老年人提供紧急救援、生活帮助、主动关怀、健康管理等服务，不断完善养老体系建设，解决老年人的"后顾之忧"，让老年人乐享晚年。

围绕"没有围墙的养老院"，M 县积极夯实智慧养老硬件基础，投资 1000 多万元在全县范围内建成了 1 个智慧养老服务平台、10 个城市社区居家养老服务中心和 51 个农村居家养老服务站点，成功构建"15 分钟养老圈"。智慧养老服务中心包括三层独栋小楼、孝老餐厅、老年人活动室、照料中心、24 小时呼叫中心等，样样俱全，可为老年人提供温馨、舒适、便捷、安全的养老服务。

M 县积极畅通服务连接，组建全天候 24 小时话务中心，为每位享受服务的老年人派发专业老年人手机，老年人可以拨打服务热线或请求助老人员上门服务。遇到紧急情况时，老年人可以使用手机的定位和 SOS 一键求助功能，能第一时间获得救援。

2020 年以来，M 县智慧养老服务中心已提供超过 6000 人次的服务，满意度提升至 96%，有效提升了老年人居家养老的幸福感、获得感。

思考： 怎样破解居家养老服务难题？

2021 年，国家统计局发布的第七次全国人口普查结果数据显示，我国 60 岁以上人口已达 2.64 亿，占总人口的 18.7%。而在 2018 年底，我国 60 岁以上人口为 2.49 亿，占总人口的 17.9%。随着人口老龄化程度的不断提高，高龄失能老年群体不断增多，养老从业人员已远远不能满足当前的需求。如何破解养老出现的难题，成为当前亟需解决的问题。

利用新一代信息技术，把那些人力做不到的、做不好的或者是不愿意做的事情交给机器、机器人或者设备去完成，成为一种解决途径。作为对传统养老模式的一场革命，智慧养老结合信息科技的优势与力量，为我国养老事业和产业面临的难题与困境提供新的思路和切实可行的实践道路。学习智慧养老，首先需要了解智慧养老服务对象的特点以及智慧养老对老年人需求产生的作用。

一、老年群体的概况

智慧养老的服务对象以老年人为主。对老年人的界定，通常发达国家将 65 岁及以上的人界定为老年人，发展中国家将 60 岁及以上的人界定为老年人。之所以采用不同的划分标准，主要是基于发达国家平均预期寿命比发展中国家要高的缘故。我国是发展中国家，尽管人均预期寿命高于发展中国家的平均水平，但仍然比发达国家要低，因此我国将 60 岁及以上的人界定为老年人。需要指出的是，老年人的年龄界定不是一成不变的，随着社会经济的发展和人口预期寿命的延长，用来界定老年人的年龄也将有所增加。

老年人是一个组织器官功能逐渐衰退、体弱多病的群体。为了更好、更合理地安排老年人的晚年生活和对其进行有针对性的生活照料与护理，对老年人进行适当的分类是非常必要的。

（一）老年人的分类

目前，对老年人的分类主要有四种：按时序年龄划分、按健康状况划分、按生活自理能力划分和按老年人的心理特征划分。

1.按时序年龄划分

根据现代人生理、心理结构上的变化，世界卫生组织将人的年龄界限做了新的划分，其中：60～74岁为年轻老年人；75～89岁为老老年人；90岁及以上为长寿老年人。

2.按健康状况划分

（1）健康老人。一般而言，健康老人是指身体基本无病、心理健康、社会交往基本正常的老人。中华医学会老年医学分会对健康老人的认定标准是：躯干无明显畸形、无明显驼背等不良体形；骨关节活动基本正常；神经系统无病变，无偏瘫、阿尔茨海默病及其他神经系统疾病，系统检查基本正常；心脏基本正常，无高血压、冠心病（心绞痛、冠状动脉供血不足、陈旧性心肌梗死等）及其他器质性心脏病；无明显肺部疾病，无明显肺功能不全；无肝、肾疾病，无内分泌代谢疾病、恶性肿瘤及影响生活功能的严重器质性疾病；有一定的视听功能；无精神障碍，性格健全，情绪稳定；能恰当地对待家庭和社会人际关系；能适应环境，具有一定的社会交往能力；具有一定的学习、记忆能力。

（2）非健康老人。主要指患有急、慢性疾病的老人。这类老人通常患有一种或多种急、慢性身心疾病，且这些疾病将随着年龄增大与身体衰老而不断恶化，影响老人的生活状态。

3.按生活自理能力划分

随着年龄增大、身体衰老和疾病的影响，老人的生活自理能力将逐渐衰退。因此，从生活照料的角度，又可将老人划分为自理老人、介助老人和介护老人。

（1）自理老人。通常是指通过对其直接观察或者生活自理能力评估，属于生活自理能力正常、日常生活无需他人照顾的老人。

（2）介助老人。相当于能部分自理的老人，对这类老人进行观察或生活自理能力评估，属于生活自理能力轻度或中度依赖、日常活动需要他人提供部分具体帮助或指导的老人。这类老人常借助扶手、拐杖、轮椅和升降设施等生活。

（3）介护老人。相当于完全不能自理的老人，对这类老人进行观察或生活自理能力评估，属于生活自理能力重度依赖，全部日常生活需要他人代为操持的老人。

4.按老年人的心理特征划分

老年心理涉及的内容包括老年人一切心理活动的变化，即感觉、知觉、学习、记忆、思维、反应、智力、个性、心理问题及其适应性等。老年人在感觉、知觉、反应各方面的变化除了受到生活经历和社会实践的影响外，与感觉器官以及神经系统的老化有着更多、更密切的关系，这是老年人的心理特征之一。老年人的心理特征个体差异较大，根据老年人的心理特征一般可将老年人分为以下几种类型。

（1）快乐型。这类老年人通常身体健康，长寿者较多。他们能较好地适应退休后的角色，热爱自己，热爱生活，常以自己感兴趣的活动来度过闲暇时间。

（2）慈祥型。这类老年人性情平和，胸怀宽广，乐于助人，人际关系较好，善于控制和调节自己的情绪，精神生活充实。

（3）孤独型。这类老年人性格多内向，常常自责，很少向外表露自己，对一切事情持悲观态度。

（4）暴躁型。这类老年人性格外向，脾气急躁，常常为小事而与他人争吵，造成人际关系不良。由于别人的"敬而远之"，使他们日益孤独，加上情绪不稳定，易患心血管系统疾病。

（5）猜疑型。这类老年人平时较少与他人接触与交往，对现状不满，郁郁寡欢，嫉妒心强。

后三种类型为适应不良的个性类型，容易使老年人产生人格障碍，如孤独、固执、抑郁、疑病、自卑、幼稚化等。

随着年龄的增长，老年人的多种能力会逐渐衰退，有些能力的衰退还比较明显。比如，因为平衡能力的下降，老年人开始使用拐杖；因为远视戴起了老花镜；由于失聪用上了助听器；等等。在科技发达的今天，人们从生理和心理上对老年人能力的衰退有了更广泛和更深入的了解。下面将系统地介绍老年人与智慧养老终端设备操作密切相关的特点。

（二）老年人生理特点的分析

由于老年人的器官与组织存在不同程度的退行性变化，某些生理功能已存在明显的减退，往往视觉、听觉、味觉等的变化容易首先显露出来。

1.视力

由于晶状体的混浊及其调节能力下降，老年人多有屈光不正、老花眼或白内障，导致视力下降，光感降低。因此，伴有这些感觉功能减退的老年人容易产生焦虑与压抑感，心情不畅快，与外界交往受到影响，易孤独、抑郁等。具体表现有以下几个方面。

（1）老年人的视敏度较低，辨认精细物体的能力下降。深度视敏度是指对两个物体相对位置最小差距的分辨能力。老年人深度视敏度明显下降（45岁以后即有下降），以致老年人在判断距离或深度时经常出现困难，判断不准确，走路时深一脚浅一脚。老年人在走路、上下台阶、上下楼梯时要看清脚下的路，避免迈空摔倒。

（2）老年人对视觉信息加工的速度下降。老年人对视觉信息加工的速度下降，表现为反应的潜伏期加长，即从呈现刺激到做出反应之间的时间延长。

（3）老年人的视觉注意容易受到无关刺激的干扰。在要求注意力转换时，老年人的反应往往随条件复杂性的增加而变慢。老年人的抗干扰能力以及注意转移的灵活性都较青年人差。

2.听力和语言

老年人因年龄增长而出现听力和语言能力衰退的现象，具体表现为以下几个方面。

（1）辨别轻声，特别是低音量的能力降低，和老年人交谈需要用高于正常人的音量。老年人对高频率声音的敏感度降低，相比于其他声音，更容易听不见或听不清高频率的声音。

（2）过滤背景噪声的能力降低，老年人越来越难以从嘈杂的声音中分辨出自己想听的部分，也就是说老年人需要更安静的环境，嘈杂的环境对他们的干扰更大。定位声源的能力降低，由于老年人不能容易地判断声源的方向，导致通过声音来指示方向的应用效果下降。同时听力降低和其他能力衰退会产生叠加效应。

（3）语句组织能力下降。老年人的语句结构趋于简单；越来越少地使用大段的、前后有逻辑关系的语句；语言的丰富程度降低，词不达意的情况明显增加。老年人选择使用不当词语的现象增多，有的时候自己也能很快意识到，但是无法避免。理解快速话语的能力降低，这是听力和大脑结合的处理能力衰退的迹象。即使听清楚了，但理解的速度跟不上，导致老年人不一定能够及时地、正确地理解快速话语。

（4）讲话的速度变慢、犹豫。由于记忆力变差和大脑处理语言的速度降低，老年人讲话的时候速度会变慢，经常在选择适当的词语时犹豫不决，经常反复地重复某些词语。声音频率变高，虽然老年人对倾听高频率声音的敏感度降低，但他们自己的声音频率却会变高。

3. 肢体操控

由于老年人在生理机能方面的能力减弱，导致肢体操控能力也随之下降。主要表现在以下几个方面。

（1）精细动作能力与手眼协调能力下降。老年人按小按钮、滑动、双击等操作的失误率显著增加。同时，一心二用时的操作失误率显著增加。

（2）动作变得更缓慢，动作的一致性下降。老年人需要更多的时间来完成一个动作，并确认操作成功，才会开始下一个动作。每次做同一个动作会有不同的随机扰动。比如，这一次双击速度可能过快，下一次又可能过慢；这一次点触的位置偏左了，下一次可能偏右。

（3）动作力度控制力下降。老年人按键或点触的力度时轻时重；为了赶速度，操作的力度经常过轻，但力度重往往又伴随着动作慢。

4. 认知

伴随老年人年龄的增长，其认知能力的下降不亚于器官衰老。老年人认知能力下降主要表现在以下几个方面。

（1）短期记忆能力和长期记忆的存储及提取效率均下降。老年人很容易忘记近期甚至刚刚发生的事情，经常需要利用记忆中的内容来辅助当前任务的能力下降。

（2）举一反三能力下降，空间记忆能力下降。老年人举一反三所需的识别事物共性的能力下降，涉及事物的相对位置和归属关系的记忆能力下降。

（3）专注能力下降，一心多用的能力下降。老年人很容易被其他事情打扰、分心，开始厌恶需要一心多用的任务，他们往往顾此失彼，很难同时做好几件事情，导致全面的、从多个方面考虑一个问题的能力下降。

（4）反应速度和处理速度下降，多种认知能力下降的叠加。老年人需要更多的时间做决策，经常犹豫。多种能力的综合下降，导致老年人整体能力加速衰退。

二、老年人需求层次模型

由于老年人口的增多，关于老年人需求的研究已经引起许多学者的广泛关注。

马斯洛需求层次理论是行为科学的重要理论之一，由美国心理学家亚伯拉罕·马斯洛于1943年在《人类激励理论》论文中提出。马斯洛需求层次理论将人类的需求划分为五个层次，即生理需求、安全需求、情感需求、受尊重需求和自我实现需求。它们构成一个具有相对优势关系的等级体系，一种需求被满足之后，另一个更高的需求就会产生，成为引导人的行为的动力。马斯洛需求层次理论已经得到广泛的认可，是各项行为科学研究的基础理论之一。左美云在《智慧养老：内涵与模式》一书中参照马斯洛的需求层次理论，对老年人的需求进行分析和归纳，得到老年人的需求层次模型。

（一）生理需求

马斯洛需求层次理论的第一层次是生理需求，它是最低级的需要，如衣、食、住、行、受护理的需求等。它们在人的需要中最重要、最有力量。

老年人相比于一般人，由于他们自身存在一定的行动障碍或认知障碍，较难独立地保障自身的生命安全，所以老年人的生理需求还应该包含受护理的需求。帮助老年人有效地明确生理需求，可以使老年人及时有效地利用社会提供的各种资源满足自己日常生活的需要，提高老年人的生活质量。

（二）安全需求

马斯洛需求层次理论中的第二层次为安全需求。安全需求比生理需求较高一级，当生理需求得到满足以后就要保障安全需求。每一个在现实中生活的人，都会产生安全感的欲望、自由的欲望、防御实力的欲望。

对于老年人而言，安全需求具体体现在生命安全、养老安全和社会安全三方面。其中，生命安全的需求具体体现在对医疗保障体系的需求；养老安全的需求具体体现在国家制度和政策上对老年人老有所养的保障，如医疗保健和养老政策等信息需求；社会安全的需求具体体现在社会对老年人所形成的安全保障，如充分考虑老年人特殊需求的社会公共设施等。

（三）情感需求

第三层次为情感需求。情感需求是指个人渴望得到家庭、团体、朋友、同事的关怀、爱护、理解，是对爱情、友情、信任、温暖的需要。情感需求比生理和安全需求更细微、更难捉摸。它与个人性格、经历、生活区域、民族、生活习惯、宗教信仰等都有关系，这种需要是难以觉察、无法度量的。

对老年人而言，老年人对情感的需求要比一般人更为强烈。老年人不仅需要来自儿女、伴侣的信息，更需要来自亲朋好友的近况信息。对于孤寡老年人，这种需求更是强烈。为了使老年人的生活具有归属感和成就感，很多老年人加入兴趣小组、社会团体，他们也需要其所在团体的相关信息，如物理社区、虚拟社区、老年社团的活动信息等。

（四）受尊重需求

受尊重的需求包括内部尊重和外部尊重，细分为自我尊重、自我评价和尊重别人。内部尊重是指个人对自己的实力充满信心、具有独立自主能力；外部尊重是指个人希望外部对自己尊重、信赖和高度评价。受尊重的需求很少能够得到完全的满足，但基本上的满足就可产生推动力。

结合老年人的特点分析，老年人的内部尊重主要是指老年人的自尊，来源于个人对自己的实力充满信心，这需要依靠自我评价的工具和信息；老年人的外部尊重是指个人希望外部对自己尊重，这需要依靠社会评价的工具和信息。

老年人受尊重的需求具体体现在四个方面：老年人对自我的肯定、老年人在家庭中的地位、在所参与团体中的地位和一般性的社会地位。老年人可以根据自我评价和社会评价的信息调整自己的态度和行为，并且进一步加强自己的能力，使自己在家庭中的地位、在所参与团体中的地位和一般性的社会地位得到保持或提高。

（五）自我实现需求

自我实现需求是马斯洛需求层次理论中最高层次的需求。满足这种需求就要求完成与自己能力相称的工作，充分地发挥自己的潜在能力，成为自己所期望的人。这是一种创造的需求，有自我实现需求的人，似乎在竭尽所能，使自己趋于完美。自我实现意味着充分地、活跃地、忘我地、全神贯注地体验生活。

老年人具有丰富的工作经验，他们毕生的知识和经验是宝贵的社会财富，社会应该向有工作需求的老年人提供更多的工作岗位信息，使有工作能力的老年人能够找到自己发挥余热的空间。但是老年人在实现个人理想、发挥个人所长为社会创造价值时，为适应相应的工作岗位，也需要掌握新技能和学习新知识，这就需要相应的知识技能和工作岗位等的信息。

目前，社会对老年人各个需求层次的关注程度是不同的。对于老年人的生理需求、安全需求、情感需求这三部分基本需求，社会的关注程度很高，但是对于老年人的受尊重的需求和自我实现需求的关注则较少。随着经济和社会的发展、国家对养老行业的支持、老年人生活条件的改善，老年人对受尊重和自我实现的需求必将扩大，老年人的整体需求也必将进一步提升。

三、智慧养老对老年人需求产生的作用

在快步走向人口老龄化的今天，智慧化技术的应用将会发挥重要的作用，对老龄化社会产生积极的影响。具体地讲，智慧化技术可以从满足老年人的生理、安全、情感、受尊重和自我实现等需求的角度出发，提供相应的智慧养老产品和智慧养老系统，为了解和满足他们的各种需求提供广泛可信的信息支持，从而提高老年人的生活质量。

（一）智慧养老产品和智慧养老系统对老年人需求的支持

1. 生理需求的信息支持

老年人的生理需求主要是衣、食、住、行等基本需求和受护理的需求。目前，养老企业提供的智慧养老产品和智慧养老系统不仅使老年人可以通过打电话、上网等多种方式登录老年生活类信息网站或养老服务平台，获得各种相关的服务，保障老年人的基本生存需求，还可以存储老年人的护理需求和护理进展情况。可穿戴设备等智能产品可以提供老年人的身体信息，监护人可以通过相关系统或相应的手机 APP 及小程序了解老年人的身体状况，及时了解老年人的需求。另外，老年人居住的公寓或社区可以引入智慧养老系统，建设信息化老年公寓和社区。

2. 安全需求的信息支持

在生命安全方面，可以利用信息技术制造适合老年人的报警应急设备，如带有报警功能的可定位手杖。这种手杖不仅可以在老年人意外摔倒或昏厥时发出报警的声音，更可以通过定位系统及时向老年人的监护人报告老年人的具体位置。在医疗保健信息的支持方面，可以通过医疗信息系统的建设和运行，建立老年人健康跟踪档案，完整地记录老年人以往的医疗信息和基本状况，为医生制订正确的治疗方案提供相关信息。还可以采用远程医疗，并通过互联网向老年人提供医疗服务信息，有助于为行动不便的老年人介绍居家诊疗服务。除了要给老年人提供各种老年人辅助器具和医疗机构的信息外，还可以通过互联网及时发布养老政策和保险的详细信息。

3. 情感需求的信息支持

从满足感情交流的角度出发，一方面，互联网可以跨越空间的鸿沟，利用即时通信工具、电子邮件、微信群等方式将相隔异地的老年人与其亲友紧密地联系在一起；另一方面，智慧养老产品和智慧养老系统可以突破时间的界限，通过生命历程数据库等方式，让老年人时刻可以感受到亲情、友情、爱情的存在。再者，从形式上，智慧养老产品和智慧养老系统还可以丰富老年人与亲友的沟通方式。从单纯的声音到图像，从动态影音到陪聊机器人等人

机交互技术，实现老年人与亲友进行虚拟互动。从满足归属感的角度出发，网络的普及可以让那些不方便出门的老年人通过微信群、微信公众号、微信服务号，以及网络社区中的互动形式，了解社会团体的相关信息并参与感兴趣的活动，从而增强老年人的归属感。

4. 受尊重需求的信息支持

老年人期望受尊重，期望得到家庭成员、团体成员以及相关社会公众好的评价。相关机构可以在互联网上开设老年人自我评价系统，根据科学的自我评价指标体系，老年人可以进行自助式自我评价。老年人所在的社区或团体也可以开设网上社会评价系统，实现互评机制。评价结果只有被评价的老年人自己能看到，但是评价者可以是多元的。老年人可以根据自我评价和社会评价的结果调整自己的态度和行为，保持或提高在家庭中的地位、在所参与团体中的地位和一般性的社会地位。

5. 自我实现需求的信息支持

智慧养老产品和智慧养老系统不仅可以帮助老年人掌握与时俱进的技能，也可以为他们创造新的途径以完善自我。首先，普及老年人的信息技术教育，相关机构可以向老年人推荐他们喜爱的网站和远程老年大学，让他们掌握最新信息和知识，紧跟时代的步伐；也可以采用慕课和直播等新的形式让有经验的老年人授课，让有学习意愿的老年人听课。其次，利用信息技术开发一些与老年人从事的工作相关的辅助工具，如老年人阅读器、老年人助听器、老年人网页浏览器等；降低一些工种的体力支出，增强容错性能，放宽职位对工作年龄的限制，合理、有效地利用老年资源。最后，可以借助网络技术，为老年人创造新的就业渠道。例如，可以建立老年人再就业的信息平台和老年志愿者系统，合理配置人力资源，实现老年人力资源的再利用。网络技术可以规避老年人行动上的弱势，同时可以发挥老年人经验丰富的优势。例如，可以通过网络上的经验日志、技术论坛等汇集老年人的智慧，为社会创造价值，满足老年人发挥余热、实现自我的需求。

（二）老年人使用智慧养老产品存在的困难

老年人随着年龄增长而形成的行为习惯，会影响他们对智慧养老产品和智慧养老系统的使用。这些行为习惯有些和生理状况的改变直接相关，有些和老年人心理状况的改变、老年人的知识形成过程和状态的改变相关，这限制了老年人对智慧养老产品的进一步使用，特别是对智能产品的使用。总结起来，具体表现在态度和知识两个方面。

1. 态度

老年人的态度很多时候决定了使用智慧养老产品的成败。对于新鲜事物，老年人往往表现出以下几种态度。

（1）厌恶风险：老年人不愿意尝试他们感觉有可能不成功的事情，不愿意丧失自主性。特别是如果一个产品或服务让老年人始终觉得大幅度地限制了其自主性，则很容易被那些追求自主性的老年人抛弃。

（2）易受挫折并放弃：当老年人尝试使用了一两次新产品且没有成功后，往往放弃使用该产品，出现问题常常喜欢归责，包括自己。对于产品使用的失败，往往设定的责任方包括设计方、产品厂商，甚至自己。

（3）有意避免使用"老年产品"：对于标示为"老年产品"的器具和应用，老年人有着本能的抗拒，有意避免使用。

2. 知识

老年人拥有的知识与现实脱节是老年人使用智能产品的另一个常见障碍，记不住智能产品常用的一些术语和标识，或者对术语和标识有不同的理解，导致操作不当或失误。具体的知识型使用障碍主要有以下几个方面。

（1）对技术术语和标识不熟悉：产品使用说明或产品界面标识中使用了老年人不熟悉的技术术语，对老年人的使用意愿有阻碍作用。有的产品设计为了美观、简洁和格调，使用一些标识代表某些功能，但老年人往往不能准确理解这些标识的含义，无法建立抽象的连接关系。例如，我们常看到的代表"设置"的标识是一个齿轮，但是很多老年人实际上并不明白为什么齿轮会代表"设置"。

（2）不了解智能产品的操作动作：智能产品的操作有时候会和现有产品的操作习惯不一致，导致老年人操作出现障碍。例如，在计算机上使用视窗右侧的滚动条使屏幕上滚即显示下面的内容，是通过鼠标非常简单地将滚动条向下拉，而在触摸屏上显示下面的内容，则是手动将屏幕向上滑动。这些年轻人看起来非常简单的事情，在很多老年人眼中并不容易分辨，导致老年人在操作时感觉越发的麻烦。

（3）对智能产品的理解过时：老年人对新鲜事物的接受速度相对于年轻人要慢，一些智能产品的使用模式，对于某些老年用户来说很难类比到生活中某个熟悉的场景，因此智能产品难以被老年用户理解。

新的科学技术知识在老年人中普及，对通过智慧养老来应对人口老龄化危机是十分必要的，所谓的"技术普及"便是智慧养老落地普及的重要手段之一。

第二节　居家养老对智慧养老的需求及应用

📚 案例导读

　　Y地区为满足居家老年人多层次、多元化的养老服务需求，为本辖区居家老年人提供个性化、精细化的养老服务，利用"互联网＋"、云计算、大数据等技术建立智慧居家养老服务体系。智慧居家养老服务体系采取的是"一个中心、两个平台、三级服务体系"的运营架构。一个中心，即智慧居家养老服务中心，委托社会机构托管运营。两个平台，即智慧养老服务平台、养老信息综合管理平台。三级服务体系分别为智慧居家养老中心、智慧养老社区服务站、养老服务商或服务人员。该体系以老年人为中心，通过线上线下、三级联动、人机结合、在线结算的方式，实现了全地区养老服务数据归集管理、服务资源统筹调配、服务项目统一上传、服务补贴实时结算、服务质量全程监管。为老年人提供上门生活照料、日间托老、助餐送餐、代购代缴、卫生保洁、维护修理、家庭医生等居家养老服务，真正为老年人的生活带来了便利。不管是睡眠异常还是水火隐患，通过与智慧居家养老服务体系的数据连线，都能通过监控设备在后台及时发现问题。老年人感到自身不舒服，也可以通过智能设备一键呼叫，有利于实时掌握居家老年人的日常状态，在意外情况发生时可以第一时间帮助老年人摆脱困境。档案管理、远程健康监控、SOS定位、呼叫中心、服务商管理、生活服务工单等，这些都是管理平台能够为老年人提供的服务，能够满足老年人的多种需求。

通过智慧居家养老服务体系，可以实现政府部门、居家老年人、老年人家属、养老服务商四方的有效对接，在安全健康管理、服务预约和服务满意度反馈等模块进行实时的查看和管理，有效提升了服务管理的质量和效率。智慧居家养老服务体系可以利用智能化手段对区域所有养老服务资源进行整合，连接到平台数据中心，将线下和线上资源匹配融合，最终做到资源的合理分配与精准对接，实现资源利用最大化。

智慧养老的运用与普及，为居家老年人打造了"15分钟生活服务圈"生态系统，建立了全功能、一站式的社区生活服务体系，让老年人在家就能够享受到专业化的服务，提升了政府对养老服务业的监管效率，推动了养老服务业向前发展。

思考： 根据案例，智慧居家养老服务有什么特点？它和传统的家庭养老有什么区别？

受中华民族传统的家庭伦理观念影响，我国大多数老年人不愿离开自己的家庭和社区到一个新的环境去养老，更倾向于选择居家养老，因为居家养老的诸多优势符合我国"未富先老"的社会特点。我国人口老龄化是在经济还不够发达、物质条件尚不充裕的情况下到来的。通过居家养老服务，可以让一部分家庭经济有困难但又有养老服务需求的老年人得到精心照料，从而对稳固家庭、稳定社会起到良好的支撑作用。

居家养老服务采取让老年人在自己家里和在社区接受生活照料的服务形式，适应了老年人的生活习惯，满足了老年人的心理需求，有助于老年人安度晚年。它是一种既不同于家庭保姆，也不同于一般意义上家政服务的独特养老方式。国家"十一五"期间提出"9073"养老模式，即90%的居家养老、7%的社区养老、3%的机构养老，确立以居家为基础、社区为依托、机构为支撑的养老格局。世界卫生组织调查也显示，老年人更愿意在熟悉的环境中养老，居家养老可以和周围环境融为一体，延续以往的社会网络，这是老年人非常愿意选择的一种养老方式。但是在现代化背景下，由于之前我国实行计划生育政策，家庭规模日趋小型化、破碎化，目前家庭结构普遍呈现"4-2-1"（4位祖父母、2位父母及1个孩子）形式，在不久的将来甚至会出现"8-4-2-1"（8位曾祖父母、4位祖父母、2位父母及1个孩子）现象。这意味着一个家庭需要赡养与照顾的老年人相对增多，与此同时压力增大。在这种情况下，政府、社区、养老机构如何把养老服务延伸到居家养老的老年人，满足他们对社会化养老服务的需求，是必须着力解决的一个现实问题。同时，我国失能老年人、高龄老年人、空巢老年人数量巨大，这部分人多数分散居住在各自的家庭中，其养老不仅有生活照料、精神慰藉问题，更有医疗护理问题。如何帮助老年人安度晚年，让青年人无后顾之忧，成为当前居家养老发展亟需解决的问题。

一、居家养老的特点

居家养老最大的特点是解决了社会养老机构不足的问题，将大龄下岗职工和缺乏生活照顾、需要居家看护的老年人这两个困难群体的需要相结合，调动社会和企业的力量，出资建立家庭养老院，形成老年人、养护员、政府和多方受益的良好模式。近几年通过居家养老的发展，我国居家养老的特点逐步显现。

（一）由政府主导，家庭、社会力量共同参与

政府在居家养老服务中发挥了主导作用，运用政策手段等方式调配社会资源，监管服务机构，保证老年人能享受到更为优质的养老服务。目前，我国居家养老服务发展还处于基础

阶段，需由政府科学决策，对空间布局、设施建设、土地供应、重大项目设立、资金投入等进行合理规划。政府主导并非政府包办，居家养老的发展方向由政府指引，而在具体服务开展、服务模式选择、运营方式管理等方面不做具体、统一的规定。

这种由政府主导，家庭、社会力量共同参与的养老服务建设模式，既有利于政策的落实，维护市场稳定运行，又有利于多样化居家养老服务模式的探索和实践，有助于培育居家养老服务社会组织，缓解家庭养老压力，营造尊老爱老的社会风气。

（二）创建多元化服务主体

居家养老不仅发挥了政府的主导作用，同时充分地调动社会各界的关注和参与养老服务的积极性。志愿者、民间组织、企业共同参与居家养老服务，各主体职责分明，有利于完善服务体系。

（三）服务软件建设的重要性日益提升

近年来，养老服务软件建设滞后的问题日益凸显，政策重点开始转向服务建设。国家发布了一系列养老服务要求、安全管理、服务质量评定等服务类标准，为国内居家养老服务提供了良好的政策环境。居家养老服务内容、模式的创新，服务管理科学性的提升，服务人才的培养，社会组织的培育，服务网络的建设都需要创新服务软件建设。

（四）由单纯的服务提供向服务体系发展

国内居家养老服务呈现出"多元化、整体化、体系化"的发展趋势。国内最早的居家养老服务以生活照料、家政服务等简单服务为主。2000年以后，服务内容多元化，各地逐渐推出医疗康复、精神慰藉、法律咨询、应急救助等服务。2008年以后，居家养老服务开始向整体化迈进，服务理念由维持基本生活向提高生活质量转变，各地开始建设居家养老服务网络，推行个性化、整体化的照护。同时，居家养老服务体系与社会保障体系、老年人消费市场、老龄事业法规等养老服务相关领域联系得越来越紧密。

（五）服务队伍的专业化

很多居家养老服务是由专业化队伍承担，专业化队伍提供较为全面、专业和优质的服务，包括生活护理、家政服务、医疗养护、精神慰藉等。将养老服务作为一种行业，发展规模化、品牌化的养老服务产品，已成为社会福利事业的重要特征。

二、居家养老的现状及智慧化需求

（一）居家养老存在的问题

目前，居家养老得到了快速的发展，但是在发展的过程中也出现了很多问题。

首先，定义中所说的"依托社区"目前基本上很难实现，因为目前社区的职能和人员配备使得社区普遍不具备被依托的条件。实际上，现有的、传统的居家养老可以说大多是游离于政府和社区以外的纯市场化模式。例如，老年人家庭需要找一位保姆或"小时工"工作人员，或者需要一个清洗油烟机的服务，这和政府、社区基本没有什么关系，家庭可以通过网络、报纸、电话、口口相传等方式来发现、评估并选择服务人员。

其次，在常被提到的"9073"或"9064"（90%的老年人在社会化服务的协助下进行居家养老，6%的老年人通过政府购买社区服务进行养老，4%的老年人入住养老服务机构集中养老）养老格局中，居家养老服务都涉及高达90%的比例，关系到绝大多数老年人，这一领域也是传统政府管理中明显缺位的地方。迄今为止，在居家养老服务方面并没有清晰的政府管理边界，社区在其中的角色也不明确。政府除了为部分符合条件的兜底老年人（一般不超过老年人比例的 3%～5%）购买一些居家养老服务（以救援服务、保洁服务、助餐服务为主）外，在居家养老急需和刚需的医疗护理、精神慰藉等服务方面的有效供给尚存在不足，同时对从事居家养老服务的社会力量的政策支持和引导有待提高。

最后，医疗护理、健康管理、文化娱乐和教育学习对于中、高龄居家的老年人来说是被需求的，尤其是那些由于身体原因已经不能频繁出门的老年人。但是目前的服务方式导致其服务价格难以被这些因循传统观念的老年人接受，因此并没有真正进入老年家庭。

即使在我国城镇里老年人居住密度相当高的地方，居家养老服务依然有不适合纯人工服务的部分：服务对象居住分散、服务需求碎片化、服务实施成本高、服务过程监管难等，而这些恰恰是智慧养老潜在的大有作为的领域。随着人口老龄化的持续加剧，具有共性的居家养老服务的需求密度会越来越大，最终会在智慧养老的辅助下，形成可持续的居家养老服务模式。那么，什么是智慧居家养老服务呢？

智慧居家养老服务是通过整合各养老服务关联方的资源，实现"线上＋线下"的智慧社区居家养老服务的模式。本模式以社区居家用户需求为依托，以智慧养老平台为支撑，以特色居家养老服务为核心，以快捷支付方式为纽带，整合社区养老服务设施、专业服务队伍和社会资源，建立"医家通"智慧养老解决方案。本模式在适应老年人生活习惯的同时，满足老年人的心理需求，为老年人提供综合性的养老服务，从而高效解决养老家庭的难题，同时实现资源的最大化利用。

（二）居家养老智慧化需求

通过科技手段兼顾到老年人的需求，兼顾到子女时间、精力的不足，让老年人在家、在熟悉的环境中，不需要出门也能够得到良好的照护，这种养老方式称之为智慧居家养老。它的优点在于保留了居家养老模式的精髓，同时引进人工智能技术，能够为老年人提供更为高效、优质、精准的养老服务。利用先进信息技术手段，智慧居家养老可以为老年人提供物联网化、互联网化、智能化的个性养老服务。而实现智慧居家养老的关键技术点在于无障碍感知老年人的各项身体指标数据，通过数据分析判断老年人的各层次需求，从而快速准确地按需提供服务，尽可能地降低现有的养老服务成本，准确有效地对服务进行客观评价与监管。智慧居家养老不仅能解决老年人的日常生活问题，同时尽可能地满足老年人各方面的需求，关注细节之处。如随时观察老年人身体状况、是否走失、是否需要帮助，对老年人提供健康管理、应急救助、生活照料等服务，形成"互联网＋养老服务"的新模式。居家养老智慧化需求具体包括健康监测需求、居家安全需求和日常生活需求。

1. 健康监测需求

健康监测需求是老年人非常关心的需求之一，老年人担心自己得不到专业的健康护理，遇到危险时得不到及时救助。针对此难题，智慧居家养老包括为居家老年人实时监测心率、血压、定位等信息，跟踪记录老年人的健康情况，并通过智能终端设备将健康数据上传到应用中心并做好档案管理。此外，当老年人有亚健康隐患时，需要智能养老应用中心发出警报，并通知子女、社区服务中心和专业医疗服务机构。智能养老设备可以提醒老年人准时吃药，推送包括医疗、急救资源、家政服务资源、旅游资讯、健康教育类视频等相关内容，让居家老年人随时随地享受到更专业的养老和健康看护。

2.居家安全需求

居家安全是居家老年人的子女忧心的问题之一。老年人做饭忘记关煤气、洗澡不小心滑倒、出现问题无法第一时间呼救等，这些问题很容易危及老年人的生命安全。为此智慧居家养老解决方案中包括为老年人提供智能养老设备，并与信息化养老平台对接，多方面保障老年人居家安全。例如当老年人忘记关火时，安装在厨房的烟感报警器会第一时间响起警报提醒，并通知应用中心及家属，避免险情发生；如果老年人摔倒，智能手表设备能立即通知社区人员或亲属，使老年人能及时得到救助服务；当老年人在户外时，家属也能通过智能养老设备对老年人的位置进行精准定位，以防走丢。

3.日常生活需求

日常生活照料是老年人居家养老的基础，大部分老年人希望足不出户也能获得养老服务。智慧居家养老需要根据老年人的个性化、共性化需求，为老年人提供家政服务、家居维修、远程导游、出行导航、生活提醒、居家环境安全检测、购物消费咨询、消费投诉处理等服务。

三、居家养老服务的主要内容

（一）不同国家居家养老服务的内容

居家养老服务是政府和社会力量依托社区，以上门服务为主要形式，涵盖生活照料、家政服务、康复护理、医疗保健、精神慰藉等方面，具体服务项目包括家务劳动、家庭保健、辅具配置、送餐上门、无障碍改造、紧急呼叫和安全援助等服务，让老年人在社会服务的支援下，尽可能延长在家养老的时间。它是对传统家庭养老模式的补充与更新，是我国发展社区服务、建立养老服务体系的一项重要内容。居家养老服务的主要内容在不同的国家略有不同，下面选取美国、日本、新加坡等发达国家进行说明。

1.美国

美国政府对老年人实施全面的医疗照顾，基于医疗保险项目形成一个全方位的照顾计划，为老年人提供所有的医疗相关服务。它包括：急性照顾服务、看护服务、初级医疗照顾、住院治疗、护理院照顾，以及预防性的、恢复性的、治愈性的、护理性的服务，此外还在社区为居家老年人安装电子应急系统来处理紧急情况。

2.日本

推进家庭护理、保健、医疗和福利一体化是日本养老制度的基本特点。老年人生活不便，通过专业人员定期上门提供医疗护理和康复指导，延缓衰老进程，促进和维持健康状况。家庭成员的关爱和赡养也是日本居家养老的重要内容。

3.新加坡

通过家庭实现的居家养老，即年轻人与父母同住实现赡养父母和照顾老年人，这是新加坡政府大力鼓励的。对无暇照顾在家的老年人和孩子的人，新加坡成立了"三合一家庭中心"，将托老所和托儿所有机地结合在一起，老少集中管理，既顺应了社会的发展需要，解决年轻人的后顾之忧，又满足了人们的精神需求，增进了人际交往与沟通，防止"代沟"的出现。

总结各国居家养老服务的内容，具体可以分为以下几类：第一是物质生活方面的需求，如衣、食、住、行、用；第二是精神文化需求，如文化娱乐、保健、医疗卫生等；第三是情感和心理慰藉方面的需求，比如心灵沟通。老年人也有为社会发挥余热来实现自身价值的要求，这也是心理慰藉的需求。

（二）我国居家养老服务的内容

在我国，居家养老服务主要以老年人两个基本的需求为主，即养和医。具体主要包括以下内容。

1. 生活照料服务

生活照料服务主要指为了帮助老年人解决和克服生活中的困难、满足其基本生活需要而提供的各种日常生活的帮助与照料。如提供与身心健康有关的治疗、康复预防，以及生活照料、家务助理、出行协助、事务管理等方面的服务，也包括健康风险评估、例行体检、营养咨询与教育、有关慢性病的健康教育等推广活动。此外还提供专门的服务项目，包括送餐服务、信息服务、志愿服务、代际互助服务、日托服务、营养配餐服务、护理服务等。

2. 心理辅导服务

随着老年人年龄的增加，其在遭遇身体机能逐渐衰退、经济收入降低、社会地位下降、社会活动减少、丧偶、家庭变故、亲朋好友生离死别等事件时，很容易产生孤独、寂寞、忧郁的精神状况，从而引发心理问题。因此，针对老年人的心理问题，要帮助老年人进行自我心理调适，以缓解其内心的压力，使其对生活保持一种健康的心态。

3. 法律维权服务

老年人作为社会弱势群体，其合法权益容易受到损害。因此需要帮助老年人依法维护权益，防止其权益受到损害，为老年人提供法律咨询、法律援助，以及维护老年人在赡养、财产和婚姻等方面的合法权利，让老年人安度晚年。

4. 满足特殊需求服务

老年人除了具有一些共同的需要及共同的问题外，有些老年人还有一些特殊的需要，面临特殊的问题。因此在关注老年人普遍的需要及问题的同时，还应该注意到一些老年人特殊的需求，并有针对性地提供合适的服务。例如，有些老年人面临被虐待和疏于照顾的问题；有些老年人面临丧亲问题，感到难以接受，也难以走出悲痛的情绪；还有些老年人害怕死亡，处于对死亡的恐惧之中。

5. 文体娱乐服务

随着年龄的增长，老年人的社会活动通常会越来越少。要为老年人提供各种文体娱乐活动，丰富老年人的日常生活，鼓励老年人走出家庭参与到活动中去，增加老年人的社会交往和生活的乐趣，使老年人老有所乐、老有所为。

6. 教育服务

随着社会发展步伐的加快，知识更新速度也在加快，只有不断学习才能更好地适应社会的发展，老年人也不例外，而且有些老年人还有强烈的学习愿望。因此，通过提供老年教育服务，为老年人创造学习知识、技能的环境和氛围。

7. 其他服务

其他服务包括邻里结对、相互关爱等志愿服务。可采取菜单式服务方式，将居家养老服务补贴的资金折算成各类服务时间，供老年人自主选择。服务对象可以在民政部门确认的服务机构中自行选择服务机构。若发生纠纷，当事人可自行选择解决方式，如双方协调解决、向辖区仲裁机构申请仲裁、向人民法院提起诉讼等。

另外，基于自主选择或者出于无奈而在自己家中养老的老年人在家里生活也可以获得这些服务，这类居家养老服务包括上门入户的（以助洁为主的家政服务、助急服务和紧急事务处理）、协助外出的（以外部服务为主的助医和助行服务，如挂号、陪同就医、协助外出）、结合社区服务上门入户的（助餐服务，如送餐上门、帮助做饭；助浴服务，如上门协助洗澡）服务。

四、居家养老智慧化应用

居家养老智慧化应用主要根据居家老年人的养老需求，利用互联网、物联网、云计算、大数据等信息化技术，通过各类传感器及面向居家老人、社区养老服务中心的网络系统与信息平台，提供实时、快捷、高效、低成本的互联化、物联化、智能化的养老服务，维护老年人的安全和健康，使之享受更理想的老年生活。居家养老智慧化应用在家庭场景中主要是通过智能产品（如可穿戴设备、APP、智能家居等）来实现健康管理、远程医疗、家庭服务等。目前，智能可穿戴设备在老年人群体中使用最普遍。在社区中，智慧居家养老服务主要表现在健康管理、生活服务和服务系统三个方面，包括上门服务和社区设施服务等。大部分社区定期提供健康检测服务，主要为老年人测量体温、血压、血氧、血糖、脉率等，并将测量数据上传至系统平台。此外，部分社区提供家政服务、社区食堂服务、志愿者服务等，建立老年人护理、老年人日托和老年人活动中心，为老年人提供无偿或低偿服务。社区借助互联网等现代科技手段建立服务系统，将老年人的生活、健康、家庭信息等录入系统，形成专人专档，以便实时掌握老年人的健康状况。

综上所述，居家养老智慧化应用主要体现在服务信息化上，具体包括以下方面。

（一）健康管理方面

利用现代化的互联网技术建立老年人健康数据库，并提供相应的健康服务，这是一种通过利用互联网资源来改善和解决用户健康问题的方式。主要包括个人健康实时监测与评估、慢性病筛查、个性化养老等服务内容。

智慧居家养老系统可为用户提供一系列综合的健康管理功能，如预约家庭医生、管理健康档案，以及采集与记录血压、血糖、体重、血脂等健康数据，并结合家庭医生的评估意见做出个性化的健康评估报告，为用户提供慢性病医保购药、慢性病管理服务、专家电话视频问诊这三方面的健康管理功能。

（二）生活需求方面

智慧居家养老系统的服务对象主要是退休后的老年人，因此需要很好地整合多种公共与社会服务资源来满足老年人的养老生活需求。智慧居家养老系统整合了多种市场化养老服务，为老年人提供餐饮订购配送、上门理发等各种细致服务；与养老院等养老服务机构合作，进行院内老年人接待管理、服务管理、床位管理等工作，详细记录老年人入院信息、护理安排等，建立全方位、全天候、全立体的养老看护体系，满足老年人的各种生活需求；提供社交互动和线上老年大学两个服务板块来满足用户的精神文化需求，建立专属老年人的社交空间，可随时发起或报名各类兴趣活动，与老年同伴交流沟通。线上老年大学能为老年人提供求知、求健、求乐的需要，并且开设有关琴棋书画、音乐舞蹈、养生讲堂等各个领域的课程，帮助老年人获得精彩的课程体验。

（三）信息交互方面

"互联网＋"信息交互是将互联网技术与实体医院、药店、医疗保险机构等相关部门相关联，实现优势互补、信息交互及业务往来，使得优质医疗服务能够交叉融合，以此更好地优化资源。例如，平台可以通过信息传输与处理实现可穿戴产品的信息读取与处理等。智慧居家养老系统可以通过护工助手，以手机或相关方式查看系统信息，来帮助护工进行日常护理等工作。护工能够通过系统及时查看老年人信息、每日护理计划和执行情况的填报。在可穿戴产品方面，利用"一键报警器""健康手环""血压仪"等智能设备，与落地的业务应用对接，运营商选定设备，平台提供免费对接。智慧居家养老系统以社区为纽带，为老年人推荐保险信息、生活用品，同时开发"走路赚钱"功能，带动老年人运动打卡，将相关信息传递到老年人用户信息平台；与相关医院进行合作推出养老套餐，并且配备智能血压仪、智能血糖仪、智能手表等设备，老年人可以在家自己测量身体数据，子女监控，数据分析通过APP传给相关人员，实现信息交互。

（四）产业链合作方面

随着"互联网＋医疗"的快速发展，中国互联网巨头都开始涉猎智慧医疗领域，开展与医疗平台的产业合作。阿里健康的产业链已经进入医药电商，京东则有自己运营的京东大药房、京东互联网医院等，这些"互联网＋"产业链的合作已经成为医疗发展的趋势。例如，建立长护险管理系统，与政府政策对接，包括长护险申请及评估、服务机构管理、护理计划管理等功能模块。同时，农家乐养老基地、乡村老年公寓、分时度假养老社区等相关产业链也和智慧养老结合，发展旅居养老，为老年人提供更为丰富的服务及商品。

（五）智慧居家养老系统

老年人居住在家中、生活在家中，加强居家服务信息化平台建设，对改善老年人居家养老的支持环境具有重要意义。

智慧居家养老系统由"居家养老服务信息化平台"和智能终端设备组成。居家养老服务信息化平台的功能主要包括老年人信息管理、呼叫弹屏、自动定位、呼叫报表统计功能、加盟商与服务商管理功能、紧急呼叫自动短信发送、远程健康监护、视频关爱（当服务中心不能通过电话联系上老年人时，可以通过视频远程查看）等。它外接有线或无线的老年人专用终端呼叫器，该终端呼叫器可以实现一键拨号功能，并能提供紧急呼叫求救和求助功能。具体流程包括：老年人用户通过手机或呼叫器采用"一键通"或拨打电话提出服务要求；服务中心根据老年人服务要求进行分区和项目归类，同时联系社区服务站或服务人员，进行服务对接和派单；终端服务店接单，联系客户确认信息及服务时间，并安排服务人员上门服务；服务中心24小时内按流程回访老年人，了解老年人对本次服务的意见及满意度；此次服务的信息会自动进入会员服务数据库备份，作为客户资料永久保存；终端服务店或服务人员根据此次服务获得相应记录和评级。

居家养老服务信息化平台实现了为居家老年人提供各项服务的功能。一是随着居家养老的普及，老年人的家属对居家养老的要求越来越高，比如老年人跌倒在街道上，家属不知道老年人在哪里出事情，家属可以根据GPS的定位跟踪老年人并了解老年人的位置；二是居家养老依托社区，将社区作为基本的服务单元，基于系统平台，社区服务中心的工作人员可以及时了解社区老年人的需求，并根据需求做出回应；三是平台为辖区内的老年人群及服务机构建立准确详实的数据库及服务档案，将周边的服务商户优化整合到社区服务中心，为社区老年人提供服务；四是以老年人数据库、呼叫中心及紧急呼叫终端为基础，构建紧急救援、生活帮助、主动关怀三大服务方式，打造"公益化为前提、社会化为基础、市场化为补充"的信息化、智能化的虚拟敬老院运营模式，推动居家养老服务行业持续、健康、快速的发展。

第三节　社区养老对智慧养老的需求及应用

📚 案例导读

近年来，国家相继制定了普惠养老相关政策，着力推动养老项目落地。国内不少社区康养中心开始运营，这些康养中心集日间照料与医养相结合的社区嵌入式养老服务机构，进一步推动社区养老运作模式和服务质量转型。

一、引入信息系统实现养老智能化、科技化

老年人走失、跌倒、坠床等都是养老机构的运营风险。如何保障老年人生活安全，让家人放心、安心？社区康养中心通过搭建"智慧养老管理服务系统"，构建了完整的高信息化管理服务体系，对各模块业务进行集约化管理，有效缓解了运营风险问题。

比如，在社区养老机构出入口安装感应器和声光报警器。当佩戴了标签的老年人在敏感区域内活动时，声光报警器会启动，并向工作人员发送预警短信，避免老年人走失。定位腕表、智能检测床带等智能养老产品，专门针对老年人设计，不仅可以了解老年人的实时位置、行动轨迹、心率、行走步数、睡眠情况等信息，还可以设置电子围栏、语音提醒，通过一键呼叫，可以进行双向通话。同时，心率异常、离开预设的活动范围、久静未动等情况出现时，智能养老产品也会自动报警。智能养老产品的运用，实现了对老年人实时连续监测，减少工作人员工作强度的同时也降低了管理风险。康养中心通过配置百余项适老化设施，诸如气垫床、机械浴等，切实提升了老年人的幸福感，让其生活更加舒适。

二、引进专业团队，合理搭配老年人所需膳食

社区康养中心老年人食堂，饭菜价格实惠，色香味俱全，不仅饭菜品种丰富、味道好，而且环境也非常干净整洁。为了方便老年人了解每日菜单，社区康养中心老年人食堂都会把每日菜谱张贴上墙供选。为了让老年人吃得好，康养中心还建立了自己的营养师及厨师团队，根据老年人的需求，研发符合老年人口味的菜谱。

为了最大化利用资源，社区康养中心老年人食堂不仅为入住的老年人提供可口的饭菜，还将服务范围辐射至周边社区居民，为普通市民提供就餐服务。不仅实现了社区资源共享，而且提高了食堂利用率。按照"设施适老化、场景居家化、养老智慧化"理念，该中心实行全过程医养服务，老年人无病时就在院内进行康养、健康管理；小病则可享受社区卫生服务中心的诊疗服务；如遇到突发性疾病，也能及时得到医院的急诊、急救服务。

思考：根据案例，社区智慧养老服务有什么特点？它的优势在哪里？

一、社区养老的特点

自 1887 年德国社会学家斐迪南·滕尼斯的《社区和社会》（*Community and Society*）

出版以来，"社区"日益成为社会学、社会工作学、政治学等学科的重要概念。在滕尼斯的眼中，社区和共同体的内涵是一致的。在我国，"社区"这一词语是费孝通在 20 世纪 30 年代初翻译滕尼斯的著作时想到的。事实上，人们生活的共同体不仅是个地域性概念，同时也是一个文化概念。根据汉语的表达习惯，"社区"一词可以把共同体与地方二者有机结合起来。

根据滕尼斯的论述，社区是指有相同价值观、人口同质性比较强的社会共同体，其成员之间亲密无间、守望相助、服从权威且具有共同的信仰和风俗习惯。这种共同体不是社会分工的结果，而是由传统的地缘、血缘、文化等造成的，这种共同体的外延主要限于传统的乡村社区。

随着经济的发展、社会的变化、文明的进步，社区的内涵、外延、结构、功能及其形态都在不断更新，并日益丰富和复杂化，但目前还没有明确的定义。有学者认为，社区是指居住于某一地理区域，具有共同关系、社会互动及服务体系的人群。也有学者认为，社区是一个社会集体，这个集体可以是在同一地域内的居民，也可以是有着共同生活方式、信仰、背景、利益及功能的一群人。但是无论如何，社区都离不开人口、地域、组织和人际互动等基本要素。

社区养老是常见的养老方式之一，它不同于居家养老，它是实现老有所养的重要形式。社区养老起源于英国 20 世纪 50 年代的"社区照料"，社区养老模式是通过整合包括社区居民委员会养老驿站、养老日间照料中心、老年活动站、文化站、社区卫生服务中心、社区医院、社区志愿者在内的社区资源，为老年人提供有效的全方位生活服务的一种模式。社区养老以社区为依托，将养老服务引入社区和家庭。一方面，弥补居家养老在日常照料上的不足，满足老年人在熟悉的社区中的生活需求；另一方面，有效地整合资源，充分利用社区内外资源，为老年人提供质优价廉的服务。

社区养老的特点在于老年人住在自己家里，在继续得到家人照顾的同时，社区的有关服务机构和相关人员为老年人提供上门服务或托老服务。需要指出的是，社区养老与居家养老偏重两个不同的方面，居家养老强调老年人的养老服务在家中进行，鼓励通过送餐上门、家政服务等方式为老年人生活提供便利。社区养老强调社区职能，既包括将养老服务资源整合到社区内，还包括"托老所""养老驿站""日间照料中心"等，白天将老年人在社区集中照料，晚上子女返回后送归家中。这两种模式随着社区整合的资源越来越多，有互相融合的趋势，统称为"社区居家养老"。

二、社区养老的现状及智慧化需求

（一）社区养老存在的问题

随着老年人年龄的增长和身体的衰老，老年人对社区服务的需求逐渐增加，对社区的依附性越来越强。依托社区构筑社会化养老服务体系不仅具有方便易行、针对性强、参与面广等特点，而且还能给老年人带来认同感和归属感。我国传统的大家庭正在或者已经被核心家庭取代，老年人和子女分开居住已经相当普遍，"空巢"家庭的增多给老年人的生活照顾、医疗保健及精神照料等方面带来了诸多不便。因此，依托社区构筑社会化居家养老是城市解决老年人养老问题、适应老年人及其家庭需求的客观要求，是社会发展的必然。

但是社区养老在发展的过程中出现了大量的问题。例如，老年福利设施在数量和质量上都与现实差距很大，现有社区服务中心照料老年人的能力远不能满足需求；很多社区服务中心照顾老年人的费用较高，也使一些经济困难的老年人望而却步。总结起来，具体表现在以下几个方面。

1.社区养老服务比较单一

传统的社区养老主要以政府为主导，一般只提供场地或一些简单的健身器材，养老服务比较单一，长期处于不盈利的状态。但随着社会的发展，单一的养老服务已不能满足老年人日益多样化的需求。

2.社区养老服务没有进行智慧化建设

许多传统的社区养老机构的管理系统不"智慧"，没有建立起以互联网为支撑的社区养老服务平台。社区养老机构、社区医院、政府养老部门和家政公司各自为政，交流合作程度低，区域内的养老资源没有得到有效的利用和整合，导致社区养老机构运行成本增加。

根据传统社区养老出现的问题，政府部门积极引导。2020年11月，住房和城乡建设部、国家发展和改革委员会等六部门联合印发《关于推动物业服务企业发展居家社区养老服务的意见》，提出要积极推进智慧居家社区养老服务，包括建设智慧养老信息平台、配置智慧养老服务设施、丰富智慧养老服务形式和创新智慧养老产品供给四方面内容。同时，企业积极参与，将现代科技手段和养老产业结合起来，整合资源，优化配置，推动养老服务智慧升级，弥补传统养老方式在服务和产品供给中的不足。

（二）社区养老智慧化需求

对于老年人来说，智慧社区养老服务主要包括医疗健康服务、日常生活帮助、日常安全监护和精神慰藉服务。其中医疗健康服务包括远程医疗、陪同就医等服务，例如营养搭配、锻炼指导、医疗建议等知识推送；日常生活帮助包括智能家居控制，例如控制电器、灯光，以及清洁电器等；日常安全监护包括监测身体指标、异常环境情况，向子女、社区反馈，进行预警；精神慰藉服务包括联系子女、亲朋交流、推送感兴趣的资源、提供娱乐活动。

具体社区养老智慧化需求包括：老年人服务需求、信息整合需求、决策支持需求、服务规范和监督需求。

1.老年人服务需求

随着社会的发展，老年人的需求也日益多样化，这就对养老服务提出更高的要求。如何有针对性地服务老年人，满足老年人的不同需求，这是社区养老进行智慧化提升的关键。社区养老智慧化可以为服务提供商与老年人之间搭建一个平台，进行服务需求与服务提供的精准对接，提高老年人对服务的满意度。

2.信息整合需求

社区养老智慧化智能平台可以通过遴选不同类型的合格服务商，发挥信息整合作用，整合老年人的健康信息、医疗护理信息、膳食偏好信息、家政需求信息等，为老年人推荐相关性或互补性服务。

3.决策支持需求

社区养老智慧化智能平台以大量的服务信息为数据基础，通过大数据分析和可视化设计，为政府、服务型企业、社区养老机构的各层次决策提供支持功能。

4.服务规范和监督需求

社区养老智慧化智能平台还具有规范和监督功能，既可以为从事养老服务企业的业务流程、服务的规范性提供支持，也可以将老年人及其家人对养老服务的满意度评分作为评价养老服务企业服务质量的参考，督促服务水平较低的企业改进服务，提高养老服务行业的整体服务水平。

三、社区养老服务的主要内容

社区养老是以社区为主长期开展照护服务，以家庭为核心，以社区为依托，以老年人日间照料、生活护理、家政服务和精神慰藉为主要内容，以上门服务和社区日托为主要形式，并引入养老机构的居家养老服务体系。

社区养老服务的主要内容如下。

（一）生活服务

社区工作人员照顾老年人的日常生活，帮助老年人买菜、做饭、洗澡、清理卫生等，为老年人购买生活用品或开展捐赠活动。

（二）精神服务

社区工作人员对老年人进行心理健康教育，陪老年人聊天、读书、散步或参加体育活动，丰富老年人的精神生活。

（三）健康服务

社区工作人员为老年人建立健康档案，并定期进行体检，给体弱多病的老年人提供医疗救助服务。

（四）走访服务

在节日或老年人的生日时，社区工作人员到老年人家中探望走访，陪老年人过节、过生日。

（五）日间照料

早上社区工作人员将老年人接到日间照料中心，组织他们开展文体活动，并负责老年人的午餐、休息和安全，晚上将老年人送回家。

（六）法律服务

社区为老年人免费开展法律咨询和法律援助。

（七）医疗保健服务

1.预防保健服务

社区根据老年人的需求制订有针对性的预防方案，预防方案应简明扼要、通俗易懂，便于老年人掌握预防老年病的基本知识并进行基础性的防治。

2.医疗协助服务

社区应遵照医嘱及时提醒老年人按时服药或陪同就医，协助开展医疗辅助性工作。

3.健康咨询服务

社区通过电话、网络、会议或老年学校授课等方式为老年人提供预防保健、康复护理，以及老年期营养、心理健康等知识教育。

（八）其他服务

根据老年人的需求，社区组织开展各种人性化的居家养老服务。

四、社区养老智慧化应用

随着以第五代移动通信技术、大数据、人工智能等为代表的"新基建"加速发展，社区养老智慧化应用以智慧社区养老云服务平台为基础，为社区老年人提供生活照料服务、健康生活服务、安全生活服务、品质生活服务和公共生活服务。其服务内容囊括了老年人生活的方方面面，能够为老年人提供全方位的服务。

社区养老智慧化应用包括基于大数据技术的需求分析和精准投放、基于人工智能技术的医疗或家庭机器人、基于物联网技术的远程监控和远程医疗等。基于大数据的智慧养老信息平台可以实现多主体实时沟通交流、传达意见和发出服务请求。

在数据共享与数据安全方面，智慧养老信息平台向政府政务数据系统提供母系统，制订完善的信息网络安全保障措施。在数据挖掘方面，智慧养老信息平台构建以服务对象为主的基础数据库，并以此为依据为服务对象提供精准服务。其中，基础数据库包含服务对象基本信息库、养老服务信息数据库、根据老年人健康状况形成的个人健康档案和社会养老服务资源数据库，对老年人服务需求进行精准化识别，为合适的供给主体建立系统，为精准化识别后的工作奠定信息基础。

智慧社区养老云服务平台以社区居家养老服务云呼叫中心为核心部分，老年人可通过在家中的一键呼叫器呼叫子女并紧急报警，也可通过智能手机或固定电话拨打公共服务热线，借助语音助手来满足相应的服务需求。同时，老年人可通过智能电视、智能终端或智能手机上的APP查看和预约智慧社区养老云服务平台提供的相关服务。社区周边及养老服务商可通过云服务平台加盟合作，为老年人提供全面周到的服务。另外，智慧社区养老云服务平台收集老年人的基本信息、子女信息、特殊老年群体（如空巢老年人）的健康情况等信息，形成一套三代亲属关系树图，为民政部门提供低保扶助等相关数据支撑。同时，针对老年人的健康情况，为老年人有针对性地推送相应的服务。老年人的亲属还可通过智慧社区养老云服务APP中的亲属平台实时查看老年人的预约服务、健康数据、定位信息等。

综上所述，社区养老智慧化应用将人工智能的技术优势与传统社区养老服务进行深度融合，寻找一种全面提升老年人生活体验的新模式。这种模式以社区为单位，通过人工智能相关技术学习老年人医疗护理知识，对老年人身体、情绪状况和其行为信息进行收集计算，并推断老年人所需要的服务。通过智慧社区养老云服务平台的建设，智慧社区养老服务所需的医疗服务设施、生活服务设施和娱乐活动设施等传统基建与新基建相融合。一方面将大幅提升社区养老的智能化水平，弥补短板，突破产业发展瓶颈；另一方面将提高社区养老服务质量和居民幸福感。

智慧社区养老模式是"互联网＋"时代下的新产物，是对养老这一民生问题做出的最贴切的回应，并且在我国取得了初步发展，其最终目的是利用现代信息技术为老年人创造一个更加幸福的晚年生活。目前，智慧社区养老服务模式取得了一定成效，但总体来看，我国的智慧社区养老仍存在诸多问题。如医患比例失调，现有养老模式与医疗卫生资源无法紧密结合；智慧养老平台技术不成熟，数据评估不准确，数据不安全；养老模式和智能养老产品单一，不能满足老年人多样化和个性化的需求；养老社区数量不足，基础设施不完善，智慧社区养老产业还处于发展的起步阶段；长期以来以部门为中心的政务信息化发展模式形成了条块分割的"信息孤岛"，数据共享较难等问题依然存在。智慧社区养老模式的构建是一个长期、具体、系统的过程，它更好地推动互联网产业与互联网思维的深度融合，打破我国社区养老事业的发展瓶颈。它不仅需要在政府的指导下整合和分配社会资源，也要提升相关企业的参与度和积极性，为我国养老事业的健康、长远与可持续发展保驾护航。

第四节　机构养老对智慧养老的需求及应用

📖 案例导读

　　某日午休时间，C养老机构中警报声突然在服务台响起，电脑屏同时闪烁，弹出对话框："6楼602房间，杨奶奶血压异常！"医护人员王护士一路小跑赶到房间，从叫醒杨奶奶吃药到测量血压，仅花了1分多钟。救助速度如此快，得益于C养老机构使用的智慧养老系统。智慧养老系统运用物联网、大数据、人工智能等新技术，让机构养老服务更加智能高效。

　　在C养老机构中，智慧元素可不少见：老年人佩戴的胸牌可用来定位，帮助紧急呼叫；卫生间的地垫一旦监测到老年人摔倒，可发出警报；智慧养老软件实时记录老年人的生命体征数据，供医护人员参考；枕头里藏着智能芯片，可以随时监测血压、心率；电灯、空调、电视等接入物联网，老年人通过语音就能操作；电灯和窗帘可以自动打开、拉开，智慧音响接收语音指令便可播放音乐、播报新闻；卫生间溢水会自动发出警报……

　　智慧养老系统不仅在养老机构实时提供服务，还可以通过系统后台查看60周岁以上老年人的基本信息、身体状况、养老需求等。同时，线上10多名专业话务员为老年人提供紧急救援呼叫、生活信息咨询、心理慰藉等24小时服务；线下100多名专业"助老员"随时待命，为老年人提供上门服务。

　　智慧养老系统还配备专用的手机，老年人可以实现一键点单。"助老员"接单后，便会为老年人提供助餐、助浴、助洁等服务。为了解决老年人不太会操作专用手机的问题，养老机构会专门组织培训，手把手教老年人使用。

　　依靠智慧养老系统，开展"线上＋线下"机构养老服务高效又快捷，满足了老年群体的多元需求。为鼓励养老机构推进智慧养老，民政部门按照老年人人数给予补贴，激励养老机构加快智慧养老建设进程；改进审批方式，让养老机构可以在线申请运营补贴；定时对全区养老机构进行考核，鼓励养老机构提高智慧化水平。

　　思考：你认为养老机构智慧化对养老机构和老年人有什么影响？

一、机构养老的特点

　　机构养老是指以社会机构为养老地，依靠国家资助、亲人资助或老年人自备的形式获得经济来源，由专门的养老机构，如福利院、养老院、托老所等，统一为老年人提供有偿或无偿的生活照料与精神慰藉，以保障老年人安度晚年的养老方式。目前，养老机构主要是为失能、半失能的老年人提供专门服务，主要有饮食起居、清洁卫生、生活护理、健康管理和文体娱乐等综合性服务。

随着社会经济的发展，人们对养老机构的接受程度越来越高，养老机构数量也在增加，发挥作用更加充分。养老机构作为现代服务业的重要组成部分，服务对象的特殊性决定了养老服务机构的特点。

（一）公益性

公益即"公众利益"之意。我国绝大多数的养老机构是以帮扶和救助城市"三无"、日常生活疏于照料、农村"五保"的老年人为主，多不以营利为主要目的，所以其公益性特征尤为明显。现在我国全方位、多层次的养老机构如雨后春笋般建立，不久的将来会充分满足全社会老年人的需要，社会公益性质将更加明显。

（二）服务性

与其他服务不同的是，养老服务是一种全人、全员、全程服务。所谓"全人"服务是指养老机构不仅要满足老年人的衣、食、住、行等基本生活照料需求，还要满足老年人医疗保健、疾病预防、护理与康复，以及精神文化、心理与社会等需求。要满足入住老年人的上述需求，需要养老机构全体工作人员共同努力，这就是所谓的"全员"服务。大多数入住老年人是把养老机构作为其人生最后的归宿，从老年人入住那天开始，养老机构工作人员就要做好陪伴着老年人走完人生最后里程的准备，这就是所谓的"全程"服务。

（三）风险性

入住养老机构的老年人平均年龄多在75岁以上，增龄衰老使老年人成为发生意外事件、伤害、疾病突发死亡的高危人群。此外，养老服务业又是一个投资大、回报周期长、市场竞争激烈的高风险行业，如果没有市场意识、经营意识，没有严格的管理和风险防范机制，必然增加养老机构投资与经营的风险。

（四）经营性

经营是任何社会组织、企业、政府部门、家庭都必须进行的活动。养老机构分属于社会组织或企业类型，经营不善会导致其难以发展，甚至难以生存。经营和管理是紧密联系的，公益性、微利性、营利性养老机构都应该搞好经营和管理，服务老年人，回馈社会。

二、机构养老的现状及智慧化需求

近几年来，随着入住养老机构的老年人增多，养老院的数量以及床位的数量已经满足不了养老的需求，再加上养老院的弊端不断显现出来，令子女难以将老年人交给养老院，这使养老的需求变得更大、更多元化。

（一）机构养老存在的问题

① 养老机构中许多设施、人员设置不够完善，这是财力、时间、人力和各种事宜造成的。

② 养老机构中的工作人员存在低工资、高付出的现象。工作人员难以长期留在养老机构工作，出现工作人员短期流失、流动的现象。所以要合理盈利，保障工作人员基本收入。

③ 养老对象呈现多样性。入住养老机构的老年人中，有些老年人性格开朗，兴趣广泛，善于交际；有些老年人则斤斤计较、爱抱怨，把以前的是非恩怨、心里怨气带到养老机构。

④ 养老机构各种担心事宜多、操心事宜多，很多养老机构出现不盈利或者盈利少的

现象。

针对以上养老机构在运营过程中存在的问题，养老机构必须要进行改革，解决机构养老存在的弊端。目前，养老机构通过引入智慧化技术来满足机构养老的智慧化需求。

（二）机构养老智慧化需求

伴随着养老产业的深入发展，传统养老已经不能满足社会的需求，养老模式正在由狭义的服务模式向新型的服务模式转变，老年人生活方式的变化使得老年人的养老需求也随之发生变化，主要呈现以下三种需求。

1. 安全的需求

一方面，老年人需要更加细致体贴的照顾和服务，比如更好的医疗条件，医护人员实行24小时轮班制来照顾老年人；另一方面，对于生活不能自理的老年人，如行动不便的高龄老年人和中风、偏瘫、失明、听障的老年人，需要在养老院中享受到更加完备的疗养方式、更细致安全的照顾和良好的服务，这样可以避免老年人遭受二次伤害。

2. 社交的需求

向有参与能力的老年人提供大量的社交选择，不用离开机构就能做手工、打牌、听音乐、跳舞、玩游戏、锻炼身体等。由于年龄相仿，老年人彼此之间会有更多的话题和共鸣，这样既拓展了社交圈，又能够缓解老年人内心的空虚和孤独感，对老年人的心理健康能起到积极的作用。

3. 饮食起居的需求

随着年龄的增长，老年人的各项身体机能逐年衰减，很容易导致营养不良。在这种情况下，应鼓励合理、营养且规律的进食，及时进行营养补充。专业养老机构注重老年人的健康饮食，一般有专业营养师精心规划和搭配一周食谱，通过合理膳食管理，在保证老年人饮食健康的前提下，还能对老年人的慢性病进行干预，提高身体免疫力，预防和抵制疾病，从专业角度保障老年人的身体健康。除此之外，大部分养老机构都会有自己的时间表，老年人除了自由活动外，一般都会安排集体活动时间，让老年人有更加合理的时间进行运动、娱乐等。

三、机构养老的主要内容

（一）养老机构的类型

养老机构的服务宗旨是安排、照料、护理好老年人，让老年人满意，让子女和亲属放心，为政府和社会分忧。目前，养老机构的类型包括以下几种。

1. 敬老院

敬老院是在城市街道、农村乡镇和村民小组设置的使"三无"与"五保"老年人、残疾人员和接待社会寄养老年人安度晚年的养老服务机构，设有生活起居、文化娱乐、康复训练、医疗保健等多项服务设施。

2. 福利院

福利院是国家、社会及团体为救助社会困难人士、疾病患者而创建的，是为他们提供衣食住宿或医疗条件的爱心福利院场所，主要包括社会福利院和老年社会福利院。社会福利院主要任务是收养"三无"老年人、孤残儿童、弃婴，实行"养、治、教"并举的工作方针，保障弱势群体的合法权益，维护社会稳定。老年社会福利院是享受国家一定数额的经济补助，接待老年人使之安度晚年而设置的社会养老服务机构，设有生活起居、文化娱乐、医疗保健等多项服务设施。

3.养老院

养老院是专为接待自理老年人或综合接待自理老年人、介助老年人（生活行为依赖扶手、拐杖、轮椅和升降设施等帮助的老年人）、介护老年人（生活完全不能自理的老年人），使之安度晚年而设置的社会养老服务机构，设有生活起居、文化娱乐、康复训练、医疗保健等多项服务设施。它为老年人提供集体居住场所，配有相对完整的配套服务设施。

4.老年公寓

老年公寓是专供老年人集中居住，符合老年人体能心态特征的公寓式老年住宅，具备餐饮、清洁卫生、文化娱乐、医疗保健等服务设施，是综合管理的住宅类型，按低、中、高档分级。老年公寓是既能让老年人居家养老，又能使其享受到社会提供的各种服务的老年住宅。

5.护老院

护老院是专为接待介助老年人使之安度晚年而设置的社会养老服务机构，设有生活起居、文化娱乐、康复训练、医疗保健等多项服务设施。

6.护养院

护养院又称为"护理养老机构"，专为接收生活完全不能自理的介护老年人使之安度晚年的社会养老服务机构，设有生活起居、文化娱乐、康复训练、医疗保健等多项服务设施。

7.护理院

护理院指的是由医护人员组成的，在一定范围内为长期卧床老年患者、残疾人、临终患者、绝症晚期和其他需要医疗护理的老年患者提供基础护理、专科护理，根据医嘱进行支持治疗、姑息治疗、安宁护理，提供消毒隔离技术指导、社区老年保健与营养指导、心理咨询、卫生宣教和其他老年医疗护理服务的医疗机构。

（二）机构养老服务的主要内容

1.生活照料服务

生活照料服务主要为入住的老年人提供持续性的个人生活照顾服务，以确保老年人享有舒适、清洁、安全的日常生活。服务范围包括老年人个人清洁卫生、穿衣、修饰、饮食、如厕、口腔清洁、皮肤清洁护理、压疮预防、便溺护理。

（1）个人清洁卫生：包括洗脸、洗手、洗头（包括床上洗头）、洗脚、按摩、拍背、协助整理个人物品、清洁整理床铺、更换床单。

（2）穿衣：包括协助穿衣、帮助扣扣子、更换衣物、整理衣物。

（3）修饰：包括理发、梳头、化妆、协助化妆、剪指甲、修面。

（4）饮食：包括协助用膳与饮水、喂饭、鼻管喂食。

（5）如厕：包括定时提醒如厕，使用便盆或尿壶协助如厕。

（6）口腔清洁：包括刷牙、漱口、协助清洁口腔、处理假牙。

（7）皮肤清洁护理：包括清洗会阴、擦洗胸背部和腿部、沐浴（包括人工使用工具协助洗澡）。

（8）压疮预防：包括保持床单的干燥、定时更换卧位、翻身，减轻皮肤受压情况，清洁皮肤、会阴部，清洁、平整床铺，更换床单。

（9）便溺护理：包括协助大小便失禁、尿潴留、便秘、腹泻的老年人排便，排尿，实施人工排便，清洗、更换尿布。

2.护理服务

护理服务管理根据养老服务机构性质、入住老年人整体评估结果，对老年人实行分类管理，针对老年人的健康问题，开展护理服务，采取护理措施，实现护理目标。服务范围包括：老年社区护理、基础护理、老年专科疾病护理、老年心理护理、老年康复指导、老年期健康教育、健康咨询、护理技术操作、机构内感染控制等工作。

（1）老年社区护理：包括老年健康管理、老年健康生活方式指导、老年人自我防护、老年人慢性病的防治。

（2）基础护理：包括老年人的清洁护理、饮食护理、排泄护理。

（3）老年专科疾病护理：包括老年专科疾病护理及技术操作。

（4）老年心理护理：包括老年人心理卫生教育、老年人心理问题评估、实施老年心理护理干预措施。

（5）老年康复指导：包括传授老年期自我护理技术、老年病并发症康复预防、指导老年人使用康复治疗技术。

（6）老年期健康教育：包括传播老年期健康知识、矫正不良行为。

（7）健康咨询：包括老年病的预防、康复，老年期的营养、心理卫生和社会活动等咨询服务。

（8）护理技术操作：包括基础护理技术操作、老年专科护理技术操作、急救技术操作。

（9）机构内感染控制：包括采取预防性措施，检测及控制传染病的暴发流行。

3.心理和精神支持服务

心理和精神支持服务应满足老年人特殊心理需求，服务范围包括访视、访谈、危机处理、咨询、公益、送温暖和社会交往。根据老年人的特长、身体健康状况、社会参与意愿，为老年人提供中介服务或给予劳动机会。制订有针对性的"入住适应计划"，帮助新入住的老年人顺利度过入住初期。及时掌握每位老年人的情绪变化，对普遍性问题和极端的个人问题进行集体研究解决，保持老年人的自信状态。经常与相关第三方联系和沟通，寻求相关第三方的支持。

4.安全保护服务

安全保护服务以预防为主，采取适当的安全措施，服务范围包括提供安全设施、使用约束物品、采取安全预防措施。提供安全设施包括提供床档、防护垫、安全标识、安全扶手、紧急呼救系统。使用约束物品包括使用约束带、约束衣、约束手套。采取安全预防措施包括评估老年人不安全的因素，制订意外灾害、常见意外的预防方案，定期检查安全程序的落实情况。

5.环境卫生服务

环境卫生服务是指为老年人营造舒适、清洁、安全的养老环境。服务范围包括老年人居室、公共区域的清洁卫生。

6.休闲娱乐服务

休闲娱乐服务应满足老年人的休闲娱乐需求。服务范围包括开展各种休闲娱乐活动，如书法、绘画、唱歌、戏曲、趣味活动、参观游览等。

7.膳食服务

根据营养学、卫生学、老年人生活与地域特点，以及其民族、宗教习惯制订菜谱，为老年人提供营养丰富、全面合理的均衡饮食。服务范围包括食物的采购、处理、储存、烹饪、供应过程，以及提供适宜的就餐环境，并为老年人提供膳食及食品的卫生监控管理。在此过程中应建立老年人膳食管委会，定期召开管委会会议，征求管委会对食品的意见和建议。

此外机构养老服务还包括环境卫生服务、协助医疗护理服务、功能训练服务、步态训练服务、听力语言训练服务、医疗保健服务、教育服务、购物服务、安宁服务等。

四、机构养老智慧化应用

智慧养老机构依托各种现代技术的智能养老系统，展现出传统养老院没有的功能，以满足人们多元化、高要求的养老需求。智慧化应用在养老机构主要体现在信息化服务管理中，应用重点为机构内老年人的无线求助、跌倒检测、夜间检测、老年人行为智能分析、阿尔茨海默病患者防走失、视频智能联动、门禁系统联动、移动定位、消费娱乐等。机构养老的智慧化应用主要表现在以下几个方面。

1.智能管理系统

养老机构运用传感器网络、云计算、医疗物联网、移动互联网等先进的技术和理念，从养老机构的实际管理和服务需求出发，构建起一个成熟、完善的智能管理系统。该系统主要包括：养老院日常基本信息管理、老人安全监护、老人健康监护、老人外出看护、关怀服务等功能模块。保证工作人员能够实时、准确地监控和管理老人的生活起居和健康状况，在特殊情况下能以最快的速度做出反应，从而保证老人的生命安全和健康舒适的生活。智能管理系统可以为老人、护理人员和养老院的管理者解决问题提供有力支持。全面实现养老院智能化管理，迈入"智能管理、优质养老"的全新阶段。

2.无线通信技术

智慧养老机构采用领先的无线通信技术，实现对老人的实时、全方位的护理，能够有效地整合现有护理资源，可以从根本上解决传统护理系统中的诸多问题。主要内容包括以下几个方面。

（1）灵活的模块化设计：采用模块化设计，用户可以自由组合功能模块，可对其进行订制、重组和改造，以适应养老机构的特定业务范围和工作流程。

（2）全方位无缝隙监测：每位老人携带多功能监测腕表，系统可在室内或室外实时监测其活动位置，全覆盖的系统信号无死角。

（3）系统及时响应：当发生突发事件需要救援时，老人可以随时使用腕表呼叫救援，响应时间少于3秒钟。

（4）智能分析：可以对老人的行为活动进行智能分析，并对可能发生的危险发出警告。如果老人长时间在洗手间里，系统就会发出警告。

（5）实时监测：对老人的安全状况和身体健康状况（生理特征数据）进行实时监测。采用先进的数据分析系统，对监测和跟踪结果进行分析，及时通知家属和护理人员，便于家属及时了解老人情况，护理人员及时制订有针对性的护理方案。

（6）有效整合看护资源：系统还可以实现看护人员的实时位置定位和跟踪。当有老人求助时，系统可以显示出最接近求助老人的看护人员，这样就可以在最短的时间内让老人得到救助。

（7）完整的智慧养老平台：除了有对老人的安全、健康监护的实时管理功能外，该系统还可为每一位老人建立完善的信息数据库，根据每一位老人的身体状况、个人喜好、医疗记录等信息整合数据库。

（8）系统整合：系统采用开放式接口，易与电子消费、电子门禁、一卡通、视频监控等现有系统进行整合。

3.智能服务终端

养老机构集合健康监测、穿戴设备、安防设备、视频机器人、定位跟踪设备、呼叫器等智能服务终端于一体，通过智能设备对老年人的相关使用数据进行收集与跟踪，及时反馈与预警，保障老年人居家养老和机构养老的安全与健康。

4.适老化综合服务系统

适老化综合服务系统集合了社区服务资源，有效整合网络通信、智能呼叫等手段，以建立老龄用户信息库为基础，面向老年人提供社区服务、紧急救援、生活照料、家政服务、在线问诊、慢性病管理、休闲娱乐等专业化服务，打造"没有围墙的养老院"服务场景。

新冠疫情防控期间，各地养老机构普遍实行封闭式管理，老年人的行动范围受到一定限制，老年人等易感人群进入一种相对"隔离"的生活状态。不过，对于在机构集中养老的老年人来说，在避免感染新冠肺炎的同时，仍向往更加舒适、便捷、安全的养老生活。一些养老机构采取智慧化管理方式，简化工作流程，即使无法探视，家人也可以通过远程操作查看院内工作人员对老年人的各项护理过程，在亲属端了解老年人的身体健康数据。服务信息化，让隔离在外的家人安心。

智慧健康养老是民生事业，也是朝阳产业。未来，与智慧养老相关的应用会越来越多，因此技术会成为养老服务的驱动力量。但智能化产品想要"深耕"养老领域，关键要掌握老年群体的真实需求。如今，不少老年人具备消费能力和消费需求，也有使用智慧产品的意愿。为此，应运用智慧技术来改造与提升传统的养老服务业态，加大智慧健康养老产品及服务的推广力度，让智慧养老打通养老服务的最后一公里。

第五节　异地养老对智慧养老的需求及应用

案例导读

　　91岁的北京籍空巢老年人王奶奶退休前是一位大学老师。退休后，由于女儿女婿生活在国外，她曾远涉重洋到国外跟孩子生活。但在异国他乡，没有朋友，语言也存在一定的障碍，最后王奶奶选择回国，成为一名"空巢老年人"。

　　近些年，随着年龄的增大，王奶奶身体状况大不如从前，独居北京时最担心的事情是在家里摔倒起不来，甚至突发急病去世都没人知道。于是，王奶奶做了一个大胆的决定，卖掉北京的房子，开始选择养老机构进行养老。

通过多方考察，王奶奶发现北京养老院每月价格在 1 万元左右，费用比较昂贵，而距北京 230 公里的河北郊区的养老机构，价格不仅为北京养老机构价格的一半，而且服务质量非常不错。最终，王奶奶选择了河北的一家养护中心，一室一厅，每月费用 6000 多元。与王奶奶一样选择到河北养老的京津老年人大有人在。王奶奶之所以选择河北，一方面，河北离北京近，交通便利，区位优势明显，乘坐高铁来回不到一小时，方便快捷。河北的医疗环境也较好，这里有三甲综合医院，突发急病可快速救治。曾有几位老年人得了心肌梗死、脑梗死，不到 10 分钟就被送到医院抢救，没有留下后遗症。另一方面，河北养老机构致力于提升服务，近年来养老服务质量稳步提升，打造了"医养结合"的养老模式，实现了高质量养老。在河北的养老机构，每名上岗的护理人员都会有 3 个月的岗前培训，入职 3 年内每半个月举行一次培训，河北本地医疗护理团队的业务水平甚至优于北京的一些养老机构。目前，王奶奶入住的高端养老社区已入住 3000 多名老年人，平均年龄约 84 岁，绝大部分是北京籍，具有高龄、高学历、高收入的"三高"特征，其中一些老年人的子女在国外或国内其他城市生活。

时光倒流回多年前，王奶奶根本无法想象她会卖掉北京的房子，到河北养老。如今，王奶奶的生活舒适惬意，内心深处早已把这里当作自己的家。

思考：什么是异地养老？它具有哪些特点？它和传统的养老模式有什么区别？

一、异地养老的特点

老年人希望通过旅游观光来丰富自己的休闲生活，提高健康水平。发展异地休闲养老服务，可以帮助家住北方的老年人冬天到南方小住旅游避寒，又可以帮助家住南方的老年人夏天到北方小住旅游避暑。因此，异地养老的方式正逐渐被越来越多的老年人所接受，成为最时尚的养老方式。

异地养老是指老年人离开长期工作、生活的居住地，前往其他地区享受养老服务的养老模式。目前，异地养老是最时尚的养老方式，它包括旅游养老、度假养老、回原籍养老等，是一种新兴的养老模式，是未来养老的一个新方向，它已经被越来越多的国家、企业和老年人所认可。异地养老的特点主要表现在以下几个方面。

1.益于身体健康

从自然环境的角度看，异地养老符合老年人的生理健康需要。在大城市，选择周边自然环境比较优越的郊区或周边城镇建设养老院，可以使老年人摆脱嘈杂喧嚣的城市生活，享受清新的空气、纯净的水质、新鲜的食物、开阔的活动空间，在这样的环境中安享晚年生活有益于老年人的身心健康。而南"飞"过冬、北"漂"避暑更是将一些可能导致病情加重的环境因素在不知不觉中克服了。

2.丰富生活

老年人如果总待在家中看电视或报纸，生活就显得很单调。有些老年人的子女也意识到了这一点，鼓励父母进行异地养老，丰富他们的生活内容。

3.结识新朋友

都市中的老年人由于活动范围的限制，很难找到年龄相仿、兴趣相似的好友。但当天南地北的老年人都聚到同一个养老院时，在不断地了解与接触后就有可能结识新的朋友，甚至成为莫逆之交。

4.增加社会效应

异地养老不仅对老年人自身有许多好处，对整个社会也有良好的效应。专业人士分析认为，如果能让大多数的老年人到周边城市居住或回原籍居住，就会明显减轻本地区的人口压力，缓解中心城区的交通、住房压力，降低青年人的就业成本。

二、异地养老的现状及智慧化需求

异地养老的老年人因其身体特征、心理特征、所处时代特征等与选择异地养老之后的环境改变、政策差异等相互作用，所以面临很多新的问题和障碍。

（一）异地养老存在的问题

1.社会问题

离退休老年人异地养老仍存在很多困难，困扰他们安度晚年。主要表现在以下几个方面。

（1）配套政策问题：由于各地经济水平和医疗水平的发展不平衡，不同地区的医保政策存在较大差异。在一些地区，医保异地结算仍然存在诸多问题。一方面，目前有很多城市尚未纳入医保异地结算的范围，这就增加了异地养老老年人看病就医的难度；另一方面，很多城市的候鸟老年人都没有使用医保异地结算，大部分原因是异地报销手续极其复杂，因此，看病难成为众多异地老年人面临的问题。同时，国家倡导的"医养结合"养老发展方向也处于初步阶段。异地养老保险政策仍存在待完善的情况，如异地养老保险的领取、转移等。不同地区不同政策，也是目前国家亟需解决的问题。

（2）服务体系问题：异地养老服务体系的欠缺主要表现在异地养老服务体系的不完善、资金短缺以及人才紧缺方面。由于养老机构间缺乏有效沟通，导致合作进展难以推进，使建设异地养老服务工作陷入困境，并且异地养老涉及流入地与流出地两方，需要两方主管部门共同合作。但由于两方有时意愿不同、目的不同等诸多因素，难以建立双方一致的服务体系。另外，资金短缺和人才紧缺也是健全异地养老服务体系面临的主要问题。目前我国社会养老服务体系的资金主要用于养老机构和设施建设，而异地养老服务体系不仅包括养老机构，还包括信息交换、工作人员等多种额外费用支出。同时，社会工作人员的能力参差不齐、数量短缺，导致我国养老服务的发展踌躇不前，而异地老年人需要生活质量进一步得到提升，因此要求从事养老服务的工作人员不能仅是普通的护工，而应是具备一定专业知识和管理技巧的复合型人才。传统意义上的养老服务队伍已经难以满足异地养老服务体系对人才的需求。

（3）其他福利问题：职工退休后，需要单位来办的事情很多，与原单位有着剪不断、理还乱的关系，这些都是离退休老年人异地养老的阻力。

2.个人情感问题

"养老"不仅需要物质保障，还需要与家人的感情交流和精神慰藉。我国《老年人权益保障法》第十四条规定"赡养人应当履行对老年人经济上供养、生活上照料和精神上慰藉的义务，照顾老年人的特殊需要"。异地养老将在一定程度上导致精神赡养义务的弱化。再者，集中式"养老院"的做法不符合人们享受天伦之乐的自然天性和代际融合的社会和谐。居住在"养老院"的老年人远离了正常的社会环境，缺少了代际间交流和人文关怀，长期在这样的环境中生活，将可能影响到老年人的心理健康。

3.安全问题

首先，老年人生病的风险相对较大，他们能否承受"移地"这一路途过程，这是老年人及其子女普遍担忧的问题。其次，老年人到了异地，可能不适应当地的生活环境、饮食习惯、天气环境的变化，有的甚至可能因此引发疾病或发生意外。这些安全问题都可能在"异地养老"过程中发生。

综上所述，异地养老的关键是解决"异地"的问题，特别是养老中的地域转移，因为很多问题都是移出地和移入地的数据互联和信息沟通障碍引发的。借助信息化的手段可以化解异地养老壁垒，减少异地养老带来的问题。

（二）异地养老智慧化需求

按照日常生活能力量表对老年人的评估，我们把可完成全部日常生活活动的老年人称为完全自理老年人，而将完成这些活动存在障碍的老年人称为非完全自理老年人。老年人的健康状况和年龄是老年人是否选择异地养老和选择何种异地养老方式的主要决定因素，综合以上老年人群体划分方式，我们将异地养老老年人分为三个群体，即完全自理移居型、非完全自理移居型和完全自理暂居型三类。

1.完全自理移居型老年人异地养老智慧化需求

很多老年人为了帮助子女照顾家庭、投靠亲人朋友或是向往移居地的环境等，选择移居型异地养老。这部分老年人大多是能够完全自理的中低龄老年人，他们经济实力较好，会选择在异地生活。但由于异地养老目前规范程度低，出现了以下问题。

（1）情感交流方面：移居型老年人身处异地时间较长，较难融入异乡生活，异地方言带来的语言交流障碍影响对于正在适应异地生活环境的移居型老年人来说比暂居型老年人更加显著，同时也影响老年人在异地社交关系的建立，与原居住地的人际关系疏远同样使老年人的情感满足减少。这些会增加机构养老与异地养老的老年人心理疾病的患病风险，从而影响健康。

（2）社会福利方面：社会福利优待同样缩水，由于户籍所在地与居住地不统一，老年人无法在居住地享有与当地老年人同等水平的优待，并不能产生足够的受尊重感。在实现自我需求方面，这类老年人在异地生活也同样会萌生实现自我价值的想法，但是因户籍所在地和现居住地不一致，在再就业时会遇到困难。

2.非完全自理移居型老年人异地养老智慧化需求

非完全自理移居型异地养老的老年人多是中高龄老年人，他们身体状况一般较差，出行不便，而其子女由于工作或个人原因，难以提供全天候的照顾，此类老年人为了获得亲人的照顾，要跟随子女移居。根据以上情况分析，非完全自理移居型异地养老的老年人要靠养老机构的护理人员提供专业的护理服务，照料老年人基本生活起居，并监控老年人的病情，应对老年人的疾病突发状况。

当这种类型的老年人需要到医院就诊时，与完全自理移居型老年人一样会面临医疗保险相关问题，这部分老年人甚至会排斥就医。这类老年人受自理能力限制，养老金资格认证问题也需要特殊对待。由于养老金信息认证系统互联程度低，给老年人领取养老金增添了很多障碍。此外，由于其自身活动范围的局限性，难以扩大交际圈，从而产生孤独感。同时因身体状况不佳，易出现心理问题，他们一般都渴望更多的情感关怀，但是现实却难以满足。

3.完全自理暂居型老年人异地养老智慧化需求

完全自理暂居型老年人主要指老年人选择旅游养老和候鸟养老模式来养老。完全自理暂居型老年人一般身体状况较好，有一定的经济基础，热爱生活，积极乐观，多受过良好的教育。

在异地暂居的时间内，老年人会面临租房或入住养老机构流程烦琐、交通不熟悉、老年优待政策与原住地不同等问题，也有可能遇到医疗保险问题。虽然他们身体状况良好，但在旅游期间如果突发状况，其养老机构的安全责任仍不明确。

这类老年人选择异地养老的初衷在于提升生活品质。选择旅游养老模式的老年人因脱离原交际圈而产生的孤独感和不安全感会通过进入新团体、生活形式的丰富而得到弥补。选择候鸟养老模式的老年人需要时间适应当地的生活习惯和风俗，难以快速融入当地的社区生活。选择旅游养老模式的老年人在自我实现方面常可获得满足。选择候鸟养老模式的老年人因其在异地居住时间较短，在短时间内获取当地志愿者服务组织、文娱组织、老年大学等的信息存在一定的困难，也缺乏整合度较高的信息供老年人查找获取。

三、异地养老的主要内容

随着人们生活水平的提高，养老方式已从过去的居家养老、社区养老、机构养老等逐步向旅游养老、候鸟式养老等多元化方向发展。南"飞"过冬，北"漂"避暑，养老的同时还能旅游。如今，这种异地养老的新模式逐渐被越来越多的老年人所接受。

（一）异地养老的内涵

异地养老是依托旅游资源、休闲疗养机构等，面向老年人游客开展的健康和旅游融合服务。其包括以体育运动为目的的旅游景区服务，为老年人提供健康疗养或医疗旅游的旅行社相关服务，如为顾客提供咨询、旅游计划和建议、日程安排等服务，不包括以医疗机构、康复护理机构、疗养院为主要载体开展的医疗康复服务部分。异地养老包括三个基本要素：迁移主体是具有异地养老意愿的老年人；原居地和迁居地之间存在行政区划上的位移；在迁居地的居住时间要具有持续性。

在世界上许多发达国家，异地养老都扮演了很重要的角色，但异地的概念略有不同。在英国，很多老年人把南非和西班牙作为他们的养老基地。在美国，很多老年人都会选择从寒冷的北部迁往加利福尼亚州等温暖的西南部地区养老。美国很多老年人在退休后会买一辆房车，开始周游全国，平时都住在房车上，在遍布全国的房车服务网点获取各种补给。由于相应的配套服务网络十分完备，这种"房车自驾"型的老年旅游模式非常适合时间充裕并且身体状况良好的退休老年人。另一些老年人则在北方和南方各有一个住所，夏季在北方居住，冬季在南方居住，但住所相对固定。

目前异地养老在中国仍然处于萌芽阶段，随着出生于20世纪50年代的群体进入实质性养老阶段，这一领域有望得到快速发展。中国的异地养老是"候鸟式养老"和"度假式养老"的融合体，这种养老方式是一种有利于老年人身心健康的积极养老的方式。这些老年人会在不同季节辗转多个地方，一边旅游一边养老。与普通旅游的走马观花、行色匆匆不同，选择"旅居养老"、享受老年旅游服务的老年人一般会在一个地方住上十天半个月甚至数月，慢游细品，以达到既健康养生又开阔视野的目的。这些旅游旅居地点往往是一些入住率不高的老年公寓等养老机构，一般都配备一定的养老服务设施，包括轻量级的生活照料、健康管理和文化娱乐服务。近年来，在我国海南、山东等省份出现了一些养老机构开发的异地养老服务。

从现实情况来看，面临异地养老风险的往往不是低龄的活跃老年人，而是越来越需要一定照护服务的中、高龄老年人。目前异地养老服务被寄予较高的期望，以期盘活近十年来在远离市中心的、风景秀丽的区域建设的大批养老机构。

（二）异地养老的分类

1.异地疗养型

异地疗养型养老是指一些身体健康状况欠佳但可以远行的老年人，到环境优美、气候适宜地区的养老院或疗养院进行疗养的一种异地养老方式。如有哮喘病的老年人可以到气候始终温暖如春的云南去疗养。此种方式适合所有老年人，尤其是体弱或有慢性病者，但往往费用较高。

2.候鸟式安居型

候鸟式安居型养老是指老年人在固定时间段内（比如不同的季节）前往其他地区养老，即冬天到南方过冬、夏天到北方避暑的一种异地养老方式，适合所有老年人。因为过冷、过热都不利于老年人的身心健康，也常常是发生意外的诱因。异地生活对于一些季节性发作频繁的疾病（如哮喘）还有一定的预防作用。例如，经济条件比较优越的老年人，可以在威海、三亚、昆明、哈尔滨等环境优美的地方购买或租赁房产，在不同季节前往该地养老。

候鸟老年人对养老生活的选择不是由一个原因决定的。经济基础决定上层建筑，也就是说，其中最主要的原因是由于老年人生活水平的提高，有了选择的权利，有更多的金钱花在自己的养老生活中。其次是家庭的因素，家庭在很大层面上会影响老年人的养老选择，老年人会认为，只要能为孩子减轻负担，他们可以让步。再者是温暖的气候、环境和建设，以及部分政策对老年人的吸引力，他们期望有一个好的生活环境，安详地度过自己的晚年时光。

3.旅游观光型

旅游观光型养老是指老年人在一段时间内，到外地旅游度假的养老模式，是目前我国发展较为迅速的一种养老模式。它适合想到外地休闲度假的老年人，可选择环境比较幽静安逸、适合休闲养老和修身养性的养老院入住。

游轮养老是旅游养老中较为新潮的方式，有的性价比还比较高，有可能在一段时间内享受高质量服务的同时还游览若干个国家。

目前，我国旅游养老的市场不断发展扩大，服务水平不断提升。到全国各地甚至国外旅游观光成为一种新的异地养老方式。这种方式不仅可以领略到大自然美丽的风光，还能了解各地的风土人情，适合身体健康及经济能力较好的老年人。

4.探亲交友型

探亲交友型养老以探亲交友为目的，是选择距离自己的亲属较近、老年活动较丰富、方便结交更多老年朋友的养老院进行养老的一种方式。

此外，异地养老按养老方式分，还可分为异地集中养老（如入住各地的养老院、老年公寓等）和异地分散养老（住儿女家、亲戚家或自己租房子住等）；按居住的时间分，可分为移居型养老和暂居型养老。

总之，老年人在选择异地养老方式时，应综合自己的身体健康状况、经济能力和爱好，选择一种适合自己的异地养老方式。

四、异地养老智慧化应用

近年来，随着"互联网＋旅居养老"模式的变革策略的推进，智慧养老也越来越多地融入异地养老，以促进养老产业在新时期的可持续发展。

首先，相关机构、企业在提供新型养老服务的过程中始终围绕"以人为本"的理念，充分了解老年群体在"互联网＋旅居养老"服务中的选择意愿。异地养老作为居家养老和社区养老之外的另一种新兴养老选择逐渐引起了人们的广泛关注，作为以市场为主体的养老选择，其能否顺利发展还取决于老年人自己的意愿。在意愿基础上充分发挥消费群体的主观能动性，这也是"互联网＋"时代的本质要求。

其次，以老年群体为中心搭建旅居养老网络服务平台，整合医疗信息，推动地区异地养老政策实施的同时，厘清政府和市场在异地养老领域中的界限，解决异地医疗问题。

（一）建立联网的养老金领取反馈系统，解决养老金异地领取问题

政府委托社保部门监管养老金领取，建立联网的养老金领取反馈系统，当老年人在异地领取养老金遇到障碍时，可以到社保部门备案，以便核查是银行单方面没有执行标准的问题，还是老年人的领取资质出现问题。

（二）将地域分割化的数据整合共享，解决养老金认证问题

为方便异地领取养老金，避免重复领取、非正常领取（如老年人已经去世）等现象的出现，对地区进行网络部署和硬件配置。开展数据采集，建立统一的养老金认证信息采集数据库，将地域分割化的数据进行整合和共享，使得异地信息能够同步采集和认证，保证采集的数据可通用。

（三）云平台整合医疗信息，解决异地医疗问题

为方便老年人就医，通过构建与医院的病历信息、就医支出信息、药品使用信息，以及公安部门的基本社会关系信息互联的云平台，解决老年人病历信息互通、医疗费用联网、老年人健康信息查询等老年人就医问题。

云平台不仅设有与医院互联的内部接口，还具有供可穿戴设备定期进行数据上传的外部接口，这样就可以通过设定每个老年人唯一的 ID 标识，与社保卡绑定，构建老年人健康云信息，并将其存储于云平台。当老年人到医院就医时，通过社保卡就可以读取与老年人疾病和身体状况相关的信息。

当老年人就医完成后，此次结算信息和使用药品目录同样上传到云端，供医疗保险参保地进行报销处理。这样，健康云平台对于政府管理者来说，便于管理者掌握异地医疗资源需求，服务于其政策制定和资源配置；对老年人自身来说，集成的信息可服务于老年人就医与保健。目前，全国医疗异地结算正在逐步得到解决，相信老年人的异地医疗问题也会相应地得到好的解决。

最后，全面解决异地养老问题，需要对该问题有更精确和宏观的把握。为当前具有异地养老意愿的老年人提供适宜的迁入地，引导其尽快实现异地养老。在此基础上，对全国异地养老人口规模数据进行统计。通过对异地养老相关数据的统计，把异地养老问题的认识从个例和现象提升到整体和趋势，以便为合理地提出异地医疗保险的实现方式、修订养老相关政策、实现养老服务机构的有效资源配置提供数据参照，进一步提高选定的生态宜居城市的养老服务水平，并斟酌对异地养老人群提供额外养老补贴的可行性，借此吸引尚无异地养老意愿的老年人转变态度。

 课后自测

 实训演练

1. 实训目的

掌握不同养老模式对智慧养老的需求及应用。

2. 实训内容与步骤

（1）利用互联网对不同养老模式下的智慧养老进行研究，熟悉居家养老、社区养老、机构养老、异地养老的智慧化需求及应用。

（2）开展头脑风暴，讨论居家养老、社区养老、机构养老、异地养老的智慧化发展。

3. 实训总结

记录小组讨论的主要观点，推选小组代表在课堂上阐述小组的观点。

第二章
智慧养老模式的设计及实施

知识目标

 1. 掌握智慧养老模式的总体框架。

 2. 熟悉智慧养老平台的设计，包括智慧养老系统分层架构、养老大数据中心、养老服务监管平台、养老服务监管系统。

 3. 了解智慧养老平台的实施模式，包括接入模式和建设模式。

能力目标

 1. 能分析智慧养老平台的结构。

 2. 具备操作智慧养老平台的能力。

 3. 能针对智慧养老平台的构成提出相应的智慧化管理建议。

素质目标

 1. 树立爱岗敬业的职业道德观念。

 2. 培养热爱养老服务行业的工匠精神。

 3. 在实践过程中丰富和发展自己。

PPT课件

案例导读

随着我国老龄化人口的不断增加，养老服务业出现很多困境。对于养老机构面临的技术设备落后、服务效率低下等问题，依靠科技力量让老年人步入智慧养老阶段显得尤为重要。

智慧养老平台是养老界的新宠，平台运用物联网、互联网、移动互联网技术、智能呼叫、云计算、定位技术等先进的信息技术，创建"系统＋服务＋老年人＋终端"的智慧养老服务模式，拥有老年人定位求助、老年人卧床监测、老年人防走失、视频智能联动等功能，可对老年人的身体状态、安全情况和日常活动进行有效监控，为养老机构布设一张实时、高效、优质的安全网络。平台涵盖居家养老、日间照料、机构养老等多种养老业态，为老年人、家属、医生、护工、志愿者等多个角色配置手机APP，连通各部门及角色，形成一个完整的智慧管理闭环，实现老年人与子女、服务机构、医护人员的信息交互。

针对老年人腿脚不便、记忆力减退、患病、容易产生突发状况的问题，平台的健康管理和定位管理显得尤为重要。平台有良好的硬件接入能力，如一键通呼叫器、智能腕表、健康检测、安防设备、智能床垫、便携式健康一体机等，实时监控老年人的健康状态，一旦发现老年人健康出现问题，平台将会接到警报。平台减少了服务中心的人力投入，管理效率提升。社区的老年人出门都会佩戴智能腕表，可以实时定位老年人的位置，如果遇到紧急情况，还可以进行一键呼救，工作人员马上就可以收到警报前去救援。平台还会为工作人员安装APP，护工可以在APP上制订老年人护理计划，工作人员可以在APP上接收老年人的服务工单后进行上门服务。平台会对工作人员进行工作登记、服务监管、绩效考核等，以此规范管理、提升服务质量。子女可以通过APP第一时间知道老年人的护理情况、用药情况、用餐情况等信息，还能查看视频。老年人与子女的情感交流变得频繁，亲属也不用再担心老年人了。

思考： 智慧养老平台的作用是什么？

第一节　智慧养老模式的总体框架

信息化技术及物联网技术的发展，为智慧养老提供了技术保障，为国家解决养老问题提供了新的思路和解决方向。目前，智慧养老主要表现为依托互联网进行的养老实践。智慧养老模式的构建主要依托养老、医疗和综合服务业的发展。根据对智慧养老发展的研究，总结出的智慧养老模式的总体框架如图2-1所示。

智慧养老模式的总体框架分为线上和线下两部分。线下智慧养老模式中，养老从业人员需要具备良好的道德素养和职业技能，坚持以人为本、人人交互的原则，通过人际沟通驱动的方式为老年人提供个性化、专业化、有交互的养老服务。在线下部分中，养老从业人员是连接老年人和各类养老服务提供商的中介，是线下智慧养老模式运营的核心，其工作是在收到老年人需求后，根据自己的经验和掌握的信息将具体业务分配给养老服务商。养老驿站整合各类养老服务商，是机构养老、社区养老、居家养老等养老服务的总服务台。线上智慧养老模式中，智能代理是内嵌于养老服务平台的智能服务系统，它在收到老年人需求后根据养老服务平台设定的规则和算法，完成将具体业务分给专业的养老服务商的派单工作。智能代理是整合各类养老服务商的核心，它通过数据驱动的方式把各类养老服务商整合到养老服务平台上。

图 2-1　智慧养老模式的总体架构图

在互联网背景下，智慧养老模式需要线下人际驱动的养老服务和线上数据驱动的养老服务的有效集成。站在老年人前面的是养老驿站的养老管家，养老管家依靠的是背后养老平台的智能代理。其中的人际驱动方式是指老年人通过养老驿站的养老管家进行人际互动，实现自己的养老服务需求。当前，由于老年人的计算机和互联网操作能力总体偏低，加上老年人总体上感到寂寞孤单，所以面对面的人际互动非常重要。然而，养老管家如果想高效地服务更多的老年人，就需要依靠养老服务平台中的智能代理进行资源匹配。这时，数据驱动就成为养老服务商之间边界跨越的主要方式，数据共享则是数据驱动的前提。

第二节　智慧养老平台设计

智慧养老平台以整个城市乃至全省的养老数据平台为中心，集成多个养老应用平台，整合社会各种资源，对接目前存在的公共服务平台，如"110""120""119"等平台，组建数据实时交汇的网络，建设自上而下、自下而上的信息通道。智慧养老平台的建设为政府决策机构提供数据统计分析，为制定各种决策给予数据支撑，为养老机构提供高效便捷的管理应用平台和强大的服务，为老年人提供舒心、智能、便捷的生活服务。对智慧养老服务系统的架构，一般省市级建立一所大数据中心，区级按照区划建设多个监管平台，街道按照规划统筹管理多个监管系统。

一、智慧养老系统分层架构

根据养老服务的特点、工作流程、服务项目、管理要求和各种延伸需求的特点，智慧养老系统设计目标主要针对老年人心理、生理特点，以信息化技术为核心，采用先进的计算机技术、通信技术、无线传输技术、控制技术，为老年人提供一个安全、便捷、高效、舒适的养老综合服务。具体的智慧养老系统分层架构图如图 2-2 所示。

图 2-2　智慧养老系统分层架构图

智慧养老系统分层架构分为应用层、接口层、业务运营与管理支撑层、感知层四层。

（一）应用层

应用层为政府、机构、第三方服务商、老年人家庭提供不同的平台入口，满足管理人员、运营人员、护工、老年人、子女的日常工作与生活需求。其包括老年人或亲属 APP、社区管家 APP、服务商 APP、服务人员 APP 等。

（二）接口层

接口层是系统预留与智慧医疗管理系统、健康管理系统的对接接口，包括云平台、GPS接口、短信接口、物联设备接口、支付接口、医保系统接口、其他系统接口。

（三）业务运营与管理支撑层

业务运营与管理支撑层是系统综合运用信息平台技术、智能物联网集成技术、网络数据传输技术等，满足智慧养老数据信息服务要求，建立统一存储、统一应用、统一管理的信息服务体系。它通过跨终端的数据互联及同步，连通各部门及角色，形成一个完整的智慧管理闭环，实现老年人与子女、服务机构、医护人员的信息交互，对老年人的身体状态、安全情况和日常活动进行有效监控，及时满足老年人在生活、健康、安全、娱乐等各方面的需求。具体包括基础数据管理平台、居家养老管理平台、养老机构管理平台。

1.基础数据管理平台

基础数据管理平台完成智慧养老基础数据的管理，主要包括老年人档案管理、服务商管理、养老机构管理、志愿者管理、医护人员管理、会员卡管理。具体内容如下。

（1）老年人档案管理：包括老年人基础档案、健康档案。

（2）服务商管理：服务商管理为养老单位提供整合第三方服务资源的入口，用于维护养老单位整合的第三方服务商提供的项目和服务人员的信息。其包括客户管理、服务项目管理、服务人员管理、合同到期提醒、体检到期提醒、保险到期提醒、服务订单受理、服务工单管理、服务工单执行、服务工单评价。

（3）养老机构管理：包括对养老机构的基本信息进行管理。

（4）志愿者管理：包括志愿者基本信息、志愿者服务基本信息。

（5）医护人员管理：包括医护人员的维护、审核等，只有通过资质审核及备案的医护人员方可上线为会员提供养老服务。

（6）会员卡管理：包括会员卡基本信息、消费记录、会员档案等信息的管理。

2. 居家养老管理平台

居家养老管理平台支持运营人员完成居家养老的日常工作，主要包括健康管理、会员管理、定位管理、物联网管理、日间照料。具体内容如下。

（1）健康管理：包括健康档案、健康评估、健康体检、干预随访、慢性病专项管理、家庭医生等模块。

（2）会员管理：包括用户档案、会员档案、消费管理、充值退卡、主动关怀和商品购买等模块。

（3）定位管理：包括紧急呼救、即时定位、行动轨迹、电子围栏，安防告警、接警处理等模块。

（4）物联网管理：包括设备管理、一卡通管理、手表管理、睡眠管理、理疗设备和养生设备等模块。

（5）日间照料：包括接待管理、老人管理、入托管理、收费管理、员工管理和资料管理等模块。

3. 养老机构管理平台

养老机构管理平台支持运营人员完成养老机构的运行工作，主要包括接待管理、居住管理、档案管理、护理管理、员工管理、床位管理、费用管理、基础数据管理和定位管理。具体内容如下。

（1）接待管理：包括客服咨询接待、床位查询、房态图、预定管理、入住管理、换床或转房、请假外出、请假审批。

（2）居住管理：包括房态图、老年人信息统计、机构介绍、床位和入住情况介绍、护理级别和服务介绍。

（3）档案管理：包括基础档案、健康档案。

（4）护理管理：包括护理记录、老年人生活记录、交接班管理、床位护理员、老年人护理员。

（5）员工管理：包括护理人员管理。

（6）床位管理：包括楼宇管理、房间管理、床位信息、床位查询。

（7）费用管理：包括系统费项定义、月费用标准定义、入住费项初始定义、仪表收费标准、房间仪表管理、阶段性费用设定、合并分组设置、消费服务记录、预付款管理。

（8）基础数据管理：包括房间类型、护理级别、护理项目类型、老年人生活记录类型、护理情况统计、信息统计、入住统计。

（9）定位管理：包括紧急呼救、即时定位、行动轨迹、电子围栏，安防告警、接警处理等模块。

4.智慧养老第三方服务管理平台（家政服务）

智慧养老第三方服务管理平台是智慧养老系统之外的重要连接部分，它主要为养老单位及第三方服务商提供服务。

（四）感知层

感知层是系统利用数据接口和转换技术，与智能化检测设备相联合，准确、可靠、方便地获取健康体检数据。

二、养老大数据中心

📚 案例导读

目前，在政府部门、互联网企业、大型集团企业中，积累沉淀了海量的养老数据资源。但是，海量数据不等于大数据。大数据的核心是数据多元，包括人口、公安、交通、通信、能源、金融、商贸、医疗等方方面面。只有通过科研攻关，建立起数据之间的内部逻辑关系，调整不同数据之间的系数关系，形成特有算法，交叉校验，综合分析，才能起到惠及养老的作用。

比如，一幢居民楼上午着火了，消防部门如果掌握这栋楼里老年人的居住情况，通过交通、通信、用电量等数据，分析出老年人的日常生活规律，火灾救援便能更高效、精准。再比如，想评估与满足某个社区的养老服务需求，需要把手机芯片卡、交通IC卡、养老消费卡、社保医疗卡等数据，甚至将垃圾量、用电量、用水量等几十项数据叠合起来，综合计算，才能实时、精准地加以判断。

建立健全符合老年人生活的诚信养老管理机制，是新时代的新问题。借助大数据平台，建设智慧城市，实现智慧养老，最大好处是提高效率。运用共享经济的模式沟通供需信息、审核企业资质、评估服务绩效、进行政府监管，甚至发放养老产品及服务的政策性补贴等环节，都需要依托大数据平台来高效实现。

思考： 如何用大数据平台促进智慧养老？

养老大数据中心实现养老数据与省级部门、市县、街道（乡镇）、社区（村）四级管理子平台互联互通、信息共享，实现对机构与人的精准管理。建立养老数据资源库为政府统筹养老规划和科学决策提供支撑，为信息惠民、信息消费、数据开放、社会化服务等提供支撑。

（一）养老大数据建立的意义

1.解决养老数据采集问题

养老大数据管理服务平台需要充分获取老年人口数据，为智慧养老提供数据支撑。目前获取方式主要包括数据交换、人工采集等方式。

数据交换获取的数据源具有收集成本低、耗时短、效率高等特点，但在时效性、准确性、全面性方面有一定局限。人工采集则能有效保障数据源的时效性、准确性、全面性。为了通过人工采集渠道获取物美价廉的数据源，因而建立养老大数据采集平台，利用移动互联网、众包、众筹等创新思维，发挥社会化大众力量参与政府数据采集，从而有效解决养老大数据管理服务平台数据采集的问题。

2. 解决数据互联互通、信息共享的问题

养老大数据管理服务平台的建立需要把养老数据与省级部门、市县、街道（乡镇）、社区（村）四级管理子平台互联互通、信息共享，实现对机构与人的精准管理。其工作要务是使各部门在统一的授权管理下，与其他部门或跨部门系统交换数据，实现互联互通、资源共享，实现对分散异构电子政务的信息资源系统的无缝整合，并在新的信息交换与共享平台上开发新应用，实现信息资源的最大增值。

3. 为养老大数据管理服务平台建立数据支撑

养老大数据管理服务平台需要海量老年人的相关基础数据，建立养老数据资源库，建立相应数据集市，建立权威数据，消除数据的各种"疑难杂症"，加强对数据的统一管理，也为老年人服务和数据开放提供强有力的数据基础。

4. 为老年人提供服务

养老大数据应用的主要目标是根据已有的老年人数据资源进行养老服务推送，加强养老服务建设，使应用的效率最大化。通过整体推动，将有效地整合分散的社会养老服务资源，将民政监管服务、机构提供服务、老年人享受服务的信息全部整合在一起，实现老年人养老需求与机构服务提供的对接、政府职能监管与规范机构运营的对接，形成连接老年人、企业和政府的快速信息通道，实现"互联网＋养老"。

5. 提供数据开放服务

数据向社会开放和被社会利用已经成为互联网时代构建新型管理和服务模式的基础性支撑。随着数据整合能力的提升、养老数据的沉积，以及政府信息开放带来的积极效应，将汇聚成一股巨大的洪流，推动政府信息资源的进一步开放。越来越成熟的分析和挖掘工具使公开信息得以有效利用和开发应用，所以需要养老大数据管理服务平台通过数据开放为养老服务机构与养老产业发展提供精准的信息服务。

（二）养老大数据总体架构

养老大数据总体架构一般包括养老大数据采集平台、养老大数据共享交换平台、养老大数据信息资源库、养老大数据综合服务平台、养老大数据开放平台。

1. 养老大数据采集平台

针对老年人群的特殊性建设养老大数据采集平台，可以利用移动互联网、众包、众筹等创新思维，发挥社会化大众力量参与政府数据采集。一方面，市民可以利用自己的空闲时间采集数据，填写个人数据信息；另一方面，工作人员可以通过社会大众，低成本、高效率地获取高质量的数据源。因此，建设养老大数据采集平台兼具社会与经济的双重价值。

养老大数据采集平台具有发布数据采集任务、执行数据采集任务、数据存储、数据处理、任务管理、采集员管理、财务管理等功能。平台一方面对各种数据源进行数据集成和管理，另一方面可面向传统数据及大数据环境，给出真正能够集成数据、处理数据和管理数据的运行环境。

按照功能模块的客户目标划分，平台的各个模块可以分为智能终端层、后台服务层、数据管理和整合层三大类。

2. 养老大数据共享交换平台

养老大数据共享交换平台是通过共享交换体系建设，实现信息的可控传输、交换比对和异常告警，实现与省级部门、市县、街道（乡镇）、社区（村）四级管理子平台互联互通、信息共享。

为了给养老大数据管理服务平台建设提供一个基础化、可复用的数据共享与交换平台，数据共享与交换平台将考虑未来为更多数据共享提供支撑与整合，实现对机构与人的精准管理。

数据共享与交换平台在设计上充分考虑了以下主要因素：第一，其符合国家对信息资源交换管理的相关标准和规范；第二，符合国家对分保规范的要求；第三，采用先进的技术设计，包括多层设计的中间件技术体系等；第四，吸收目前在政务资源交换与管理实施方面的经验和对一些技术实现的可行性验证，在平台设计上做到客观、实际，以满足业务应用需求为主导；第五，设计实现的方式完全基于现有的集成中间件产品。

3.养老大数据信息资源库

通过数据的采集和共享交换，全面建设大数据信息资源库，为养老数据服务和数据开放提供有效的数据支持。

4.养老大数据综合服务平台

养老大数据综合服务平台主要是为政府工作人员和决策者快速找到服务对象提供支持，其能够了解服务对象的数量、联系方式、联系地址等信息，方便为服务对象提供主动服务、精准服务、个性服务。

其主要功能是为老年人提供一个养老服务推荐、养老服务查询、养老服务评价、养老服务预约申请、办事指引的平台，建立一个服务对象（老年人）与公共服务提供者（政府部门）之间互动、沟通的桥梁。

养老大数据综合服务平台的用户分为工作人员、决策者、老年人。工作人员指直接服务于居民的办事人员，如高龄老年人津贴的受理人员等，工作人员大部分为办事处、社区的工作人员。决策者指市领导和负责基本公共服务各个具体领域的各委办局领导。老年人的范围为地区常住人口，包括候鸟人群。

通过综合服务平台的建设，实现"互联网＋养老"服务，以及面向老年人的精准服务、主动服务、个性化服务。

5.养老大数据开放平台

通过数据开放平台的建设，将为养老服务机构与养老产业发展提供精准的信息服务，全面带动养老经济。

（1）安全机制：养老数据的开放是有组织、有步骤、有保障、有分级的开放，确保数据开放安全。通常数据要根据其实际情况来确定安全等级，例如环保局的信息和公安局的信息，其数据来源就决定了数据安全等级的不同。一般数据安全分级采取传统信息安全分级和数据访问权限控制相结合的方式，来实现数据安全的分级和访问保障。

随着大数据平台的开放，养老数据价值得到释放，公众的智慧得到很大应用。但是数据的开发可能会导致数据的推导泄露，即数据本身不会泄露隐私信息，但是随着公众对信息的收集整合，就可能推断出私人的信息。因此需要平台能够基于大数据技术，制定相关隐私规则，对涉及这类隐私数据的开放做到有控制、有过滤和有保障，从最大程度上保障个人、法人、政务部门和国家的隐私机密。

（2）数据管理：为了更好地进行数据开放的管理，平台设计目录管理模块，对平台中涉及的数据、服务、应用、用户进行全面的分类统计管理，制订合理的数据管理流程。使用者对数据的申请、平台对使用者需求数据的审核、数据的发布、数据的下载和使用，都需要非常严谨的把控。保障每一份数据都安全有效地达到使用者手中，使数据合理、规范地得到使用，为社会提供优质的应用服务。

（3）数据开放：为了规范数据的使用，在开发平台数据使用的过程中，对每一份数据的发布需要进行相关的数据流程管理、审核与发布，方可保障数据的有效使用。

为了规范流程的管理，系统设定了流程各个环节的功能，每个环节灵活调整，适应各种业务数据的发布及使用。具体的数据开放基本流程为：首先获取原始开放数据，其次对数据规范和开放授权进行审核，如果审核不通过，与数据源提供者协商并再确认，如果审核通过，将数据上传到开放平台并对其权限、下载方式等做约定，定义其属性；最后更新后台开放数据索引，并发布该数据到网站。

三、养老服务监管平台

📚 案例导读

为不断健全养老服务体系，构建覆盖老年人居家和社区养老服务网络，C市民政局结合实际情况，优选技术团队开发建立养老服务监管平台，为老年人与服务企业、社会组织、社区之间搭建起一座信息桥梁。

养老服务监管平台秉承开放性、互动性、便捷性、标准化、精细化的设计理念，将老年人服务从需求申请、实际服务到后续监管做到流程化、透明化，让老年人养老服务可看可行、有据可依。养老服务监管平台服务对象包含老年人、养老机构及第三方服务供应商。平台设计了宣传门户网站、大数据平台、养老机构监管、生活能力评估、老年人数据采集、社会化服务、残疾人两项补贴平台、政府购买服务八大模块。其中，"老年人数据采集"的主要目的是通过大数据分析老年人对养老服务的需求偏好，为政府及养老服务企业提供更具针对性的信息支撑。采集的内容包括老年人姓名、住址、联系方式、健康情况、喜好、需求等方面，主要通过实地走访各社区、信息录入网络来完成。针对养老机构和第三方服务供应商的服务，养老服务监管平台还进行了有效监管，以确保其更好地为老年人服务。

那么，养老服务监管平台又是怎样便捷地应用到养老机构、第三方服务供应商、老年人及其家属手中的呢？

养老服务监管平台拥有详尽的数据支撑，实行规范化的服务流程，老年人入住前会做一个详细的入住登记，包括姓名、身份证号、联系电话和子女联系方式等。另外，平台里有详细的分类，用平台来操作并录入信息很规范，老年人的基本信息、用药登记、洗衣记录、参与的活动和床位照片等都可以通过平台统一查看，方便管理。

养老服务监管平台还为养老机构开发了内部管理平台，规范了养老机构的业务流程，提高了服务质量。同时对服务进行监管，实现养老机构对老年人服务的实时监控，用移动端来采集老年人的服务数据，并将服务信息传送到老年人子女或监护人的手机端，便于他们及时掌握。在居家养老服务方面，养老服务监管平台也为第三方服务供应商提供了内部管理平台，服务供应商可以实现接单、派单和工作人员服务全过程的监管。通过这个平台，老年人家属也可以即时看到服务供应商对老年人的服务情况。

养老服务监管平台充分了解和满足老年人的服务需求，结合社会组织和社区力量，利用互联网和手机移动端等形式，不断完善现有服务，开发新的功能模式。养老服务监管平台力求将机构养老、居家养老服务做得更加细致、周全。

思考：养老服务监管平台如何发挥其作用？

养老服务监管平台是建立在区级规划的平台，其主要工作为：对养老服务进行指导和监管，监管市一级和本区养老政策的落实情况，做好上一级养老大数据中心有关本区数据的采集工作，力争实现从街道一级自动采集本区老年人相关数据、养老机构数据、养老服务人员数据、养老服务运营商数据、养老服务交易汇总数据及养老政策数据。

一般养老服务监管平台包括13个模块：大数据分析、居家养老、机构养老、政府补贴、评估管理、呼叫中心、工单管理、健康管理、物联网、老年人档案、机构管理、信息中心、基础数据。每个模块的功能具体如下。

（一）大数据分析

大数据分析包括老年人统计、服务商统计、志愿者统计、工单统计、社区管家统计、服务中心统计、养老机构统计、通知公告、服务地图、统计分析、大屏显示、商业保险补助。

（1）老年人统计：包括老年人列表、业务趋势图、分类占比、老年人分布图、区域人数占比、区域分类统计报表。

（2）服务商统计：包括服务商列表、服务商家分布图、服务人员列表、商家排行。

（3）志愿者统计：包括志愿者列表、志愿者积分排行、人数占比、志愿者发展趋势。

（4）工单统计：包括服务商工单明细、志愿者工单明细、社区管家工单明细、工单类别占比、服务项目完成统计。

（5）社区管家统计：包括社区管家列表、人数占比。

（6）服务中心统计：包括服务中心分布图、座席状态监控、分日呼叫量统计、分座席话务统计。

（7）养老机构统计：包括老年人统计、员工统计、机构统计、视频监控。

（8）通知公告：集中发布新闻、通知、公告等，帮助用户即时了解养老相关的动态。

（9）服务地图：可以自由缩放、移动电子地图，道路交通、建筑物、企业一目了然。具有信息检索功能，输入企业名称即可找到企业在地图上的位置，并获得相关的企业信息。

（10）统计分析：包括服务机构分析、床位分析、老年人分析、从业人员分析、服务订单分析、补助金发放分析、服务网点分析。

（11）大屏显示：包括综合数据显示。

（12）商业保险补助：包括商业保险补助。

（二）居家养老

居家养老包括客户管理、志愿者管理、服务商管理、医院管理、社区管家管理、服务计划配置、APP管理、呼叫中心管理、基础数据管理、机构管理、设备管理、健康管理、服务质量评级、安全监护、工单管理、结算管理、会员管理、报表统计、办公管理、系统管理。

（1）客户管理：包括新增老年人、批量导入、老年人列表、未审核档案、养老院老年人列表。

（2）志愿者管理：包括志愿者信息、服务及积分设置、礼品设置、兑换记录。

（3）服务商管理：包括服务工单、评价管理、投诉管理、订单流水、月结管理、服务商信息、考核标准设置、退款管理、商品管理、商品订单、商品评价管理。

（4）医院管理：包括医院管理、科室管理、医生信息管理。

（5）社区管家管理：包括社区管家信息、服务项目设置、会员分配管理、提成结算。

（6）服务计划配置：包括设置服务计划。

（7）APP 管理：包括广告管理、统计分析、基本信息管理。

（8）呼叫中心管理：包括座席管理、话务报表、基础设置。

（9）基础数据管理：包括老年人类别管理、硬件商信息维护、设备类型维护、设备型号管理、排班班次设置、服务套餐管理、服务项目管理、商品分类管理。

（10）机构管理：包括机构类型、员工档案、所有机构管理、居家服务机构管理、养老机构管理。

（11）设备管理：包括上传数据、安防管理、硬件商信息维护、设备类型维护、设备型号管理、设备开通、设备列表、消费机管理、餐次设置。

（12）健康管理：包括健康档案、健康体检记录、健康数据、体检数据、健康资讯、吃药提醒、健康评估、就诊记录、健康随访、健康预警、就诊预约、床垫监护、咨询记录。

（13）服务质量评级：包括服务商评级、服务人员评级。

（14）安全监护：包括定位管理、安防告警、视频监控、个人告警设置、SOS 报警、跌倒报警、居家安防、卧床监测、围栏报警。

（15）工单管理：包括服务预定工单、志愿者工单。

（16）结算管理：包括账单结算、争议工单、结算工单流水、运营收入报表、运营收入概览。

（17）会员管理：包括会员卡激活、会员卡绑定、会员卡充值、会员卡换卡、会员卡挂失或注销、余额查询、密码重置、会员消费、会员卡级别管理、会员卡充值记录、会员卡操作日志、会员卡礼品管理、积分变动记录、礼品兑换记录、老年人账户列表、账户充值记录、已配套餐管理、老年人消费记录、充值卡管理、套餐服务、会员卡消费记录。

（18）报表统计：包括工单统计、老年人统计、服务商统计、志愿者统计、营业额统计、服务大类汇总报表、商家营业排行、服务记录明细报表、服务项目占比统计、机构统计、外呼记录。

（19）办公管理：包括发送短信、知识库管理、黑名单管理、短信模板、政府资讯、发送记录、通知公告、通讯录管理。

（20）系统管理：包括数据字典、平台账户中心、老年人账号管理、子女账号管理、图标管理、部门管理、区域管理、用户管理、角色管理、操作日志、数据查看、评级规则设置。

（三）机构养老

机构养老包括机构管理、补贴管理、统计分析、评估管理、系统设置。

（1）机构管理：包括新增机构、机构信息维护。

（2）补贴管理：包括床位补贴、建设补贴、老年人补贴、高龄补贴、服务补贴、商业保险补助、护工补贴。

（3）统计分析：包括统计概览、床位分析、护理日志查询、服务网点分析、老年人统计、员工统计、机构统计。

（4）评估管理：包括评估统计、评估登记查询、能力评估查询。

（5）系统设置：包括角色管理、部门管理、账号管理、数据字典。

（四）政府补贴

政府补贴包括高龄补贴管理、服务补贴管理、系统管理。

（1）高龄补贴管理：包括老年人档案、新申请、迁入申请、迁出记录、审批结果查询、发放记录、统计分析。

（2）服务补贴管理：包括申请管理、评估服务管理、老年人类别管理、服务项目管理、未申请服务补贴老年人管理、服务商管理、服务套餐、服务管理、护工管理。

（3）系统管理：包括财政分配比例、数据字典、高龄补贴发放设置。

（五）评估管理

评估管理包括评估机构管理、评估人员管理、照护能力评估、系统管理、个人资料。其中照护能力评估包括待评估、待复评、评估完成、持续评估提醒。

（六）呼叫中心

呼叫中心包括老年人档案、接待管理、社区管家查询、设备管理、商品订单、外呼任务、定位查询、工单管理、投诉管理、预警管理、短信平台、主动关怀、座席管理、基础设置、话务报表、机构管理、入住登记、知识库、通知公告、视频监护列表。

（1）老年人档案：包括新增老年人、批量导入、老年人列表、未审核老年人。

（2）接待管理：包括咨询管理、预订管理、投诉管理、机构弹屏。

（3）社区管家查询：包括社区管家的真实姓名、性别、联系电话、注册账号、身份证号。

（4）设备管理：包括设备开通、设备列表。

（5）商品订单：包括商品订单。

（6）外呼任务：包括外呼营销任务、座席外呼任务、自动外呼记录、外呼任务小结。

（7）定位查询：包括定位查询、实时监控地图。

（8）工单管理：包括来电弹屏、退款管理、社区管家工单、工单处理、服务商工单、服务预订回访、志愿者工单、工单投诉、历史工单、工单操作日志、异常工单处理。

（9）投诉管理：包括待处理投诉、待回访投诉、投诉管理。

（10）预警管理：包括危险预警、超时预警、预警设置。

（11）短信平台：包括发送短信、短信模板、发送记录。

（12）主动关怀：包括走访关怀、去电关怀、生日提醒、吃药提醒、短信关怀、短信模板、发送记录。

（13）座席管理：包括座席状态监控、座席人员管理。

（14）基础设置：包括黑名单、工作时间设置。

（15）话务报表：包括外呼记录、客服回访统计、呼损记录、呼入记录、座席服务、评分明细、分日期呼叫量统计、分座席话务统计、分座席服务评分统计。

（16）机构管理：包括新增机构、机构信息维护。

（17）入住登记：包括入住人员的姓名、性别、出生日期、身份证号、民族、籍贯、政治面貌等信息。

（18）知识库：对常见问题和知识进行汇总。

（19）通知公告：集中发布新闻、通知、公告等，帮助用户即时了解养老相关的动态。

（20）视频监护列表：存储相关视频信息。

（七）工单管理

工单管理包括服务商管理、志愿者管理、护工管理、服务计划配置、工单管理、结算管理、服务质量评级。

（1）服务商管理：包括服务商信息、服务工单、评价管理、投诉管理、订单流水、月结管理、退款管理、商品管理、商品订单、商品评价管理。

（2）志愿者管理：包括志愿者信息、服务及积分设置、兑换记录。

（3）护工管理：包括护工信息、服务项目设置、会员分配管理、服务记录、提成结算。

（4）服务计划配置：包括设置服务计划、任务进度。

（5）工单管理：包括服务预定工单、志愿者工单。

（6）结算管理：包括账单结算、争议工单、结算工单流水、运行收入报表、运营收入概览。

（7）服务质量评级：包括服务商评级、服务人员评级。

（八）健康管理

健康管理包括医院管理、健康管理、医生工作站、护士工作站、康复护理站、药库管理。

（1）医院管理：包括医院信息、科室管理、医生信息管理。

（2）健康管理：包括健康档案、健康体检记录、健康数据、体检数据、健康资讯、吃药提醒、健康评估、就诊记录、健康随访、健康预警、就诊预约、床垫监护。

（3）医生工作站：包括医生档案管理、电子病历、巡诊管理、就诊管理、医嘱管理、药品库存。

（4）护士工作站：包括巡视管理、医嘱费用流水、医嘱查对、护理管理、排班表、电子病历、医嘱查询、护士管理、医嘱执行、护士分组排班、领药申请。

（5）康复护理站：包括理疗师档案列表、康复理疗项目管理、已购买服务管理、医嘱查看、电子病历、套餐设置、服务执行信息、医嘱执行、康复理疗师分组排班、排班表。

（6）药库管理：包括药品信息管理、供应商管理、库存盘点、药师档案、出库管理、发药管理、仓库管理、入库管理、药品库存。

（九）物联网

物联网包括设备管理、安全监护。

（1）设备管理：包括硬件商信息维护、设备型号管理、设备类型维护、设备上传数据、布防管理、设备开通、设备列表、消费机管理、餐次设置。

（2）安全监护：包括围栏报警、卧床监测、视频监控、居家安防、个人告警设置、跌倒报警、定位管理、SOS报警、安防告警。

（十）老年人档案

老年人档案包括新增老年人、未审核档案、批量导入、老年人列表、养老院老年人列表。

（十一）机构管理

机构管理包括所有机构管理、居家服务机构管理、养老机构管理。

（十二）信息中心

信息中心包括黑名单管理、短信模板、发送短信、政府资讯、知识库管理、发送记录、通知公告、通讯录管理。

（十三）基础数据

基础数据包括服务商管理、志愿者管理、社区管家管理、医疗机构管理、设备管理、服务项目管理、商品分类管理、服务套餐管理、医生信息、一卡通管理。

（1）服务商管理：包括服务商信息、服务人员管理、服务项目审核。

（2）志愿者管理：包括志愿者信息、志愿者组织、服务项目积分配置。

（3）社区管家管理：包括社区管家信息、服务项目价格配置。

（4）医疗机构管理：包括医疗机构信息、科室管理。

（5）设备管理：包括硬件商维护、设备维护、设备型号管理。

（6）服务项目管理：对服务项目进行设置，是服务项目的具体体现。

（7）商品分类管理：对养老机构中的耗用物资、用品和药品情况进行管理。

（8）服务套餐管理：记录养老机构中服务套餐的情况。

（9）医生信息：记录养老机构中医生的基本信息，包括姓名、性别、身份证号、服务专业。

（10）一卡通管理：可进行充值、退费、退卡等功能的管理。

四、养老服务监管系统

养老服务监管系统由服务人员 APP、后台管理软件，以及放置在老年人家中的二维码或 NFC 标签组成，可以为居家养老服务机构的管理人员（包括服务质量监管人员）提供帮助。通过移动互联网，运用先进的通信及定位手段，随时掌握服务人员的位置、状态及服务情况，并对服务内容及服务质量进行监管、评价。后台管理软件通过 GPS 定位，记录服务人员动态位置信息，通过 GPS 地图记录老年人的静态位置信息，结合服务人员 APP 内置功能自动生成服务记录。服务人员可通过 APP 查看工作任务及老年人信息，通过二维码或 NFC 标签实现入户后打卡考勤，使用语音及影像的方式记录老年人对服务质量的评价意见。

通过此系统可实时掌握服务人员状态，可对服务人员进行量化评定，并且通过大数据统计分析为居家服务机构的经营管理决策提供数据支持。

第三节　智慧养老运作机制设计

哈佛大学商学院教授迈克尔·波特提出的价值链理论认为，企业的价值创造是通过一系列活动构成的，这些活动可分为基础活动和辅助活动。对智慧养老进行价值链模型分析，其中基础活动包括老年人的需求收集、养老服务匹配、养老服务供给，以及整体的服务管理等活动。辅助活动主要包括线上和线下的基础设施支持、相关干系人的激励管理，提供如精神慰藉等文化休闲服务。以下对"基础活动"划分，并结合相应的辅助活动进行介绍。

一、需求收集和养老服务匹配

智慧养老系统的运作需要增加需求匹配机制。通过建立老年人信息库和服务商的服务信息库，在用户提出服务申请时，根据老年人的个人基本信息、家庭信息、健康状况、支付能力、服务偏好、历史服务需求与评价信息等，以及服务商的详细资质信息、服务内容、服务评价等信息，进行最优匹配，同时提高老年人和服务商的满意度。

二、养老服务供给设计

建立多元供给机制。结合街道、社区、社会组织、公益组织、志愿者，以及服务商等多种服务供给主体，在适当的法律与法规框架下，通过一种明确的合作模式，互相之间分享各自的信息，协调各个环节的业务功能，促成智慧养老服务每一个步骤的工作的专业化发展。同时将这些工作成功地整合在同一套体系之内，以最佳的效率完成智慧养老供给机制的建构，共同对老年人提供多层次的、丰富的养老服务。

建立智慧养老服务链。智慧养老服务链的基本传递过程是：养老产品提供商—功能性养老服务提供商—养老服务集成商—互动销售媒介—养老服务需求者。功能性养老服务提供商是为养老服务需求者提供各种养老服务的上游企业，这些企业提供的专门服务包括康复医疗、家政服务、心理咨询、文化娱乐、老年教育、老年旅游等，这些服务需求提供商进行再设计和优化组合，才能满足养老需求者个性化的养老需求。智慧养老服务链的传递过程通过智慧养老服务综合平台进行整合，志愿者参加养老服务的志愿工作，除了大学生、在职员工等一般志愿者外，也吸引低龄老年人成为服务高龄老年人的志愿者。同时加强志愿者的激励管理，做好老年人需求与志愿服务资源的匹配，提高志愿服务的覆盖范围等。

三、整体的服务管理设计

（一）重视老年人的反馈

在服务管理阶段，可以设计游戏化机制吸引老年用户参与对所接受服务的评价，引导用户在系统中进行自主评价，不断提高评价质量。一方面有利于获取更多的用户偏好信息，在老年人申请服务时可以更好地匹配需求；另一方面可以获取用户对服务商的评价，可以对服务商进行监督管理，服务商自身也会不断提高服务质量、改善服务态度等。例如，推出一些适合老年人的游戏活动，不仅可以促进更多的老年人参与，增强老年用户的黏性，而且可以通过微信消息、朋友圈等传播渠道，实现用户自发对智慧养老系统的宣传及吸引新用户加入等。

（二）增加用户的自组织机制

老年用户的活动不再拘泥于社区居委会或公益组织、志愿者组织等举办的知识讲座、节假日为老服务等形式，而是可以采取自己在线上组织活动、征集参与者，然后在线下一同参加的形式。这种自组织的机制，不仅可以激发老年人组织多种多样不限形式的活动，而且可以调动老年人组织和参与的热情，进一步丰富老年人的文化娱乐生活。此外，可以为一些退休老年人提供充分发挥余热的机会，从普通参与者到组织者的身份转化，有利于老年人在工作之外的生活中找到自我实现的机会。真正意义上达到线上、线下协同的新型养老服务模式的精神慰藉作用。

（三）增加线上星级反馈激励机制

根据用户的评价，以及对服务商的服务质量、服务态度、服务速度、服务规模等各项服务相关指标的打分，将服务商的上述指标转化成星级，展现在服务商名称上，使用户可以一目了然地看到服务商的整体服务状况。消费者也更倾向于选择整体服务水平高的服务商，因此服务商会非常重视用户的评价、评分，进而提升服务质量、服务态度和速度等。

（四）增加新用户激励机制并改进服务商准入机制

新用户激励机制是指对于新注册进入平台的老年用户，可以通过积分奖励、服务优惠券等奖励促使用户尽量填写详细的个人基本信息、家庭信息、健康信息及偏好信息等，便于日后对服务申请进行资源匹配。另外，对新用户采取力度较大的优惠政策，可以促使新用户真正使用平台申请养老服务、体验服务，也有利于吸引用户加入。服务商准入机制除了智慧养老平台对服务商资质等进行基本的鉴定和考核，还需对平台上已经有的服务资源及所管辖区域内的养老需求进行分类和对比分析。对于那些需求已经得到满足的服务类型，服务商的管理需要提高对服务质量的要求；而对于那些老年人需求目前还未得到满足的服务类型，则要鼓励并吸引这方面的服务商进入，从而既提高智慧养老平台的服务质量，又提高服务内容的覆盖度。

第四节　智慧养老平台的实施模式

一、接入模式

（一）线下实体站点模式

线下实体站点模式是指不借助任何信息技术媒介，在线下部署实体服务站点，比如驿站等。也有的线下实体店使用少量计算机，对收集到的涉老数据进行存储。这类模式适合于老年人和护理人员的 IT 技能素养和意识都不高，但是注重人际互动和养老服务质量的服务机构。

在线下实体站点中，老年人聚在一起，与护工、养老服务人员等面对面交流，属于人人交互模式。老年人可以参与站点中丰富的活动，让生活充满人文关怀，符合老年人需求。站点内还可以配套一些服务，如中医理疗、修脚按摩、日常购物等，方便老年人消费。

实体站点一般会从老年人需求入手，通过前期问卷调查收集老年人需求，后期对老年人各方面需求进行整合，调整站点服务内容、规划站点空间布局等，让老年人在站点内可以享受到方方面面的照护，更加贴合老年人需求。

有些站点由品牌连锁专业公司运营，公司旗下的连锁站点可以形成规模效应和品牌效应，为老年人提供性价比高的丰富服务。

（二）电话模式

电话模式是最常见的模式，是指以电话为媒介与老年人进行沟通交流的模式。电话模式又分为普通电话模式、三方电话模式和一键通电话模式。其中，三方电话模式可以让老年人、街道、养老服务商同时接听电话；一键通电话模式是指专门为几个特殊按键预先设置好电话号码，老年人一键即可接通街道、养老服务商或子女。老年人可以通过这几种电话模式主动联系街道、养老服务商，解决自己的服务需求。

（三）电视云模式

电视云模式是以电视为媒介，结合云服务平台，老年人在家观看电视的过程中可以实时动态地查询和了解所在社区的便民便老服务信息。这样，老年人可以采用自己熟悉的方式（遥控器操作）了解所在社区的便民便老服务信息。这种模式一般需要街道或社区与有线电视运营商合作才能比较好地运作。

当下老年人日常了解社会信息的主要渠道还是有线电视和广播。由于有线电视通过简单的操作就可以实现与智慧养老平台的互动，因此有线电视可以作为老年人主动获取外界信息和服务的重要渠道之一。将社区家庭内的有线电视作为信息发布终端和交互终端，老年人在家观看电视的过程中可以实时动态地查询和了解所在社区的便民便老服务信息，对中意的服务或日用品可以直接下单购买，上门收货付款，可以缓解老年人因身体不佳、出门不便而产生的困扰，也可以让老年人比较容易地以自己熟悉的方式接入智慧养老平台。

（四）PC 网页模式

PC 网页模式是以 PC 网页为媒介，让老年人通过计算机就可以浏览养老服务信息并实现服务订阅。目前，养老服务商一般都会做网站来推广产品、活动，老年人也可以通过相关网页订购养老服务。养老服务网站的好处是屏幕大，可以容纳的信息量大，可以提供多媒体形式（视频、音频等）的资讯，内容丰富。

老年人在网站上浏览养老服务信息，既可以直接在网页下单实现 O2O（Online to Offline，线上线下互动）式服务，也可以通过网页上留的电话，与街道或服务商进行进一步的沟通和服务订制。这种模式需要老年人有一定的计算机操作能力，适合会上网的老年人占有较大比例的街道或社区使用。

（五）微信模式

微信是当下流行的社交网络平台，可以在此基础上建构为老服务的智慧养老平台。微信模式可以分为三种，即微信群模式、微信订阅号模式和微信服务号模式。

微信群模式是以微信中的微信群为媒介，通过组建各种兴趣群或职能群对老年人进行社群式管理。对老年人进行分级分类，不同类型的老年人加入不同的微信群，方便养老服务商为老年人提供相应的服务，也方便街道或社区进行管理。例如，社区通过微信群对老年人进行服务与管理，一般分为两层或三层结构。下层由老年人和与老年人直接沟通的社区工作者组成；上层是社区工作者组成的群，街道或社区有活动可以首先通知到社区工作者的社群，再由社区工作者转发到相关的老年人社群中。有的社区按照老年人的收入、年龄等划分社群，可以实现活动等内容的精准推送。同时，社群里老年人在某些方面具有相似性，老年人之间有共同话题可以交流，增强了社群的活跃度。老年人与社区工作者在一个群里可以直接交流，也方便社区工作者为老年人答疑解惑，并能做到快速响应。

微信订阅号和微信服务号是微信公众号的两种具体模式。以微信公众号为媒介，其中订阅号主要用于发布信息，服务号可以设置菜单进行一些互动。由于微信的渗透率很高，子女一般也都会主动教父母使用微信，所以现在微信上手难度相对于计算机操作来说较低，不会操作时获得的支援较多，不少街道或社区都将微信公众号作为一个重要的接入智慧养老平台的模式。例如，有的街道主张文化养老，街道方面建设了养老服务号，推送文化活动信息，将近期举办的文化活动介绍、安排、传递给老年人，鼓励老年人参与。老年人可以通过微信服务号进行课程筛选、课程预约，报名参加心仪的活动。除此之外，为老服务志愿者也可以通过微信服务号，报名参加志愿者资格选拔，包括个人报名、团体报名两种，并且可以通过服务号获知最新的活动信息，掌握街道为老服务的最新动态。

（六）手机 APP 模式

手机 APP 模式是以 APP（手机上的应用）为媒介，让养老服务资源在移动端能够更加便捷地传播。通过移动端 APP，老年人可以随时随地查看与浏览养老服务信息，同时可以在线下单，订购服务，是一种非常方便的接入模式。这种模式要求老年人有智能手机，且比较熟悉手机的操作，这对老年人来说有一定难度，目前还没有大面积普及开来。

例如，有的街道采用运营商的 APP，老年人可以通过这个 APP 获得送餐补贴、健康指导、生活护理等服务。在手机客户端查看服务商信息、服务内容、价格等，并进行服务的预订。

（七）无介入传感器模式

无介入传感器模式是指不用老年人操作，不干扰老年人生活，通过传感器自动收集信息的一种接入模式。该模式以智能传感器为基础，通过在家里的关键位置（如床、坐便器、客厅、厨房等）安装传感器并上传云平台，来全天候监测并分析老年人体征，以无人工介入的形式为老年人提供照护和预警服务。老年人发生异常后能够及时通知接警中心的监护人员和老年人监护人，为老年人提供帮助和照护。

（八）智能可穿戴设备模式

智能可穿戴设备模式是以智能可穿戴设备为媒介，老年人可以通过智能可穿戴设备获得定位、身体监测等服务。智能可穿戴设备更加智能化，能够在不借助人工的情况下帮助老年人监测体征，多用于"助急"服务。例如，通过智能可穿戴设备，老年人可以方便、快捷地发出需求指令，15 分钟内即可获得服务，并可对服务人员和质量进行追踪评价。家人、亲属不必担心老年人走失，基于位置定位可以实时获取老年人的行动路线，快速找到老年人的位置。

二、建设模式

（一）独立式

独立式是指有些城区养老信息化还没有开展起来，区级不做任何要求，也不建设系统。有的街道观念在所在城区相对超前，根据自身需求建设系统。在这种方式下街道也无须向城区发送街道的信息。随着时间的推移这种模式应该会越来越少。

（二）并列式

并列式是指城区和街道各自根据自己的目标自主建设相应的系统，老年人可以根据自己的需求选择需要的系统。这是因为，有的街道在养老信息化方面先行一步，或者除了区里统一规划的功能之外还有一些其他的需求，因而自主建设了系统。这时城区和街道的系统都是分别建设的，功能有重叠的部分，也有不一样的部分，因而分别吸引了一些老年人使用。

（三）关联式

关联式是指街道自主建设一套系统，并与区级的系统进行对接，让数据能够连通。因为有些城区目前还没有覆盖全区的系统，或者城区的系统还未建立起足够的权威（比如明显好用、易用的系统）。因此，街道根据自身的特色或需求，先期建设了系统，后期如果区里统一建设了系统或者对某些数据有统一的要求，那么街道系统适当改造后可以与其进行数据上的连通，保证区里和街道的系统既能互联互通，又都能满足各自的需求。

（四）统一式

统一式是指区里统一建设系统，所有街道都采用区里建设的系统。这种模式比较适合用于该城区的各街道没有明显的差异，存在的需求整体上比较统一的情况下。这种情况下直接使用区里的系统对于街道来说最省时省力。

（五）自选式

自选式是指城区经过对全区的情况调研，设立一个统一的养老服务系统，同时研制出尽可能全的功能模块，分为必选模块和自选模块两类。必选模块体现全区统一的特色和要求，街道上线系统时默认选择，而对于自选模块则可以根据自身特点选择需要的功能上线。由于城区和街道一个很重要的功能是监管，有一个统一的监管平台有助于统一规划和管理。

"互联网＋""智能＋"在养老服务业的应用还处于起步阶段，产业分散、不集中、连接性差等问题十分突出。当前，养老产业对基础设施的投入较多，而对运营平台的具体功能忽视了应用与转化，并且忽视了在线服务链基础平台的建设。面对日益严峻的人口老龄化趋势，打造"数字老龄"的服务方案，提升社会的养老服务体系建设和管理水平，亦可实现主管部门对养老机构有效的行政管理和监督，达到对养老机构管理规范化、决策科学化、业务流程化和数据标准化的目标。

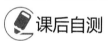 课后自测

实训演练

1. 实训目的

掌握智慧养老模式的总体框架。

2. 实训内容与步骤

（1）熟悉智慧养老平台的设计，包括智慧养老系统分层架构、养老大数据中心、养老服务监管平台、养老服务监管系统。

（2）了解智慧养老平台的实施模式，包括接入模式和建设模式。

（3）智慧养老平台助力社区养老，开展头脑风暴，讨论智慧养老平台能够给老年人带来什么？

3. 实训总结

记录小组讨论的主要观点，推选小组代表在课堂上阐述小组的观点。

第三章
智慧养老的关键技术

知识目标

1. 了解大数据、人工智能、物联网、"互联网+"、云计算、定位技术、区块链的概念及特点。

2. 熟悉养老在大数据、人工智能、物联网、"互联网+"、云计算、定位技术、区块链的需求。

3. 掌握大数据、人工智能、物联网、"互联网+"、云计算、定位技术、区块链在养老中的应用。

能力目标

1. 能简单地组网，具有学习使用智能设备的能力。

2. 能够运用互联网技术解决养老中出现的问题。

3. 能够深入了解老年人的需求，指导老年人合理地利用智能设备。

4. 能够引领老年人进行健康的生活、享受智能带来的便利，提高老年人的生活质量。

素质目标

1. 培养较好的信息素养。

2. 具有良好的职业道德、职业素养和精益求精的工匠精神。

3. 培养学生搜集资料、阅读资料、利用资料的自学能力。

4. 培养学生分析问题和解决问题的能力。

5. 培养学生表达、团队协作、社会交往等综合能力。

PPT课件

老年人的生活质量是衡量经济繁荣、社会进步和文明发达的重要标志。中国社会面临的人口老龄化问题不仅包括老年人的经济保障问题，也包括社会交往、医疗护理、人身安全、交通出行、文化娱乐等。中国社会迫切需要尽快保障、改善、提高老年人的生活、健康和参与社会发展的基础条件，实现"老有所养、老有所医、老有所为、老有所学、老有所乐"。这既需要加大传统涉老基础设施的建设力度，也依赖于包括"互联网＋"、物联网、大数据、人工智能、云计算、定位技术、区块链、下一代移动通信网络等信息通信技术在老年服务领域的融合应用。

第一节　大数据技术

案例导读

  A市居家养老服务中心自开业以来，提供了膳食供应、医疗康复、生活照料及其他服务等一系列服务，极大地满足了周边社区老年人的需求。在该中心，随处可以看到老年人娱乐、康复理疗等场景，而这一切优质服务的背后得益于建设的智慧养老平台。

  A市自开展居家养老服务工作以来，构建了统一、互联互通的养老服务平台，确定"一库一网一平台"的建设思路，即建设老年人口数据库、养老服务网和养老服务平台。在养老服务平台建设初期，中心组织开展了20余万老年人大普查，根据调查情况搭建老年人基础数据库，为针对性地研究制定居家养老服务试点政策提供数据支撑。同时，先后与公安户籍、卫健委等部门协调，整合各部门相关数据，初步实现老年人数据信息的活化更新。在此基础上，按照一个平台管理的要求，将养老服务数据统一纳入数据管理平台。另外，为提供方便高效的线上养老服务，还搭建了养老服务网站，将能够移植到网上的各类养老信息全部进行公开，方便查询。

  在居家养老服务管理平台，可以清楚地查看中心所在街区的四至、社区分布、养老服务机构分布，以及3000元及以下低收入老年人有多少，独居老年人、失能老年人数字，甚至当日过生日老年人有多少，这些信息全部实时动态地显示在大屏幕上。其中意外保险、助餐补贴、低保、百岁补贴等养老补贴政策覆盖人群情况也一目了然，一键呼叫设备等智能设备监测情况也可以清楚地查询到。在居家养老服务运营方面，当日服务量、当日消费金额、近三十天的居家养老服务场景，下单方式是电话下单、商家APP还是居家养老服务卡，服务方式是入户还是现场服务，都将体现在平台上。

  按照线上服务与线下服务相结合的要求，该市还将建立居家养老服务中心，中心内设有"五室一校"，分别为：休息室，配有2张床位供老年人休息；配（就）餐室（含阅览室），配有就餐设施、报刊和图书；文体活动室，配有相应的文体活动设备；健身康复室，配有老年人健身康复器材；医疗保健室，配有基本的医疗设备和常用药品；老年人学校，配有基本的教学设备和用具。

  大数据智慧养老，以更简单、更方便的智能方式为老年人提供更多在生活帮助、康复护理、精神慰藉等方面的多层次、个性化、便捷化的服务，让居家养老更有温度。

  思考：大数据是怎样实现让智慧养老有温度的？

在大数据时代，养老领域面临新的机遇。大数据作为老龄社会的重要技术手段，为养老大数据的积累提供了可靠的数据分析支持，随着"互联网＋"和养老行业的不断融合，用大数据解决中国老龄问题、促进智慧养老健康发展，具有重要的指导意义。

一、大数据技术概述

（一）大数据的定义

大数据是信息通信技术发展积累至今，按照自身技术发展逻辑，从提高生产效率向更高级智能阶段的自然生长。"大数据"在物理学、生物学、环境生态学等领域，以及在军事、金融、通信等行业早已存在，近年来由于互联网和信息行业的发展而引起人们的广泛关注。

大数据作为云计算、物联网之后 IT 行业又一颠覆性的技术革命，无处不在的信息感知和采集终端为人们采集了海量的数据。最早提出"大数据时代"的是全球知名咨询公司麦肯锡。麦肯锡公司认为："数据，已经渗透到当今每一个行业和业务职能领域，成为重要的生产因素。人们对于海量数据的挖掘和运用，预示着新一波生产率增长和消费者盈余浪潮的到来。"有着"大数据时代预言家"之称的维克托·迈尔-舍恩伯格，和肯尼思·库克耶一起在共著的《大数据时代：生活、工作与思维的大变革》中对"大数据时代"进行了深刻分析，阐述了其中的思维变革、商业变革和管理变革。他们指出，大数据不用随机分析法（即抽样调查）这样的捷径，而是采用分析所有数据的方法。在他们看来，大数据是当今社会的一种新型能力，它以一种前所未有的方式，通过对海量数据进行分析，获得有巨大价值的产品和服务，以及深刻的洞见。因此，它既是人们获得新的认识、创造新的价值的源泉，也是改变市场、组织机构，以及政府和公民关系的方法。

本书认为，大数据指的是所涉及的资料规模巨大，人无法通过目前主流软件工具在合理时间内获取、管理、处理并整理资料，也无法将其整理成帮助企业经营与决策的资讯。从某种程度上说，大数据是数据分析的前沿技术。

（二）大数据的特点

目前，大数据已经成为一个社会热点名词，一般认为大数据具有五个特点：大量性、多样性、高速性、价值性、真实性。

1.大量性

大量性指数据体量巨大，数据集合的规模不断扩大。当前数据规模正在由 TB 级向 PB 级转化，甚至未来会是 EB 级、ZB 级和 YB 级。其中 1YB＝1024ZB；1ZB＝1024EB；1EB＝1024PB；1PB＝1024TB；1TB＝1024GB；1GB＝1024MB；1MB＝1024KB；1KB＝1024B；1B＝8bit。为了好记，大家也可以简记为公式前面的单位代表后面的 1024 倍。对于一个中型城市的视频监控摄像头来说，它每天就能产生几十 TB 的数据。

2.多样性

多样性指数据类型繁多，以往人们产生或者处理的数据类型较为单一，大部分是结构化数据。而如今，社交网络、物联网、移动计算、在线广告等新的渠道和技术不断涌现，产生大量半结构化或者非结构化的数据，如 XML（可扩展标记语言）、邮件、博客、即时消息等，导致了新数据类型的剧增。企业需要整合并分析来自复杂的传统和非传统信息源的数据，包括企业内部和外部的数据。随着传感器、智能设备和社会协同技术的爆炸性增长，数据的类型越来越丰富，如文本、音频、视频、点击流、日志文件等产生的数据。

3.高速性

高速性指处理速度快，即要遵守业界的"1秒定律"或者"秒级定律"，也就是说对处理速度有要求，一般要在秒级时间范围内给出分析结果。数据产生、处理和分析的速度在持续加快，数据流量也越来越大。加速原因是数据的创建具有实时性的特性，同时要求将流数据结合到业务流程和决策过程中。数据处理速度快，处理能力从批处理转向流处理。

4.价值性

价值性的含义包括两点：第一，大数据是有价值的，需要挖掘和分析才会有价值；第二，大数据的价值密度很低，大数据的体量在不断加大，单位数据的价值密度不断降低，在连续不间断的监控过程中，可能有用的数据仅一两秒，然而数据的整体有效价值却在提高。企业应充分挖掘大数据中潜在的商业价值，拓宽经营范围，从而实现利润增加。

5.真实性

真实性指大数据中的内容是真实世界的反映，是各类数据自然状态的收集。研究大数据就是从庞大的真实数据中提取出能够解释和预测现实事件的内容。

（三）养老大数据

养老大数据是基于大数据背景提出的，它把科技手段和社会发展特点结合起来，为人们身处老龄化社会面临的诸多不确定性提供全新的解决方案。即通过大数据，对老年人的生活习惯进行挖掘，线上、线下互动为他们提供即时有效的服务，让更优质的服务资源突破时空限制，登门入户，创新服务模式，促进养老服务的规范化、制度化、便捷化、智能化，全力提升老年人的生活品质。

1.养老大数据的定义

养老大数据综合利用各种信息通信技术，以互联、移动、开放、共享为特征，围绕老年人的生活起居、安全保障、保健康复、医疗卫生、娱乐休闲等各个方面，面向老年人、服务单位、政府机构等相关人员和组织，开展信息采集、信息整理、信息利用和信息服务。

通常，养老大数据通过涉及老年人的各种网络平台，以及手机、可穿戴设备、平板电脑、个人计算机等各种智能终端，还有安装在养老机构或老年人家中的各种各样的传感器和各类监控设备，来获取各种类型的涉老数据。如表单记录、图片、音频、视频、地图定位、流媒体数据。其主要目的是支持对老年人的心理和行为的分析，对涉老的产品或服务进行更好的管理和决策，使不同的涉老群体都有获得感，并提升满意度。

2.养老大数据的特征

养老大数据具有与传统养老体系完全不同的特征，可以概括为以下四个方面。

（1）基于知识的服务：养老大数据体系是建立在信息采集、信息整理、信息利用和信息服务基础上的一种养老体系。对数据和信息的管理，以及对知识的升华应用是信息社会的典型特征，依托于数据、基于知识的增值服务是任何传统养老体系无法比拟的。

（2）技术的多样性：养老大数据体系是多种信息通信技术的综合利用，包括传感技术、存储技术、计算技术、通信技术、数据分析技术和人工智能技术等，这些信息通信技术的集成应用使多元异构信息汇聚和数据融合挖掘成为养老服务体系的基础。养老大数据体系的实现是多种信息通信技术的综合体现和共同支撑，不是一种或一类技术能够代表的。

（3）业务的综合性：养老大数据体系是综合集成的业务集群。传统养老以居家养老、社区养老、机构养老区分，而养老大数据体系依托网络和数据，脱离了空间性并模糊了时间性，它使老年人在任何时间、任何地点、任何场景下都能得到服务，满足实时性的用户需求，甚至发掘出潜在的用户需求。

以居家养老中的健康体征监测为例，系统使用可穿戴设备实时监测老年人的个人体征数据，包括心率、血压、血糖、血氧等，从终端发送数据至系统后台，通过分析来提出有针对性的医学建议。这一业务过程涉及医学、通信、计算机科学等多种学科，也涉及设备制造、数据通信、医疗保健、数据存储、情报分析等多个行业。

（4）行业的融合性：养老大数据体系带动行业之间的融合与产业的集群式发展。养老大数据涉及的行业几乎涵盖所有已知的传统服务行业和以信息技术为代表的新兴产业，例如智能建筑、智能家居、智慧医疗、网络金融、在线交易等。通过信息融合和数据挖掘，这些看似相距甚远的行业和领域得以交叉，产生新的业务和共享用户。

3.养老大数据的类型

养老大数据的类型有很多，主要包括以下几种。

（1）养老基础数据：养老基础数据主要包括老年人口基础数据、养老服务机构基础数据、养老服务人才队伍基础数据等。这些数据一般都是结构化数据，主要存放在当地涉老部门（如民政、卫生健康、公安等）的基础数据库中。

（2）养老设备数据：老年人智能家居或机构安装的各种功能设备都会创建或生成大量数据。养老设备数据来自可穿戴设备、感应器、量表和其他设施的数据，以及老年人定位（如GPS系统或北斗系统）数据等。

（3）养老服务数据：养老服务数据主要包括老年人评估数据、老年人医疗健康监测与服务数据、养老补贴数据、老年人网上购物数据、老年人移动支付（如微信支付、支付宝支付）数据、老年人乘车刷卡数据、殡葬服务数据、老年人POS机刷卡数据、老年人信用卡刷卡数据、养老助残卡（券）交易数据等。

（4）养老监管数据：养老监管数据主要涉及养老院、养老照料中心、养老驿站等机构，以及社区居家养老的服务监管数据。例如养老服务人员在进行养老服务时产生的音频、视频或流媒体数据。

（5）养老社交数据：随着信息时代的到来，越来越多的老年人不断享受信息技术带来的便利，能够使用智能手机等移动设备，开通博客、微博，使用论坛和微信的老年人也越来越多。通过信息技术和移动设备上的软件，能够记录大量数据，如通话时长、文字内容、音乐、图片和视频等，以及应用软件安装、使用和卸载的情况等。老年人使用网站、论坛、微信和其他各种应用软件的行为，理论上都可以被记录下来。

（6）养老开放数据：互联网上有各种开放数据，如政府机构、非营利组织和企业免费提供的涉老数据和各种报告等。

以上各种类型的养老大数据，可能有些是互相重叠的。如开放数据中有些就是服务数据或监管数据，有些服务数据本身也是来自设备的数据。

二、大数据在智慧养老中的应用

大数据技术在推动养老方面发挥了非常积极的作用。目前，国家政策层面支持大数据技术的发展，国家将发展大数据技术纳入国家发展计划。在国家政策的积极推动下，"大数据＋产业（行业）"的解决方案开始不断涌现，与互联网、金融保险、企业管理、政务管理、电信、教育、医疗等众多行业进一步融合。以民政部为例，民政部积极推动信息化建设，积极探索大数据技术在社会救助、慈善福利、政府治理、养老服务等方面的应用，尤其是在智慧养老方面积极尝试，有力推动了"大数据＋养老服务产业"的发展。在此背景下，加上国家对健康战略的积极推动，"大数据＋养老"解决方案也不断出现。大数据技术在养老方面的应用主要表现在以下几个方面。

（一）养老服务信息方面

目前，各养老服务机构的建设已经有了一定的基础，部分养老服务机构已经涵盖了护理、家政、救助、维修、配餐、心理关爱等领域，且数量和规模不小。但是仍然存在很多问题，诸如信息化程度低、缺乏合作交流平台、分布较为零散、服务质量参差不齐，同时这些服务机构之间缺乏合作交流，造成了一定程度的资源浪费。养老服务机构的现状使养老服务的公共数据共享成为一个难题。当然，数据共享和政府有关部门的数据开放有一定的关联，但它们在数据收集和数据使用方面存在不少障碍，技术操作方面还存在很多不足，还不能将诸如居住环境、医疗机构配比、社区（活动、养老）中心数量及分布等老龄人群的公共数据实现有效的共享与互通，造成了各机构之间"信息孤岛"的现象。这一现象，一方面造成政府治理的困境及负担，另一方面对养老服务机构及老年人的医疗养老造成很多不便，不利于医养结合的养老服务产业的高效和健康发展。

利用大数据技术，可以在地域范围内构建大数据云服务平台，各养老服务机构搭建该辖区内的大数据信息中心，实现各级机构的信息互联、接口开放。该平台通过大数据挖掘技术与分析技术，记录老年人使用服务机构、医疗机构、社区活动机构等服务的数据，然后再加以分析，有效整合区域内的信息，方便信息的共享、查阅、监督、检查等。

（二）养老服务产品方面

大数据技术的不断发展促进了养老产业的快速发展，大数据应用市场不断涌现与养老服务相结合的大数据应用及行业解决方案。虽然这些应用在性能方面出现参差不齐、应用范围狭窄、公共数据封闭的现象，并未达到理想的效果。但是不断涌现的应用产品与形成的市场竞争氛围，在理念引领、技术升级、手段丰富等方面起到了非常正面的促进作用。

（三）养老服务需求方面

随着我国养老服务机构和医疗机构条件的极大改善，老年人的数量增长迅猛。但是老年人的个性化需求，诸如个性化医疗、个性化服务及娱乐等需求，养老机构却无法满足。

大数据技术则可以弥补老年人在个性化需求方面的不足。大数据技术重在充分挖掘数据的价值，通过分析、整合行为规律，应对个体的需求。大数据挖掘技术能挖掘老年人的生活数据、医疗数据，并充分整合这些数据，将这些数据进行定期的数据分析，总结其行为规律，为有个性化需求的老年人提供优质的服务，在提高养老质量、减轻老年人家属负担方面提供诸多可能。

（四）养老服务人员方面

随着养老人口不断增加，我国护理人员出现严重不足，且护理人员的素质水平有待进一步提高。针对以上问题，为培养高质量的专业养老人才，我国加强了高校在养老服务专业方面的建设，目前已初见成效，但是市场缺口仍旧很大。对于出现的缺口，可以通过大数据技术建设信息化平台，提升护理人员的专业能力及工作效率，使其能够更好地服务于智慧养老。

（五）养老服务应用平台方面

大数据在智慧养老中的应用需要以养老大数据系统平台为基础。养老大数据在采集与应用的过程中以老年人为中心，以信息数据为基础，围绕对个体和群体的特征描摹，纵向贯通信息的产生、采集、汇聚、存储、分析、挖掘、应用等各个阶段，横向覆盖跨部门、跨领域、跨行业的全方位业务，面向政府机构、老年人和老龄产业，提供智慧化、融合性的信息服务。其中，养老大数据应用系统是利用先进的技术架构，通过数据交换共享、数据分析、数据挖掘等手段，构建标准统一、开放、共享、高效、安全、畅通的云服务平台。养老大数据平台是系统的核心，它由养老服务大数据支撑平台、养老服务智能分析平台、养老服务运营支撑平台和养老服务应用支撑平台所组成。作为一个松耦合的中间平台，它向下联通了金融、卫生、文化、旅游、医疗、教育、民政、电商、交通等各方面业务数据，向上承接了政府机构、老年人和老龄服务企业的各项业务需求，并通过数据在平台中的沉淀、流通、融合，使数据抽象为信息，信息升华为知识，知识服务于智慧化的应用。养老大数据平台以统一的数据接口、业务标准和信息安全管理规范，统筹整合养老业务系统和各种创新养老服务，既形成业务和技术上的共性能力，又支撑养老服务的运营管理、数据分析和业务应用，提供一系列的养老医疗服务，为方便老年人生活、建设智慧养老提供有力的技术支持。

综上所述，大数据技术在推动我国养老服务方面，尤其在推动医养结合的养老模式方面，优势明显且意义重大。大数据技术将为我国养老模式的发展带来新的变革，目前很多地方大数据的应用已经开始落地，并显现出巨大的效应。例如，通过发行覆盖整个地区老年人的养老助残卡，以及制定基于这个卡的一系列针对老年人的优惠和补贴政策，使得城市一卡通的使用率相当高，从而使政府获得了老年人在衣食住行各个方面的大数据信息，利于合理地配置公共资源，适应日益加剧的人口老龄化。同时，借助老年人出行大数据，还可以发现老年人消费的各种市场机会，充分发挥市场机制，促进养老产业的可持续发展。另外，微信在养老数据方面也开展了很多的项目，微信大数据提供了大量老年人社交娱乐的信息，为文化、教育和娱乐方面的养老服务商提供了精准的需求信息。

由于现在正处于一个消费升级和社会转型的阶段，新一代老年人的消费习惯、生活需求都在不断地变化，这些变化是很难从以往老年群体的需求中总结出来的。大数据为人们提供了一个及时洞察、捕捉老年人新需求的可能。大数据在未来老年人生活的核心领域之一的健康管理上将大有所为，为老年人优化自己的晚年生活提供科学的依据。

第二节　人工智能技术

📚 案例导读

随着科技创新步伐的加快，以智能硬件为代表的物联网产业和人工智能技术，为打造智慧养老综合服务平台提供了可能。智能机器人陪护这样的新型养老方式也逐渐流行起来，老人也都喜欢上了这些小家伙。

日前，Z街道居家养老服务中心来了一个"小伙伴"——智能机器人"宝宝"，瞬间得到了老人们的喜爱。

"爷爷，您好，您该吃药了……""奶奶好，您有时间吗？让宝宝给您讲个故事吧？"智能机器人"宝宝"的亮相吸引了不少老人前来跟它聊天，不时逗得在场的老人合不拢嘴。它走到哪里都是焦点，除了和老人们一起唱歌之外，个头不高的机器人"宝宝"还能陪老人们聊天排解孤单。而所有这些，老人只需通过简短的语句就能控制机器人的所有操作，十分简单。

除了语言上的交流，机器人"宝宝"还为老人们送上洗涤产品，将温暖送至老人身边。同时，智能机器人"宝宝"也为老人做产品的介绍："奶奶好，这是一款非常适合奶奶使用的洗涤产品，它的功能非常齐全，使用方法也很简单，低碳、安全、无污染、不伤皮肤……"伴随着智能机器人"宝宝"的歌声，志愿服务人员帮助老人将油烟机、电饭煲、厨具、热水瓶等进行了清洗，为老人们提供切实的帮助。

思考： 智能养老机器人如何实现智慧养老？

当前，养老行业在国家政策文件的支持下得到了快速的发展。但在发展的同时也出现了一些问题，如护理人员薪水低、社会地位低、工作累、工作脏、受委屈，导致出现无人养老、无人护理的情况，愿意从事护理和养老工作的人越来越少，这已成为目前养老工作面临的最大困境。如何提升养老护理人员待遇、改进舆论环境、提高养老护理人员能力、让更多的学校开设养老相关专业、破解养老工作中出现的难题，这些成为政府和企业面临的新问题。新一代信息技术特别是人工智能技术的出现，让人工智能产品替代人类完成一些人类不愿意完成甚至完成不了的事情，为智慧养老的发展提供了一个新的视角和思路。

一、人工智能技术概述

（一）人工智能的定义

作为计算机科学的一个分支，人工智能（artificial intelligence，AI）是研究与开发用于模拟、延伸和扩展人的智能的理论、方法、技术和应用系统的一门新的技术科学，是一门自然科学、社会科学和技术科学交叉的边缘学科。它涉及的学科内容包括哲学、认知科学、数学、神经生理学、心理学、计算机科学、信息论、控制论、不定性论、仿生学、社会结构学与科学发展观等。其研究范畴包括自然语言学习与处理、知识表现、智能搜索、推理、规划、机器学习、知识获取、组合调度、感知、模式识别、逻辑程序设计、软计算、不精确和不确定的管理、人工生命、神经网络、复杂系统、遗传算法、人类思维方式等。

传统的人工智能主要是模仿人的智能，但现在的人工智能不仅模仿人的智能，还能实现机器智能。例如，基于大数据技术的机器翻译，就不是按照人的翻译那样按照语法结构进行，而是根据各种语言的语料大数据进行翻译。人工智能的实质是生产出一种新的能以人类智能相似的方式做出反应的智能机器。因此，未来的人工智能既能模仿人类的智能，也可能超过人类的智能。

目前，关于人工智能的定义还没有清晰的界定，比较有代表性的观点主要有以下几种。尼尔逊教授认为："人工智能是关于知识的学科——怎样表示知识及怎样获得知识并使用知识的科学。"温斯顿教授认为："人工智能就是研究如何使计算机去做过去只有人才能做的智能工作。"这些观点都反映了人工智能学科的基本思想和基本内容。

（二）人工智能的研究内容

人工智能的发展历史是和计算机科学技术的发展史联系在一起的。除了计算机科学以外，人工智能还涉及信息论、控制论、自动化、仿生学、生物学、心理学、数理逻辑、语言学、医学和哲学等多门学科。人工智能学科研究的主要内容包括：深度学习、自然语言处理、计算机视觉、智能机器人、自动程序设计、数据挖掘等方面。

1. 深度学习

基于现有数据进行学习操作，是机器学习研究中的一个新的领域。其动机在于建立、模拟人脑进行分析与学习的神经网络，模仿人脑的机制来解释数据，如图像、声音和文本。

2. 自然语言处理

这是用自然语言与计算机进行通信的一种技术，是人工智能的分支学科。它研究用电子计算机模拟人的语言交际过程，使计算机能理解和运用人类社会的自然语言，如汉语、英语等，实现人机之间的自然语言通信，以代替人的部分脑力劳动，包括查询资料、解答问题、摘录文献、汇编资料，以及一切有关自然语言信息的加工处理。例如，生活中电话机器人的核心技术之一就是自然语言处理。

3. 计算机视觉

计算机视觉是指用摄影机和电脑等各种成像系统代替人眼（视觉器官）对目标进行识别、跟踪和测量等机器视觉，并作为输入敏感手段进一步做图形处理，使用电脑处理成为更适合人眼观察或传送给仪器检测的图像。计算机视觉应用的实例有很多，包括用于控制过程、导航、自动检测等方面。

4. 智能机器人（机器人学）

如今人们的身边逐渐出现很多智能机器人，它们具备形形色色的内部信息传感器和外部信息传感器，如具有视觉、听觉、触觉、嗅觉。除了有传感器外，它还有效应器作为作用于周围环境的手段。这些机器人都离不开人工智能的技术支持。科学家认为，智能机器人的研发方向是给机器人装上"大脑芯片"，从而使其智能性更强，在认知学习、自动组织、对模糊信息的综合处理等方面将会前进一大步。

5. 自动程序设计

自动程序设计指根据给定问题的原始描述，自动生成满足要求的程序。它是软件工程和人工智能相结合的研究课题。自动程序设计主要包含程序综合和程序验证两方面内容。前者实现自动编程，即用户只需告知机器"做什么"，无须告诉"怎么做"，后一步的工作由机器自动完成；后者是程序的自动验证，自动完成正确性检查，其目的是提高软件生产率和软件产品质量。该研究的重大贡献之一是把程序调试的概念作为问题求解的策略来使用。

6. 数据挖掘

数据挖掘是指从大量数据中通过算法搜索隐藏于其中的信息的过程。它通常与计算机科学有关，并通过统计、在线分析处理、情报检索、机器学习、专家系统（依靠过去的经验法则）和模式识别等诸多方法来实现上述目标。数据挖掘的分析方法包括分类、估计、预测、相关性分组或关联规则、聚类和复杂数据类型挖掘。

二、人工智能在智慧养老中的应用

人工智能的应用给人们的生活带来许多便利。如智能语音服务助手可以订酒店、查天气、看路况；辅助筛查和诊断疾病；自动驾驶汽车上路；在车站或航站楼进行人脸识别破案；智能物流分拣货物；等等。未来随着计算能力的全域覆盖（如街边的灯杆都成为一个计算基站），那么只要是需要使用智能的场合，基本上都能看到人工智能的影子。伴随着"智能时代"的到来，人工智能技术通过与养老行业的深度融合，推动着、变革着传统的养老服务。养老服务也积极配合人工智能，两者相互交融、相互促进，不断满足老年人多样化、个性化的养老需求，推动养老服务深层次的变革。

人工智能在智慧养老中的应用主要坚持以老年人为中心，围绕活力老年人和失能失智（或半失能失智）老年人的吃、穿、住、养、医、行、乐等日常需求，使用人工智能发挥"替代""便利""引领"和"整合"等功能，最大程度地帮助老年人保持和恢复社会功能，助力老人更加积极健康地生活。这里的"替代"是指以新技术、新手段的广泛应用替代养老服务中的人工类操作，或传统方式无法方便达到的领域，减轻人力负担。"便利"是指让智慧养老的产品和服务唾手可得，为老年人提供更优质的养老服务。"引领"是指通过人工智能赋能，推动养老服务的全链条改造，为养老事业的发展开辟出更多空间和可能，产生新的更多的养老模式。"整合"是指融合线上、线下养老服务资源，通过数据的整合、服务渠道的整合、入口的整合等，推动智慧养老高质量发展。

目前，对于老人来说，人工智能的应用场景非常多。例如，随着年龄的增大，老人由于离开了原先的工作环境，更多地在家中或养老院度过。这时老人一般都会产生孤独感，并且会有强烈的陪伴需求，此时可以通过智能语音技术来创造这种"陪伴感"。比如，可以基于子女的录音资料，用语音技术合成老人子女的声音，给老人讲家常故事或笑话，提醒老人按时吃药、坚持锻炼……这样的陪伴虽然不能完全代替真实的关心，但也未尝不是儿女们尽孝的手段之一。又比如，可将智能机器人用在智能陪伴、陪护上，陪聊机器人一般具有智能聊天功能。它可以进行简单的对话，或者根据老人的要求唱歌、讲故事、背诗，以及为老人播放喜欢的戏曲、京剧、新闻等，这些功能可以保持或辅助老人心理健康。目前的机器人主要是针对老人的问询或指令做出响应，未来的养老机器人除了陪聊还会根据老人的个人作息大数据主动做出问询或建议，成为老人的个人智能助理，协助处理好老人几乎全部的事务。

综上所述，人工智能在养老方面的应用主要体现在以下五个方面。

（一）智能护理

随着年龄增长，老年人身体机能逐渐下降，对老年人的护理服务在养老服务中显得越发重要，同时这也是一个需要大量人力投入的领域。针对失能失智（或半失能失智）老年人，智能护理的首要目标就是替代，部分替代或全部替代人力护理。在人工智能的赋能下，护理机器人横空出世，它处理了一些常规人力护理做不了的事情，如给予失能失智老年人更加专业的护理服务；替代传统人工，重点解决护理中人力资源不足的问题；能学习，可积累，能将护理过程中的个案情况不断总结。它真正成为一个有情感的智能终端，而不仅是一台机器。

（二）智能生活管理

利用人工智能可以科学管理日常家政活动，围绕老年人的家庭生活，提供定制化的服务，并被期待像一个真正的"管家"一样，服务于活力老年人。智能生活管理的主要目标是"便利"，为老年人提供方便，而不是"取代"老年人自主生活的能力。首先，它应赋予家庭智能联控的作用，涉及家庭管理的方方面面，在老年人付出可及的智力和体能的情况下，把家庭管理得井井有条。其次，智能生活管理可以让老年人更好地管理自己的居家生活，享受自己的幸福晚年，提升老年人自我照顾、自我管理的能力。因此，智能生活管理一定是一个人机交互无障碍、老年人使用极其方便的系统，既讲技术，也更实用。

（三）智能健康管理

智能健康管理是针对老年人营养、体检、健康教育、疾病预防、治疗和锻炼等的综合管理。智能健康管理是让老年人更加"便利"地享受科技进步的助手，通过人工智能的赋能，实时跟踪和分析老年人身体各项指标的变化，随时提供积极的提示、提醒和建议方案，对老年人个人行为进行指导，并提供在线诊疗及智能康复训练的方法。老年人的健康智能检测目前已趋多元化，但检测结果无法快速处置及专业反馈仍是这类问题的短板。因此，智能健康管理也应是一个将老年人与社区、医疗机构、社会服务机构、家庭成员和政府部门紧密联系起来的系统。

（四）智能情感交流

因家庭子女少、子女异地居住、子女工作繁忙等多种因素，老年人与家人缺乏沟通，寂寞、孤独等情况时有发生，心理慰藉严重不足。这在对城乡老年人各类生活状况的抽样调查中都有反映。人工智能在老年人情感服务方面，发挥积极且引领的作用。其运用全息影像、拟人化模式等方式，帮助解决老年人孤独、亲情陪伴等方面的问题，这些都为老年人情感交流和心理慰藉提供了帮助。

（五）智能清洁

老年人的个人清洁问题，是关系老年人健康长寿非常重要的方面。无论是活力老年人还是失能失智老年人，个人清洁都是日常生活的重要环节，也是常规家政和护理无法完全做到的。在人工智能的赋能下，可以创新出异于传统的清洁方式。例如，对长期卧床的失能老年人，可以实现从头到脚、从里到外、更加智能和人性化的清洁。

智能养老是一个需要线上与线下更加紧密融合的系统。很多的智能养老服务首要面临的问题就是"整合"，需要重新整合现有的资源和信息，需要线下的配合，更需要后台的支撑。比如突发状况的及时处置，需要考虑流程与相应的机制，也包括智能设备自身的故障处置，以及智能产品深度学习后的数据及问题处理。

总之，人工智能在智慧养老中有着无数可能，也正在将可能变成现实。上述仅是作为养老服务实践者的初步思考，这些需求可能涉及一个智能产品或同时涉及多个智能化应用，也可能在一个智能产品中涉及多项应用。但核心是围着老年人转，跟着老年人走，使老年人无论在家庭、社区还是机构，都可以享受智能养老带来的便利。市场上很多公司已研发出了各式各样的智能产品，也正在改变着老年人的生活。让技术更好地服务老年人，让老年人的晚年生活更有品质，是我们从事养老服务的初心，也是全社会共同的责任和义务。

第三节　物联网技术

📚 案例导读

　　张阿姨和老伴退休后，由于考虑到孩子们工作压力大、与孩子们之间存在代沟、交流不畅，所以没有选择和孩子们住在一起。但随着年龄的增大，他们的身体大不如前，需要有人关心照顾。而张阿姨的子女平时工作比较忙，没有太多的时间陪在父母身边，虽然每个周末都会看望父母，但平日却不能对父母进行细心的照顾，只能通过电话问候。那么平日里子女除了通过电话对父母进行问询外，还有没有别的方式能让子女及时了解老人们的状况，让老人们退休后的独居生活不会因为腿脚的不便而造成真的不便利呢？

日前，张阿姨的子女利用物联网技术，结合互联网与智能硬件轻松地实现这些需求。在张阿姨的家里，子女将其家电全部换上具备物联网功能的产品，配合智能手环等智能可穿戴产品，轻松地了解父母的近况。比如，子女发现张阿姨冰箱里面的菜空了，那么子女就可以通过物联网平台联系其背后的本地菜品服务供应商，为张阿姨配送所需要的食材。同时，物联网技术还可以根据张阿姨最近常吃的食材，为张阿姨推荐更加营养均衡的食材。又比如，张阿姨刚刚测完血压，血压稍微高了一点点，那么后台的食品供应商就会通过云端的大数据分析，提醒张阿姨注意饮食，并且为张阿姨家提供更多能够降压、舒缓情绪的食材，为张阿姨的生活提供便利。

思考：物联网技术如何实现智慧养老？

物联网技术被认为是互联网革命后的又一技术性革命，随着人工智能技术、5G、云计算、大数据等技术的发展，物联网技术已经渗透到了人们生活的方方面面，无论是在工业、商业、制造业，还是医疗、农业，物联网技术都发挥着重要的作用。物联网技术的发展不仅给广大的企业带来了商机，也给人们的日常生活带来了翻天覆地的变化。

当前，我国老年人口不断增加，老年人的体质较弱，患有慢性疾病的人较多，其中以危害老年人身体健康的糖尿病、高血压、高血脂、高血糖居多。因此，如何让老年人过上足不出户的养老生活，成为当前医养结合模式的重中之重。物联网技术的出现成为破解养老问题的有益途径。通过物联网可以精准定位老年人的位置，一旦出现突发情况，老年人可一键报警；智能手环不但能检测数据，还能设定安全区，老年人离开安全区时能自动发出警报……物联网为老年人生活提供了太多的便利，那么物联网技术是如何实现智慧养老的呢？它究竟是怎么帮助老年人的呢？本节课将给出答案。

一、物联网技术概述

（一）物联网的定义

对于物联网具体的起源，当前普遍认同的观点是：物联网起源于传感器网络和射频识别。2008年IBM提出了智慧地球的战略。随后在2009年8月，IBM公司发布了《智慧地球赢在中国》计划书，在中国掀起了第一个物联网热潮，大批物联网示范项目应运而生。虽然大部分项目并没有取得预期的效果，但却形成了全国性的物联网知识普及教育。

早期的物联网是指依托射频识别技术和设备，按约定的通信协议与互联网相结合，使物品信息实现智能化识别和管理，形成物品信息互联的网络。随着技术和应用的发展，物联网内涵不断扩展。现代意义的物联网可以实现对物的感知识别控制、网络化互联和智能处理的有机统一，从而形成高智能决策。

因为物联网是新兴事物，它的概念和内涵还在更新和发展，目前在业界还没有对物联网的概念有明确统一的意见。本书认为，物联网是基于互联网等传统信息载体，通过各类感知设备，如射频识别（RFID）、红外感应器、全球定位系统、激光扫描器等信息传感设备，按约定的协议将任意物品与互联网相连接，进行信息交换和通信，以全面获取环境、设施、人员信息，实现"人-机-物"融合一体、智能管控的互联网络。物联网是实现智能化识别、定位、跟踪、监控和管理的一种网络。通俗地讲，物联网就是"物物相连的互联网"，它包含两层含义：第一，物联网是互联网的延伸和扩展，其核心和基础仍然是互联网；第二，物联网的用户端不仅包括人，还包括物品，物联网实现了人与物品及物品之间信息的交换和通信。

（二）物联网的特征

1. 物联网是各种感知技术的广泛应用

物联网上部署了海量的多种类型的传感器，每个传感器都是一个信息源，不同类型的传感器所捕获的信息格式不同。传感器获得的数据具有实时性，按一定的频率周期性地采集环境信息并不断更新数据。

2. 物联网是建立在互联网上的泛在网络

物联网技术的重要基础和核心仍然是互联网，在物联网上传感器定时采集的信息通过网络进行传输，由于信息数量极其庞大，形成了海量信息，需要通过各种有线和无线网络与互联网融合，将物体的信息实时准确地传递出去。在传输过程中，为了保障数据的正确性和即时性，必须适应各种异构网络和协议。

3. 物联网能够对物体实施智能控制

物联网不仅提供了传感器的连接，其本身也具有智能处理的能力。物联网将传感器和智能处理相结合，利用云计算、模式识别等各种智能技术扩充应用领域，把从传感器获得的海量信息分析、加工和处理成有意义的数据，以适应不同的需求，发现新的应用领域和应用模式。

（三）物联网的核心技术

将物联网的概念变得现实可行要依赖诸多支撑技术的集成，其中比较关键的技术包括：射频识别（RFID）技术、传感器技术、传感器网络、智能技术、纳米技术和加密技术等。

1. 射频识别技术

射频识别技术是物联网核心技术之一。射频识别技术又称无线射频识别，是一类非接触的自动识别技术，俗称"电子标签"，指的是射频信号自动地识别物品并获取相关信息，通过空间耦合实现无接触信息传送。其原理是 RFID 技术通过 RFID 标签来标记物品，当一件带有 RFID 标签的物品通过特殊的信息阅读器时，标签就会被阅读器激活，标签内的信息就会通过无线电波传输给阅读器和信息处理系统，这样就完成了信息的采集工作。该技术的优势在于读取半径可达数米甚至数十米，可实现远距离读取，可直接读取包装箱里面物品的信息，具有穿透力强、无磨损、非接触、防污染、高效率（可以同时识别多个标签）和信息量大等特点。劣势是有信息安全性问题，若商品售出后附在上面的 RFID 标签没有去掉，那么买主的身份就很容易被泄露。

2. 传感器技术

传感器负责物联网中的信息采集，对被测物品的某些信息具有感知和探测能力，并能根据转换规则将这些信息转换成相应的有用信号的器件或设备。对于物联网来说，如果没有针对原始信息捕获和转换的准确性和可靠性高的传感器，那么所有准确的检测和控制都将无法实现。

3. 传感器网络

传感器网络综合了传感器技术、嵌入式计算技术、现代网络及无线通信技术、分布式信息处理技术等，能够通过各类集成化的微型传感器协作地实时监测、感知和采集各种环境或监测对象的信息，通过嵌入式系统对信息进行处理，并通过随机自组织无线通信网络以多跳中继方式将所感知信息传送到用户终端，从而真正实现"无处不在的计算"理念。

在传感器网络中，大量部署在作用区域内的、具有无线通信与计算能力的微小传感器节点通过自组织方式，构成能根据环境自主完成指定任务的分布式智能化网络系统。传感器网络中的自动装置通常使用传感器协作监控不同位置的物理或环境状况，如温度、声音、振动、压力、运动或污染物。传感器网络可以在独立的环境下运行，也可以通过网关连接到互联网，使用户可以远程访问。传感器网络的节点间距离很短，一般采用多跳的无线通信方式进行通信。

4. 智能技术

智能技术通过在物体中植入智能系统，使物体具备一定的智能性，能够主动或被动地实现与用户的沟通。其为了有效地达到某种预期，而采用各种方法和手段。智能技术主要体现在人工智能、先进的人机交互技术与系统、智能控制技术与系统、智能信号处理的研究等方面。

5. 纳米技术

纳米技术是动态科学（动态力学）、现代科学（混沌物理、智能量子、量子力学、介观物理、分子生物学）和现代技术（计算机技术、微电子和扫描隧道显微镜技术、核分析技术）结合的产物。纳米技术的优势在于用纳米材料制作的器材重量更轻、硬度更高、寿命更长、维修费更低、设计更方便，这意味着物联网中体积越来越小的物体能够进行交互和连接。

当前，纳米技术的研究和应用主要在材料和制备、微电子和计算机技术、医学与健康、航天和航空、环境和能源、生物技术和农产品等方面。利用纳米材料可以制作出特定性质的材料或自然界不存在的材料，还可以制作出生物材料和仿生材料。

6. 加密技术

物联网应用的日益普及，使得它所涉及的安全问题越来越突出。加密技术是最常用的安全保密手段，是指利用技术手段把重要的数据变为乱码（加密）传送，到达目的地后再用相同或不同的手段还原（解密）。在射频识别系统中，电子标签会被大量使用，任何物体都有可能被植入电子标签，当植入电子标签的物体进入能够识别的区域时，就会受到扫描、追踪，其中的信息会被读取，这对该物体的所有者来说是被侵犯隐私的。电子标签中的信息如果被恶意修改，将带来无法估量的损失。因此，应该采用安全的私有连接对数据进行加密，并采用某种密钥体系进行身份验证，防止数据监听、篡改、破坏，以及身份伪造等无意或恶意的网络攻击行为。

（四）物联网体系架构

物联网体系架构由感知层、网络层和应用层组成。

感知层相当于人体的皮肤和五官，负责识别物体、采集信息。它实现对物理世界的智能感知识别、信息采集处理和自动控制，并通过通信模块将物理实体连接到网络层和应用层。感知层要解决的重点问题是感知、识别物体，通过射频识别、标签、传感器、智能卡、识别码、二维码等大规模、分布式地采集信息，并进行智能化识别，最后通过接入设备将获取的信息与网络中的相关单元进行资源共享与交互。

网络层相当于人体的神经中枢和大脑，负责传递和处理信息。网络层作为纽带控制并连接着感知层和应用层，由私有网络、互联网、有线通信网、无线通信网组成，主要实现信息的传递、路由和控制，包括延伸网、接入网和核心网。网络层可依托公众电信网和互联网，也可以依托行业专用通信网络。

应用层相当于人的社会分工，与行业需求相结合，实现广泛的智能化，是物联网与行业专用技术深度融合的产物。应用层包括应用基础设施、中间件和各种物联网应用。应用基础设施与中间件为物联网应用提供信息处理与计算等通用基础服务设施、能力及资源调用接口，以此为基础实现物联网在众多领域的各种应用。应用层完成信息的分析处理和决策，以及特定的智能化应用和服务等任务，以实现物与物、人与物之间的识别与感知。

二、物联网在智慧养老中的应用

随着我国科技水平及其使用领域的不断发展，物联网已经悄悄深入到了人们日常生活的各个领域，其中就包括老年人生活和养老服务领域，智能化为代表的物联网技术是有效解决目前我国养老问题的重要方法。实际上，智慧养老便是物联网在养老服务上的具体应用。

（一）在养老生活与健康服务中的应用

物联网技术打破了时间和空间的限制，给老年人的生活与护理带来了全新的、革命性的变化。下面从定位服务、生命体征监测、智能呼叫等方面阐述物联网技术在老年人的生活与健康服务中的应用。

1. 定位服务

老年人由于记忆力减退及疾病的影响，在外出时很容易迷路甚至走失，物联网技术可以准确地帮助工作人员或者老年人的子女找到老年人，实现实时追踪。当老年人外出迷失方向时，老年人按呼叫终端紧急按键，智慧养老平台能迅速定位老年人所在的位置，子女也可以主动查询到老年人的位置，方便养老机构工作人员及老年人的子女获知老年人的当前位置。

2. 生命体征监测

对于居家养老来说，生命体征监测模块适用于独居老年人、空巢老年人。该模块利用先进的、精密的可穿戴设备，持续多方面地监测老年人的生命体征，并根据所得到的资料进行综合分析。如果监测到生命体征异常，该模块会发送信息给服务中心工作人员，使工作人员能够及时采取相应的治疗措施，从而达到挽救老年人生命、治愈其疾病的目的。

对于机构养老来说，随着养老机构规模的扩大、入住老年人数量的增加，养老机构中的工作人员将很难实时地看护每一位老年人。因此，当老年人发生意外时很难在第一时间得到救护，错过最佳的救护时间，可能造成严重后果，甚至危及老年人的生命安全。养老机构借助包括加速度传感器、脉搏传感器在内的传感器技术，能够实时监控老年人的生命体征，当发生紧急情况时能及时提示养老机构中的工作人员。工作人员在位置服务功能模块的帮助下可第一时间找到老年人，然后对其进行相应的救护，从而确保老年人的生命安全。

3. 智能呼叫

智能呼叫模块包括智能求救和智能求助。当出现紧急、重大的事情时，如老年人突然生病、家中着火等，老年人按下按钮，服务中心客户端的主界面会出现老年人的呼叫求救信息列表，服务中心的工作人员可以在第一时间实施救助。同时，呼叫中心的工作人员可以选择通知物业保安人员、老年人子女、居委会的工作人员及卫生医疗机构的工作人员等。智能呼叫模块会自动在地图上显示老年人所处的位置，被呼叫人员可以在第一时间根据老年人的地理位置和病史记录赶到现场，从而保障老年人的生命安全。一般性的求助信息，如送水、送米、打扫卫生等，甚至是法律咨询、心理咨询等，老年人按下绿色按钮，服务中心客户端的主界面会出现该老年人的呼叫求助信息列表，服务中心的工作人员随即安排相应的服务人员服务。

借助智能呼叫服务，老年人在需要护理或者遇到紧急情况时，可以通过语音直接与服务中心的工作人员沟通交流，工作人员在获得有效信息后及时满足老年人的护理要求。同时如果老年人请假外出，也可以通过此项服务与养老机构中的工作人员或者老年人的家属进行语音通话，以便获得更多、更有效的信息，增强了养老机构管理服务的人性化水平。

（二）在居家养老护理中的应用

社区居家养老服务是现代养老服务体系的依托和基础，在我国养老服务体系中发挥着基础性的作用。物联网技术在社区居家养老服务中的应用，主要是依靠先进的信息技术手段和先进的移动服务终端，实时获取老人的相关信息与需求，为老人提供快捷、高效、智能化的私人订制型养老服务。如目前全国城乡正在推广的"智慧养老"项目就是使用物联网技术，通过各种传感器收集老人的各种相关信息，以供老人家属、政府相关养老服务管理部门、相关为老服务组织机构（包括医院）分享使用。其中最主要的是对老人的日常生活与行为进行监控，以确保老人的健康安全，这主要包括健康智能监控、家居智能监控和外出智能监控。

健康智能监控是为每一位老人佩戴或植入电子感应芯片，随时收集老人的健康信息并监控其健康状况，通过无线网络将相关信息传输到社区或政府养老服务信息中心，这些信息还会同时传给老人家属，并与相关的健康管理部门分享。如果信息显示老人的身体健康状况出现异常，尤其是出现紧急情况时，信息管理系统会及时提醒养老服务信息中心的工作人员、老人家属及相关的健康管理与应急处理部门，以便及时采取有效的救治措施。

家居智能监控是指通过物联网技术对老人的家居情况进行智能监控。如很多老人记性不好，容易忘记关煤气、水、电等，而家居智能监控系统则会实时提醒老人及时关闭，而在系统提醒一段时间后仍无人响应时，系统将会进行相应处理，自动将其关闭；如果厨房煮的东西长时间无人问津，装在厨房里的传感器便会发出警报，提醒健忘的老人；如果老人已经外出，传感器发出一段时间警报还是无人响应的话，煤气便会自动关闭；如果老人在家中摔倒，地面安装的安全传感器就会及时通知养老信息服务系统和此前协议约定的医护人员及老人家属。家居智能监控系统还会根据老人的身体状况智能调节居室的温度、湿度和亮度等，还可以根据老人的个人喜好播放喜爱的音乐等。

很多老人由于记忆力丧失严重，外出很容易走失，而外出智能监控则是有效防止老人走失的"神器"。老人佩戴或植入的电子感应芯片可以随时监控老人的活动情况，使随身物品智能化，防止物品丢失，而且还可以通过GPS定位系统随时跟踪并定位老人的具体位置，实时了解老人的动向。而且老人走失时可以使用随身佩戴的SOS呼叫工具，直接呼叫其家属或相关服务人员，家属和相关服务人员通过手机下载的APP来实时定位老人的移动轨迹和具体位置。

（三）在机构养老护理中的应用

与在社区居家养老服务中的运用一样，物联网技术在机构养老服务中也有重要用途。云端管理系统、实体服务信息系统与其在社区居家养老服务中一样，也可以服务于入住养老机构的老人，从而打造一个温暖舒适、人性化的养老院。健康管理系统通过老人佩戴或植入的电子感应芯片，实时收集老人的生命体征信息，监控老人的健康状况；其通过 GPS 定位系统和智能感应系统也可以防止老人走失；通过可视系统可以实时满足老人与家人交流的需求。

目前我国不少中高端老年公寓都实现了智能信息化服务，甚至老人们可以随时随地通过手机客户端、平板电脑、电话等手段订餐和预约各种服务。医护人员则可以利用平板电脑通过无线网络将老人的病例信息、病程医嘱、病情观察信息等在房间的床头集中汇总展示，实现移动的医护保健。养老院安装智能床垫和防跌倒装置等设备，可以随时记录老人的血压、心率、睡眠质量、失禁状况等生命体征数据，还能在老人夜间活动和跌倒等事件发生时第一时间通知护理员，响应老人需求。具体应用包括以下几个方面。

1.老年人的健康监测

手腕式血压计、手表式 GPS 定位仪等不仅能随时随地监测老人的身体状况，也能知晓他们的活动轨迹。给家中的厕所进行改装后，系统便会自动监测老人的尿液、粪便等，老人在上厕所的同时完成了医疗检查，系统监测到的数据将直接传送到协议医疗单位的老人电子健康档案中，一旦出现数据异常，智能系统会自动提醒老人及时体检。

2.老年人的定位与跟踪

老年人定位设备是一种有定位功能、防止老人走失、有效保证老人健康的仪器，使用起来非常方便。目前阿尔茨海默病、抑郁症、脑梗死等疾病频发，导致老人走失警情增多。寒冷的冬季，老人的走失让人格外揪心与担忧。同样，在冬季因为老人走失而导致意外事件的发生比例也相对更高，因此有必要使用老人定位设备。如定位手环，老人拿到定位手环后，只要在电脑终端平台上或者以发送短信的方式设置铃声、亲情号码，之后便可以随身携带了，不管是挂脖子上还是放口袋里都是可以的。

手环的维护后台加入了微信扫描、资料建库、精准定位、隐私保密等几大功能。每个二维码都根据老人信息一对一定制，包含了老人的基本信息并关联了紧急联络人。只要有人扫描二维码点击救助选项，后台就会收到信息并及时推送到相关紧急联络人的手机。扫描者从始至终不会接触到老人及紧急联系人的信息，同样紧急联系人也不会知道扫描者的信息。

3.老年人生活环境的远程监控

如果老人走出房屋或摔倒，智能居家养老系统中的智能设备能立即通知医护人员或亲属，使老人能及时得到救助服务；当老人因饮食不节制、生活不规律而带来各种亚健康隐患时，智能居家养老设备的服务中心也能第一时间发出警报；智能居家养老设备的医疗服务中心会提醒老人准时吃药和平时生活中的各种健康事项；老人住所内的水龙头如果 24 小时都没有开启，报警系统就会通过电话或短信提醒老人的家人。

（四）在养老社区中的应用

养老社区是供老年人集中居住及生活的场所，是专门为老年人建造的生活设施齐全、公用设施（如医院）配套完善的社区。它提供医疗保健、文化娱乐等全方位服务，以满足老年人基本的生活保障。养老社区多由专业机构进行服务和运营。养老社区根据老年人的生理特征和生活需要，提供无障碍的居住环境、活动空间和求助系统。养老社区除了具备一般居住设施外，还需具备医疗护理、文化娱乐、生活服务等适宜老年人需求的特殊室内设施、配套设施和室外环境空间。

养老社区智慧化系统建设具有适用、安全、便捷、节能、舒适、现代化、数字化、智能化的特点。其建设主要依靠物联网技术，物联网技术可以实时跟踪老年人的活动轨迹，分析老年人的肢体活动特征，为老年人提供便捷的通行方式和便利的服务，其应用特点主要包括以下两个方面。

1.人身安全监护方面

其功能规划包括人员定位和异常报警或求助。人员定位通过社区配置无线覆盖系统，每个老年人身上佩戴无线信号发射器和接收器，老年人在社区内活动将被系统定时定位跟踪，方便老年人在需要帮助时工作人员能找到他们。异常报警或求助是指老年人身体感到不适时，可通过随身佩戴的设备（紧急按钮）发送信息到监控中心，监控中心可以通过无线定位系统联动就近的摄像机，查看老年人的状况并迅速派人处理。

2.生活便利方面

主要指一卡通服务，老年人使用一卡通开启门厅、电梯和门锁，还可以使用一卡通在社区刷卡消费，免去携带现金的麻烦。

（五）基于物联网的智能养老系统

智能养老系统基于物联网技术，在居家养老设备中植入电子芯片装置，使老人的日常生活处于远程监控状态。其中记录了老人的名字、地址、联系电话、儿女和亲属电话、所在社区、病史、历史需求记录等信息。智能养老服务系统平台包含老人、民政局、街道办、社区服务中心四个业务角色，民政局、街道办、社区服务中心通过专用网络建立高效联动机制。

根据社区内老人的情况，为加入社区呼叫系统（以下简称入网）的老人发放老人专用手机或其他呼叫中心养老平台终端，并将采集到的老人档案信息上传于系统内。当老人通过手机固定的一个拨号键拨打"养老服务中心服务统一电话号码"时，服务中心电脑上就会弹出老人信息。

老人在家需要生活方面的服务、有病求救时，通过老人手机上的指定按键即可向社区呼叫平台发起服务请求，智能养老服务中心电脑上会弹出老人信息，其中按键包括两种方式。

（1）只按键不通话：老人在手机上按键后挂机，电脑上弹出老人信息，之后控制中心工作人员回拨老人电话，确认服务内容，并及时采取有效的帮助服务等。

（2）按键后通话：老人在手机上按键后等待通话，电脑上弹出老人信息。

智能养老服务中心根据老人需求，向街道办和社区服务中心下派工单，根据用户情况工单可以有多种下派方式，如电话、短信、网络等；街道办或者社区服务中心接到工单后，安排人员上门服务或者紧急救援；智能养老服务中心及时回访老人，确认服务执行情况及用户满意程度。在整个智慧养老服务过程中民政局（街道办）具有对下级单位进行监督、管理、工作任务指派、工作指导等职能，社区服务中心（街道办）可以向上级单位做工作请示。新加入的老人信息由社区服务中心登记核实并备份好资料后上报街道办，街道办上报民政局审核。

第四节　"互联网＋"技术

📚 案例导读

"互联网＋"时代，各种传统行业积极与互联网结合，走出了行业发展的新道路。国家发改委、民政部和全国老龄办联合下发的关于发展养老服务业的文件中提出将在养老领域推进"互联网＋"行动，将人工智能、互联网思维与居家养老机构建设相融合，对养老服务业进行改造升级，探索"互联网＋养老"的新思路。经过摸索，目前社会上出现了两种"互联网＋养老"模式，这两种模式各有所长也各有所短。

1. 智慧养老社区模式

本模式最早源于国外，是西方发达国家近年来兴起的一种养老方式，即通过打造一个现代化、智能化的居民社区，囊括人们养老所需的各种服务，让老人居住其中，享受无微不至的健康养老生活。社区内设有专供的超市、医院、家政服务中心、老人休闲馆、健康运动场馆等诸多设施，通过监控设备24小时监控老人的身体健康情况与衣食住行，将数据发送到智能分析中心，由人工智能进行大数据分析，确保老人方方面面的健康生活。

本模式优点是全面、安全，能够让老人享受到无微不至的照顾，安心地颐养天年。缺点是建设投入成本巨大，服务费用昂贵，且鉴于国内老龄人口众多，短时期内根本无法普及。另外，老人的生活社交被局限在一个固定社区内，其实并不自由。

2. "互联网＋养老"模式

鉴于智慧养老社区所需投入巨大，因成本问题短时期内无法普及，所以为了解决国内绝大多数普通老人养老的需求，人们探索出一条普及率更大的"互联网＋养老"模式。本模式是将目前兴起的大数据和日益发达的物联网同养老结合起来形成的一种新的模式。其原理是让老人时刻佩戴便携式健康监测装置，比如健康手表、手环之类，将采集到的健康数据及地理位置等信息实时上传云端，与政府、医院及其他社会养老机构的数据库相连，实现24小时远程监控，保障老人的安全。老人也可以通过专门为老人建立的网络平台进行日常购物、预约看病、家政上门等服务。届时，只要是有网络覆盖的地方，老人就能享受到健康、安全的养老服务。

本模式优点是成本低、普及率高，适合我国绝大多数老人使用，是只要有网络覆盖的地方就能实现的养老模式，让老人不再受到空间地域限制，随时随地享受高品质的养老服务。缺点是没有养老社区那样全方位、无死角的监测保障。

思考： 如何能够利用互联网实现"互联网＋养老"？

一、"互联网＋"技术概述

"互联网＋"代表一种新的经济形态，是指以互联网为主的一整套信息技术，如移动互联网、云计算、大数据技术等技术在经济、社会生活中的扩散、应用过程。"互联网＋"中的"＋"可以看作是连接与融合，互联网与传统企业之间的所有部分都包含在这个"＋"

中，即"互联网＋各个传统行业"。但这并不是简单的两者相加，而是利用信息通信技术及互联网平台，让互联网与传统行业进行深度融合，创造新的发展生态。

（一）"互联网＋"技术的特征

"互联网＋"技术的特征主要包括以下六个方面。

（1）跨界融合："互联网＋"应用比较多的是在传统行业，这些行业和互联网之间的跨度很大，两者能够融合到一起是一种创新。行业之间的融合也可以说是客户消费转化为投资的一个过程，大家共同参与创新。

（2）创新驱动：我国最早的资源驱动是粗放型的，但是这种方式现在已经不能继续下去，需要转变方式才能发展下去，创新驱动这种方式能够很好地促进发展。用互联网思维来改变目前的境况，达到创新的目的。

（3）重塑结构：以前的社会结构、经济结构、文化结构和地缘结构，正在慢慢地被信息化、全球化、互联网化打破。社会治理也开始向互联网和虚拟技术的方向靠近。

（4）尊重人性：人性的光辉是推动科技进步、经济增长、社会进步、文化繁荣的最根本的力量，互联网的强大力量的根本也来源于对人性最大限度的尊重、对人体验的敬畏、对人创造性发挥的重视。

（5）连接一切：连接是有层次的，可连接性是有差异的，连接的价值是相差很大的，但是连接一切是"互联网＋"的目标。

（6）开放生态："互联网＋"是一种开放式的生态，"互联网＋"的推进可以把制约创新的环节进一步优化，让创业者有更多的机会去创新、去创造。

（二）"互联网＋"养老服务

"互联网＋"养老服务是近些年出现的新事物。作为养老服务业的一种升级业态，"互联网＋"养老服务既可以是通过对传统养老服务业的升级改造而形成的新的"互联网＋"养老服务业，也可以是养老机构、社区、居家养老服务中心运用"互联网＋"技术手段开展的养老服务，还可以是互联网运营机构运用自己的网络信息平台开展的养老服务。那么，什么是"互联网＋"养老服务呢？

1."互联网＋"养老服务的定义

国内学界对于"互联网＋"养老的界定各有侧重，角度不完全相同，但有几点是共通的。

第一，"互联网＋"养老或养老服务，并不是"互联网"和"养老"两者之间的简单相加，而是两者之间的深度融合，推动养老服务技术进步、效率提升和组织变革，提升养老服务机构服务能力、服务质量和服务水平，形成以互联网为基础设施和创新要素的养老服务发展新形态。

第二，"互联网＋"养老服务是互联网机构主动参与养老服务，养老服务业界主动运用互联网技术手段升级改造传统养老服务业而出现的新事物。因而，要发挥互联网机构和养老服务业界"两个积极性"。

第三，"互联网＋"养老作为养老服务发展的一种升级业态，既可以是通过对传统养老服务业的升级改造而形成的新的"互联网＋"养老服务升级版，也可以是养老机构、社区、居家养老服务中心运用"互联网＋"技术手段开展的养老服务，还可以是互联网运营机构运用自己的网络信息平台开展的养老服务。因而，互联网运用于养老服务社会化的具体路径是多种多样的。

第四，"互联网＋"养老服务在居家养老、社区养老、机构养老中的运用是有差异的。

在居家养老服务方面，一是开发和运用智能硬件，包括移动互联网、云计算、物联网、大数据等，重点推进老年人健康管理、紧急救援、精神慰藉、服务预约、物品代购等服务，开发更加多元、精准的私人订制服务；二是推进适合老年人的智能化产品、健康监测可穿戴设备、健康养老移动应用软件等的设计和开发，以满足老年人日益多样化、多层次、个性化的居家养老服务需求。

在社区养老服务方面，重点是搭建养老信息服务网络平台，提供护理看护、健康管理、康复照料等社区居家养老服务。

在机构养老服务方面，主要是鼓励养老服务机构应用基于移动互联网的便携式体检、紧急呼叫监控等设备，提高养老机构服务水平。

第五，从国家层面看，推进"互联网＋"养老服务，要"打通养老服务信息共享渠道，推进社区综合服务信息平台与户籍、医疗、社会保障等信息资源对接，促进养老服务公共信息资源向各类养老服务机构开放"，"加快建设国家养老服务管理信息系统，推进与户籍、医疗、社会保险、社会救助等信息资源对接"。

"互联网＋"养老服务是以互联网技术为创新手段，通过自我变革和自我创新，实现"互联网＋"与养老产业的深度融合，积极推动养老产业的供给侧结构性改革，提高有效供给，进而改善养老服务的方法。"互联网＋养老"服务模式的核心就是凭借互联网技术，结合云计算和大数据等处理方式，把互联网技术融入传统养老服务中，从而有效地调动社会资源，全力服务老龄化群体，为老龄化群体提供更为多彩的、更为多样的养老产品和服务，满足老年人多元化、多层次的养老需要，创造出全面的、系统的、联动的、有特色的养老服务新方法。

2."互联网＋"养老服务的优势及作用

"互联网＋"技术的推广与普及为智慧养老产业提供了发展方向。互联网技术对养老服务业的推动作用主要在于利用技术手段实现"线上"和"线下"的有机结合，通过打通供需之间的信息渠道、缩小交易时间和交易成本、优化资源配置等手段，有效破解传统养老服务模式所面临的结构性矛盾。因此，互联网技术与传统养老服务的有机融合成为未来发展的必然趋势。其优势主要表现在以下几个方面。

第一，"互联网＋"可以在供给和需求上搭建信息桥梁，使养老服务供求匹配更加精准。

第二，"互联网＋"发展模式可以大大缩短供给和需求之间的交易所需的时间和成本，使养老服务机构提高服务效率，为老年人提供廉价优质的服务。

第三，"互联网＋养老"服务模式可以明确政府责任边界。政府借助大数据平台，有效调动社会资源，优化资源的配置方式。

另外，"互联网＋"运用于养老服务，对养老服务的质量和水平可以产生多方面的促进作用。主要表现在以下几个方面。

首先，通过互联网技术手段，尤其是养老服务信息平台整合养老服务资源，可以弥补单一的居家养老、社区养老、机构养老资源存在的不足，为老年人提供更多、更充分的选择，更好地满足老年人多层次、多元化、个性化的养老服务需求。

其次，"互联网＋"运用于养老服务，有助于建立和完善养老服务反馈和监督机制。互联网作为一个开放社会，借助于养老服务信息平台和其他技术手段，可以实现养老服务供给方、养老服务直接提供方、老人及家属的无缝对接。养老服务机构和企业可以及时了解到老人及家属对服务的评价和反馈，从而补短板、强弱项，改进服务，提高服务质量和水平，使老人获得的服务更加低价、高效、优质。

最后，"互联网＋"运用于养老服务有利于提高服务效率。一方面，通过建立养老服务信息平台，真正实现养老服务供需信息的有效对接和相互匹配。养老机构和企业、社区、社会服务组织可以准确地定向服务老人，老人也可以准确地定向寻找自己所需要的养老服务，从而大大地减少了中间环节，及时满足老人多层次、多元化和个性化的养老服务需求。另一方面，借助"互联网＋"可以有效地提高养老服务机构和企业的管理效率。借助于互联网等信息化手段，可以大幅度节省信息处理的时间，减少过多的管理环节，从而有效提高管理的效率。

3."互联网＋"养老服务的实施步骤

在"互联网＋养老"服务模式中，养老服务的步骤可以划分成以下三个。

第一，养老需求方发出养老的意向，借助手机、笔记本电脑等移动终端发布到相应的互联网信息平台上，相关平台对信息加以接收、处理，并反馈给养老供给方。养老需求方指的是老年群体及其家人，养老供给方指的是养老服务的提供方，而互联网信息平台指的是相关的互联网企业。

第二，养老供给方通过互联网信息平台宣传智慧养老产品。互联网信息平台不仅可以为养老需求方提供相关的产品和服务信息，也可以根据养老需求方的需要对所收集到的信息和服务分门别类地梳理，从而提供个性化的信息及服务。

第三，面对越来越多的大数据信息，互联网信息平台能够有针对性地为养老需求方提供相应的养老信息及定向咨询，为养老供给方提供行业发展方向及大数据方向咨询，无论是哪一方都可以通过互联网信息平台进行沟通。

二、"互联网＋"技术在智慧养老中的应用

养老遇上"互联网＋"技术，展现的是养老产业的新图景，也让传统"中国式养老"的蜕变有了更多的可能性。国务院出台的《关于积极推进"互联网＋"行动的指导意见》明确提出"促进智慧健康养老产业发展。依托现有互联网资源和社会力量，以社区为基础，搭建养老信息服务网络平台，提供护理看护、健康管理、康复照料等居家养老服务"。"互联网＋"智慧养老服务现成为一种新的主流发展趋势，它将互联网、物联网和移动通信网三网融合，并与智慧养老服务有机结合，充分发挥互联网的集成和优化作用，促使社会各方面的资源进入养老服务领域，建立信息资源共享、业务协同和服务高效的社区居家养老服务供给体系，满足老年人多样化的养老服务需求。其发展战略的核心是整合互联网和养老服务业，以信息流带动养老服务，创造智能养老产业的新业态。

（一）"互联网＋"技术在养老中主要解决的问题

1.解决养老服务供需不均衡的问题

目前，我国智慧养老服务供需不平衡的现象比较严重，主要表现在智慧养老服务供给、服务需求和服务利用之间落差明显，养老服务供不应求和供过于求的情况同时存在。由于没有深入挖掘养老服务的需求信息，再加上服务信息传递中的障碍，服务信息不能被服务对象熟知和理解，服务供需不能有效对接，老年人的部分需求得不到及时有效的满足。还有一些

服务的利用率低导致资源闲置甚至浪费，这使得养老服务链的供给、输送和利用三个阶段都出现信息交流不通畅的现象。养老服务供需信息不对称和信息传递的滞后性是目前智慧养老服务供需不平衡的主要原因。

"互联网＋"养老服务通过发挥互联网低成本、及时性、开放性、兼容性的优势，实现养老服务供需信息及时、无障碍的传递与对接。在服务需求挖掘方面，"互联网＋"养老服务一方面利用互联网的信息集成和挖掘功能，建立养老服务需求信息资料库，摸底调查老年人的需求，为每位老年人建立档案；另一方面使用以大数据、云计算为代表的数据处理技术，深入挖掘老年人的服务需求，将老年人的需求信息化。在供求服务信息交互方面，搭建养老服务供求信息交互的平台，该平台内联辖区内有实际服务需求的老年人，外联社区养老服务中心、服务商和加盟企业，利用互联网、射频识别技术，依托手机 APP 和个人计算机客户端，将统计及监控到的需求信息集中汇总，并分别传输给外联的服务团队，由其提供上门服务，促使养老服务供需有效对接、资源有效匹配。

2. 解决养老服务资源碎片化的问题

养老服务发展的过程中，在养老服务资源方面出现了碎片化的问题，主要表现在以下几个方面。

（1）养老资源缺乏连接与整合：养老资源特别是社区养老资源通常归属不同的社区，各个社区之间的资源缺乏调配平台且不对外开放，使得养老资源无法在各个社区之间自由流动，导致资源浪费与利用率低下。

（2）各个养老服务主体之间沟通、互动不足：政府、社会组织、市场、家庭等多元主体之间互动不足、缺乏沟通，社区作为养老服务多元合作的平台，没有很好地发挥功能，各主体掌握的软硬件资源尚未实现实时性连接。

（3）养老服务项目采取分级分类的管理模式，难以实现资源的共享与合作：养老服务涉及的生活照料、医疗保健、康复护理、家政服务、精神慰藉等项目分属于不同行政管理部门主管的不同服务项目。如民政部门负责生活照料、家政服务、社会工作等；卫生部门负责医疗服务、保健、康复等；工商部门负责家政服务等。不同的行政管理体制难以实现资源的共享与合作。

"互联网＋"养老服务利用智慧养老服务综合信息平台实现养老服务资源的有效链接与整合，促进资源优化配置。首先，实现养老资源在各个资源之间的无缝链接。利用互联网技术和平台成立老年照顾协会或互助养老服务组织，开设智慧养老服务网络论坛，充分挖掘内部养老服务资源，发展互助养老服务，可以促进养老服务资源在各个主体之间自由流动。其次，实现养老服务各项目间的整合。社区将养老服务所需的照看护理、家政服务、医疗保健、社会工作、精神慰藉等资源整合起来，形成社区养老服务集成系统，合力支持信息化养老。最后，推动养老服务主体由单一向多元转型。利用互联网平台连接政府、社会组织、企业和志愿者等多主体共同参与智慧养老服务，定期发布为老服务、优惠政策、志愿者征集等信息，便于多种社会资源进入社区为老年人服务。

3. 解决养老服务管理部门协同治理难的问题

智慧养老服务管理部门存在协同治理难的问题，难以形成统一的协调机制。提高智慧养老服务管理的效率和效能，变革政府行政管理体制，发挥多网融合等信息化技术和手段，实现政府对养老服务管理的信息化、集成化。政府将大数据、移动互联网、云计算等技术运用到日常养老服务的管理中，协调各行政管理部门，逐渐提升服务管理的深度和管理水平。

（二）"互联网＋"在智慧养老中的应用内容

1."互联网＋"社区养老服务

"互联网＋"社区养老服务的重点是搭建养老信息服务网络平台，提供护理看护、健康管理、康复照料等社区居家养老服务。其主要手段是运用互联网技术手段，整合社区内各种养老服务资源，为社区内老年人提供全天候的养老服务。目前，国内许多城市进行的智慧养老社区或智慧健康养老示范社区建设试点就属于这一类型。实践方面，通过搭建养老信息化平台，建立老年人养老服务需求大数据库，整合各类养老服务资源，形成养老服务供应网络体系；推出一键呼救功能，全天 24 小时提供不间断呼叫服务的养老服务；依托社区养老服务站，打造线上与线下互联互动的养老"O2O"新模式，使养老信息化平台真正落地。另外，养老信息化平台与社区居家养老服务站有效对接后，可以将信息化养老落地社区，为社区居家养老的老年人提供更精准的服务，解决线上与线下脱节、社区养老资源不足，以及服务不及时、不到位、不专业等问题，从而有效提升了社区居家养老的质量。

2."互联网＋"居家养老服务

"互联网＋"居家养老服务运用互联网、物联网、大数据，以及智能化产品、健康监测可穿戴设备、健康养老移动应用软件等技术手段，把居家老年人的健康数据及地理位置等信息实时上传养老服务信息平台，与政府、医院及其他社会养老机构的数据融合，实现 24 小时远程全方位监控。老年人可以通过养老服务信息平台选择日常购物、预约看病、家政上门等服务。"互联网＋"居家养老服务的应用，一方面通过智能硬件，重点推进老年人健康管理、紧急救援、精神慰藉、服务预约、物品代购等服务，开发更加多元且精准的私人订制服务。另一方面加强智能软硬件设计和开发，以满足老年人日益多层次、多样化、个性化的居家养老服务需求。

实践方面，运用互联网、物联网和云计算，开创了"线上＋线下"的居家养老新模式。线上平台是使用老年服务交互系统，在老年人家中安装"智能居家照护""远程健康照护""SOS 呼叫跌倒与报警定位"等设备，利用云服务器、手机 APP、微信等实现远程监控和管理。线下平台是居家养老服务中心，中心通过评估老年人的生活自理能力、心理与情绪状况、家庭生活状态、社会交往情况等方面把服务分为七个等级。在智慧养老综合服务平台的基础上，通过线上的智慧养老综合服务平台、远程医疗服务平台，以及线下的居家养老照料中心、社区卫生服务站，以健康档案为核心，利用自动检测终端、健康管理 APP、物联网智能居家设备，对老年人进行持续的健康状况跟踪，并记录进个人电子健康档案。老年人可以根据自己的实际情况订制服务套餐，满足个性化的生活照护需求。

3."互联网＋"机构养老服务

"互联网＋"机构养老服务主要是养老服务机构应用基于移动互联网的便携式体检、紧急呼叫监控等设备，以提高养老机构服务水平。通过运用互联网技术手段，对传统的养老机构进行改造，实现机构养老的转型升级。目前，一些规模稍大的养老机构都在开展智能化养老服务。例如利用大数据产业，建设大数据基地，搭建医养平台。平台可以整合地区乃至全国的养老服务机构、医疗机构、家政机构、旅行目的地等资源，通过线上订单、线下体验的方式，为老年人提供包括生活照料、健康管理、教育培训、精神慰藉、旅居服务等方面的养老服务，覆盖到老年人生活的各个领域，有效解决老年人居家养老无人陪伴、机构养老医疗差、看病难等问题。

4.互联网养老院

互联网养老院也被称为智慧养老院、虚拟养老院、没有围墙的养老院。这一模式是通过构建互联网养老服务信息平台，实现居家老年人的养老服务需求与社区、医疗机构、养老服务机构和企业、志愿服务组织等养老服务供给的无缝衔接，促进社区养老、居家养老、机构养老的深度融合与发展。通过互联网，可以把千千万万的养老服务机构和企业、医院、社区、社会组织和政府的养老服务供给，同广大老年人多样化、多层次的养老服务需求有效地对接起来，为老年人提供个性化的养老服务。

（三）"互联网＋"养老产业的社会化路径

1.养老产业的成熟

"互联网＋"养老产业的跨界融合是未来养老产业的重要发展方向之一，养老企业具体可从技术创新、产品创新、渠道创新、组织形式创新、人才机制创新等方面来推进养老产业的壮大与成熟。

（1）技术创新方面："互联网＋"与养老产业的融合必然会衍生技术创新载体，其核心就是养老服务信息平台。该平台涵盖了养老数据库系统、养老服务应用系统、养老服务监督系统。养老数据库系统的作用是打破传统养老数据库的建库方式、信息垄断及不对称性；养老服务应用系统包括信息化的健康管理、生活照料、精神慰藉的管理系统；养老服务监督系统依靠全方位养老服务网络化进行监管，且监管主体具有多样化的特点。这些系统为智慧养老产业跨越式发展提供了新的运用工具和发展思路，并提升了产业的效率与优势。

（2）产品创新方面：养老企业通过关注多样化的产品及服务需求，专注于定制化供给和精益管理，从而引导需求发展。例如，目前市场上出现的智慧养老产品主要集中于信息设备和通信设备，如数字电视、智能手机、智能手表等。

（3）渠道创新方面：养老企业使用连锁化经营等扩散方式，实现产品或服务的畅通及成本的降低。该方式可以去门店化，从而降低租金、人员等成本。

（4）组织形式创新方面：互联网技术的运用可以促使养老企业舍弃各种传统的中间管理环节，降低企业的运营成本，极大地优化企业的组织架构及沟通渠道。同时，互联网技术的应用可促进养老企业的组织结构扁平化，使组织管理更加灵活、柔性，企业管理幅度得到有效延展。

（5）人才机制创新方面：主要通过人才培养、人才引进及人才管理的创新机制来实现。人才培养主要是专业院校培养智慧养老领军人才、关键人才和骨干力量；人才引进是通过精准和弹性引入人才的方式，提高人才供给对需求变化的适应性和灵活性；人才管理是充分利用智慧养老服务平台，优化管理人才资源。

2.养老服务的社会化路径

互联网运用于养老服务社会化的具体路径是多种多样的。具体"互联网＋"养老服务社会化路径包括以下几个方面。

（1）搭建完善的养老服务互联网信息平台。首先，打造基础数据库系统，基础数据库系统是开展"互联网＋养老"服务的重要前提。行政机关用资金换取养老服务项目，同时对补贴的款项与对象进行明示，养老服务机构确定服务位置、开展养老服务行为，养老产品的制造企业和经营单位调研产品类目、对服务群体进行测评、升级养老服务产品等，这些都要建立在拥有完善的数据库的基础上。其次，基础数据库系统需要由国家统一管理，相关单位合力制定软件体系。基础数据库系统的建立应根据社区进行责任划分，号召志愿者、单位及基层工作者通过入户调查等多种办法，获得养老需求方的资料，并将其输入系统，从而打造出属于养老需求方的最基本的数据库。基础数据库的打造无疑是一种耗时、耗力、耗资的庞大项目，所以最好是通过逐级、逐类的办法逐渐构建。

（2）明确政府定位，加快制度建设。"互联网＋养老"服务模式的形成，最重要的就是要划分好政府、企业及社会的责任，明确每一方的定位及作用。在推进"互联网＋养老"服务模式发展的过程中，政府需要扮演领导者及监督者的角色，主动推进养老新业态的发展，改革那些不利于新业态发展的、僵化的准入机制与门槛，为"互联网＋养老"服务模式的发展营造一个良好的市场秩序。同时，养老新业态的实施可能会给固有的养老管理制度带来冲击，这就需要政府有关单位制定合理的法律法规及管理办法，促进制度的完善，防止出现规则制度相互冲突的状况，让"互联网＋养老"服务模式的发展事半功倍。政府应在财税方面给予"互联网＋"养老服务模式一定的优惠，推动"互联网＋养老"服务模式不断发展。应主动吸纳社会资本进入，适当运用公助民办、公私合作及补助贴息等办法，为"互联网＋养老"服务模式的发展解决资金难题。

（3）号召社会力量实施推进"互联网＋"养老服务。应号召社会力量投资"互联网＋"养老服务，推动其发展与普及，促进智能设备的开发，为老年群体提供差异化的养老服务，挖掘老年群体的潜在需求及消费方向。首先，开发针对居家老人、自理老年群体的可移动智能终端设备，在尊重老年群体生活习惯的基础上积极开发"无感"设备，让智能设备变成人体固有器官的得力助手。其次，制造拥有人性化元素的助餐、助浴、助行、助急等智能设备，填补目前智能设备在此领域的空白，帮助部分身体有缺陷的老年群体解决日常活动难题，使每一位老人都可以更加舒适地生活。

第五节　云计算

📚 案例导读

孙奶奶所在街道建有街道智慧养老综合服务中心，她是街道智慧养老综合服务中心的会员，工作人员会定期到她家里给她做巡诊，提供医疗服务，让她在家就享受到优质的居家养老服务。

目前已有30名老年人纳入平台管理服务，老年人在家打个电话就有医护人员到家里巡诊，还能叫家政来打扫卫生、找理发师来理发，省去了好多麻烦。在孙奶奶所在的街道智慧服务中心，街道科学地布局了服务中心功能，设置了智慧平台、呼叫中心、党群服务、服务资源、养老设施体验、多功能培训、中西医诊疗服务等10余个功能区域，为辖区老年人提供养老资源信息查询、居家养老服务体验、医疗保健指导、居家设施及设备租赁和休闲活动等服务，满足不同层次老年人的需求。整个智慧服务中心最大的优势在于，所服务的会员相关信息都在数据云平台内，包括性别、年龄、住址、身体情况、过往病史等。大数据中心通过应用互联网、云计算、大数据等技术，及时更新辖区老年人的信息数据，只要一出现紧急情况，服务人员能第一时间到达，协助医护人员更好地做好紧急救治工作，并为医生采取紧急医疗措施提供参考信息。除了连接家政、医疗保健、紧急救援等服务，还能对老年人的信息资料进行需求评估、分析供需大数据等。

足不出户，一键呼叫社区服务商上门为老年人提供服务；通过智能手环随时随地联系"智慧中心"得到救助……通过物联网、云计算、大数据、智能硬件等新一代信息技术优化了养老服务资源，智慧养老模式让老年人享受到触手可及、便捷易用的养老信息资源服务和智能陪伴，大大提高了老年人的生活质量。

思考：云计算在养老服务中起到哪些作用？

近年来，在社会和企业数字化转型的浪潮下，我国云计算产业呈现稳健发展的良好态势。随着云计算和大数据应用的普及，越来越多的企业开始"拥抱"云计算服务。伴随着IT行业在全球范围内的快速发展，IT平台的规模和复杂程度出现了大幅度的提升。但是，高昂的硬件和运维管理成本、漫长的业务部署周期，以及缺乏统一管理的基础架构为企业IT部门制造了重重障碍。云计算技术颠覆性地改变了传统IT行业的消费模式和服务模式，消费者实现了从"购买软硬件产品"向"购买IT服务"的转变，并通过互联网自助式的获取和使用服务，大大提高了IT效率和敏捷性。当前我国涌现了一大批云计算企业，中国庞大的云计算市场的竞争日趋白热化，有力地推动了中国云计算技术的发展和产业结构的升级与优化。

一、云计算技术概述

（一）云计算的定义

云计算是一个抽象的概念，并不是特指某种技术或者标注。不同的人因视角的不同而对其理解也不同。中国网格计算、云计算专家认为，云计算是将计算任务发布在大量计算机构成的资源池上，使各种应用系统能够根据需要获取计算能力、存储空间和各种软件服务。美国国家实验室的资深科学家、Globus项目的领导人认为，云计算是由规模经济拖动，为互联网上的外部用户提供一组抽象的、虚拟化的、动态可扩展的、可管理的计算机资源能力、存储能力、平台和服务的一种大规模分布式计算的聚合体。美国国家标准与技术研究院认为，云计算是一种按使用量付费的模式，这种模式提供可用的、便捷的、按需的网络访问，进入可配置的计算资源共享池（资源包括网络、服务器、存储、应用软件、服务），这些资源能够被快速提供，只需进行很少的管理工作，或与服务供应商进行很少的交互。

本书中，云计算是将计算任务分布在大量计算机（服务器）构成的资源池上，使各种应用系统能够根据需要获取计算力、存储空间和各种软件服务。云计算是分布式处理、并行处理和网格计算的发展，是这些计算机科学概念的商业实现。"云"实质上就是一个网络，从狭义上讲，云计算就是一种提供资源的网络，使用者可以随时获取"云"上的资源，按需求量使用，并且可以看成是无限扩展的，只要按使用量付费就可以。"云"就像自来水厂一样，人们可以随时接水，并且不限量，按照自己家的用水量付费给自来水厂就可以。从广义上说，云计算是与信息技术、软件、互联网相关的一种服务，这种计算资源共享池叫作"云"，云计算就是把许多计算资源集合起来，通过软件实现自动化管理，只需要很少的人参与，就能让资源被快速提供。也就是说，计算能力作为一种商品，可以在互联网上流通，就像水、电、煤气一样，可以方便地取用，且价格较为低廉。

（二）云计算的功能

云计算是一个虚拟化的计算机资源池，它可以托管多种不同的工作负载，包括批处理作业和面向用户的交互式应用程序；能快速部署虚拟机器或物理机器，增加系统容量；支持冗余的、能够自我恢复的且可扩展的编程模型，使工作负载能够从多种不可避免的软硬件故障中恢复；实时监控资源的使用情况，在需要时重新分配资源。

（三）云计算的特点

云计算的可贵之处在于高灵活性、可扩展性和高性价比等。与传统的网络应用模式相比，其具有如下优势与特点。

（1）虚拟化技术：虚拟化突破了时间、空间的界限，是云计算最为显著的特点。虚拟化技术包括应用虚拟和资源虚拟两种。众所周知，物理平台与应用部署的环境在空间上是没有任何联系的，通过虚拟平台对相应终端操作完成数据备份、迁移和扩展等。

（2）动态可扩展：云计算具有高效的运算能力，在原有服务器基础上增加云计算功能能够使计算速度迅速提高，最终实现动态扩展虚拟化的层次，达到对应用进行扩展的目的。

（3）按需部署：计算机包含许多应用、程序软件，不同的应用对应的数据资源库不同，所以用户运行不同的应用时需要较强的计算能力对资源进行部署，而云计算平台能够根据用户的需求快速配备计算能力及资源。

（4）灵活性高：目前市场上大多数 IT 资源，软硬件都支持虚拟化，比如存储网络、操作系统和开发软硬件等。虚拟化要素统一放在云计算资源虚拟池当中进行管理，可见云计算的兼容性非常强，不仅可以兼容低配置机器、不同厂商的硬件产品，还能够外设获得更高性能的计算。

（5）可靠性高：服务器故障也不影响计算与应用的正常运行，因为单点服务器出现故障可以通过虚拟化技术将分布在不同物理服务器上面的应用进行恢复，或利用动态扩展功能部署新的服务器进行计算。

（6）性价比高：将资源放在虚拟资源池中统一管理，在一定程度上优化了物理资源。用户不再需要昂贵、存储空间大的主机，可以选择相对廉价的 PC 组成云，一方面减少费用，另一方面计算性能不逊于大型主机。

（7）可扩展性：用户可以利用应用软件的快速部署条件来更简单快捷地将自身所需的已有业务及新业务进行扩展。如计算机云计算系统中出现的设备故障，对于用户来说，无论是在计算机层面上还是在具体运用上均不会受到阻碍，可以利用计算机云计算具有的动态扩展功能来对其他服务器进行有效扩展。这样一来就能够确保任务得以有序完成。在对虚拟化资源进行动态扩展的情况下，同时能够高效扩展应用，提高计算机云计算的操作水平。

（四）云计算的服务模式

根据美国国家标准与技术研究院的定义，云计算的服务模式有软件即服务（software as a service，简称 SaaS）、平台即服务（platform as a service，简称 PaaS）和基础设施即服务（infrastructure as a service，简称 IaaS）三大类。

1.软件即服务（SaaS）

SaaS 是通过互联网向用户提供云端软件应用服务和用户交互接口等服务。SaaS 提供给用户的服务是指运营商运行在云计算基础设施上的应用程序，用户可以在各种设备上通过客户端界面访问这些应用程序。用户不需要管理或控制任何云计算基础设施，包括网络、服务器、操作系统、存储等，从而省去了购买软件的费用。云计算供应商则只需维持一个程序，也大幅度降低了成本。

2. 平台即服务（PaaS）

PaaS 将软件研发的平台作为一种服务提供给用户。PaaS 提供给用户的服务是指云计算把用户开发或收购的应用程序部署到供应商的云计算基础设施中。用户不需要管理或控制底层的云计算基础设施，但用户能控制所部署的应用程序，也能控制运行应用程序的托管环境的配置。在 PaaS 平台上，企业用户不用担心程序运行时所需的资源，可以快速开发应用。第三方软件提供商也可以快速开发出适合企业的定制化应用。

3. 基础设施即服务（IaaS）

IaaS 提供给用户的服务是指云计算对所有计算基础设施的利用，包括处理 CPU、内存、存储、网络和其他基本的计算资源。用户能够部署和运行任意软件，包括操作系统和应用程序。用户不管理或控制任何云计算基础设施，但能控制操作系统的选择、存储空间和所部署的应用，也能获得有限制的网络组件（如路由器、防火墙、负载均衡器等）的控制。用户通过互联网可以租用到完善的计算机基础设施层（计算、存储和网络带宽等资源）。用户不用理会云计算底层的基础架构，可以在上面运行软件、存储数据和发布程序。

（五）云计算的服务类型

从服务类型的角度来划分，云计算可分为三种。

（1）公有云：云计算服务由第三方提供商完全承载和管理，为用户提供价格合理的计算资源访问服务。用户无需购买硬件、软件或支持基础架构，只需为其使用的资源付费。公有云用户无需支付硬件带宽费用，投入成本低，但数据安全性低于私有云。如百度的搜索和各种邮箱服务等。

（2）私有云：是企业自己采购基础设施搭建云平台，在此之上开发应用的云服务。私有云可充分保障虚拟化私有网络的安全，但投入成本相对公有云来说更高。

（3）混合云：一般由用户创建，而管理和运维职责由用户和云计算提供商共同分担，其在使用私有云作为基础的同时结合了公有云的服务策略。用户可根据业务私密性程度的不同自主在公有云和私有云间进行切换。

二、云计算在智慧养老中的应用

（一）云计算在智慧养老中的优势

云计算能够提供可靠的基础软硬件、丰富的网络资源、低成本的构建和管理能力，是信息技术发展和服务模式创新的集中体现。在云计算模式下，软件、硬件、平台等信息技术资源以服务的方式提供给使用者，有效解决政府、养老机构面临的机房、网络等基础设施建设和信息系统运维难、成本高、能耗大等问题，改变传统信息技术服务架构，推动养老服务的发展。针对目前我国所面临的人口老龄化、养老难等问题，引入云计算可以带来以下优势。

1. 云计算的规模化效应可以节约养老成本

面对我国养老信息的不断增长，资源的共享和信息的整合成为养老面临的主要问题。云计算可以以较低的成本处理海量的数据，养老机构可以引入云计算技术，通过整合居家老年人及与老年人相关的一切要素，使其构成一个大的物联网来节约养老成本。在实施过程中，云平台收录全部居家老年人的资料，利用云计算技术分类汇总和有效整合这些信息，并利用不同的云终端进行实时监控，处理老年人复杂化的、海量的服务需求，最大限度地方便老年人及其家庭，使他们能够准确地获取信息。云计算技术的规模化效应为政府及社会节省了开支，解决了资金投入不足的问题，达到真正意义上的双赢。

2.云计算可以促进养老模型的建立，提供一体化的养老服务

云计算应用与养老服务一方面促进了养老模型的建立，另一方面养老机构可以将老年人及与他们相关联的各要素整合在一起，提供一体化的服务模式。一体化的服务模式具有效率高、成本低的特点，在更好地满足老年人需求的同时，能够更加充分地利用政府及福利机构所投入的资源，不辜负政府及福利机构的期望。一体化的服务模式强化了信息整合、资源共享的优势，能够使服务趋于透明化、规范化，使老年人更易于接受和参与，也更有利于提高老年人的参与程度及养老的社会化程度。

3.云计算有助于智能化配置养老中的各项资源

云计算能智能化地调配资源，使养老机构通过云计算构建自动化的、完整的养老模式来降低对服务人员的需求量，节省了人力成本。云计算的广泛易用性大大降低了专业人员的需求量，使用者不需要对其充分了解或者是需要专业人员指导，任何人都可以运用，这有效地解决了养老模式中专业服务人员不足的问题。另外，根据云计算的弹性伸缩和自动部署的特点，当养老需求增加时，为灵活响应居家老年人的需求，养老机构可以向大的云计算运营商租用相关设备，通过加大租用量来节省时间和降低大量的基础设施投入成本。反之，当养老需求下降时，养老机构可以减少租用，不用担心投资建设的设施闲置问题。云计算为养老提供了弹性化服务，使养老机构在降低成本的同时，也规避了资源闲置和浪费现象。

（二）基于云计算的养老模型的主要云模块

云计算应用于养老服务中，主要是通过建立基于云计算的养老模型实现的。基于云计算的养老模型包括用户访问层、基础架构层、平台层、软件应用层和服务管理层。针对软件应用层，主要包括社区服务云模块、医疗云模块、购物云模块、定位云模块、娱乐交流云模块、精神抚慰云模块和教育云模块。

1.社区服务云模块

社区服务云模块通过智能设备为老年人提供更加完善的社区服务，其中包括支持退休金认证、送饭送菜、清洁卫生、基本医疗、陪护聊天等服务。社区的工作人员统计、整合辖区内的老年人信息，并进行网上登记，以实现网络化访问和自助式服务功能。这样就只需要很少的专业人员监控这个云计算平台，大大弥补了专业人员不足的问题。另外，此模块提供养老保险认证功能，相关部门通过为老年人设置登录账号、密码、指纹识别等，将云计算、云安全运用到社区的管理中，为老年人提供网上认证功能，以确保退休金管理的准确、严密。

2.医疗云模块

医疗云模块省略了中间环节，在老年人与医院之间直接建立互相帮扶的网络系统，即医疗云。当老年人病情不是很严重的时候，如感冒、头疼，老年人可以点击智能设备上的红"十"字图标，这时由社区医疗提供服务。当出现紧急情况，如心脏病突发或者出现胸闷、气短等症状时，老年人单击"120"图标，此时医院会接到求救信息，并根据信息的紧急情况派遣医疗小组或者"120"急救车。医疗云模块通过整合老年人的信息，并将其统一交付

于医院的云终端，更有效地满足居家老年人的突发性医疗需求。

3. 购物云模块

商家可以引入云计算，建立购物云模块，更好地满足有特殊需求的老年人。购物云模块利用云计算将老年人与各大商场、超市的信息进行全面整合，并将信息分别推送到商家和老年人的云终端上，使其形成一个信息完整的资源汇集池，以提供自动化管理和快速交付的功能，及时满足老年人的需求。一方面老年人可以通过智能设备与商店联系，让他们送货上门；另一方面商家能根据智能设备资源汇集池的记录情况，自动适时地为老年人提供物品及服务。

4. 定位云模块

定位云模块可以将老年人的信息有效地整合，并且将老年人的子女、联网的医院、社区等连接，方便其子女远程查看老年人的状态。当出门在外的老年人迷路时，老年人只需单击相应的图标，他们的子女就会接到呼救信息，子女就可以及时确定父母的地理位置。

5. 娱乐交流云模块

娱乐交流云模块的功能是将娱乐交流功能引入老年人的日常生活，为老年人提供适合他们交流及娱乐的环境氛围。娱乐交流云模块通过网络把老年人联系在一起，为老年人提供有益于他们身心健康的娱乐交流方式，如养花、书画、垂钓、跳舞、旅游活动。娱乐交流云模块也可以将不能到现场参加活动的人覆盖其中，他们可以单击智能设备上的音符图标感受活动的快乐。与此同时，利用云计算的广泛性将老年人与相关人员整合在一起，老年人与他人能够随时联系，扩大了他们的娱乐交流范围。

6. 精神抚慰云模块

精神抚慰云模块可以实现老年人与子女、他人在精神上互相安慰与关心的功能。精神抚慰云模块将居家老年人集中起来，由专业人员提供网络咨询与心理抚慰，适时地向老年人传达积极、乐观、向上的精神。此外，社区、养老机构和组织可以利用该模块将老年人的信息和其他家庭的信息进行全方位的整合，使老年人能够看到其他人的需求，有能力的老年人就可以直接向有需求的家庭发出有偿或者无偿的帮助请求。这样，老年人在为他人提供服务的同时又可以愉悦自己的身心，实现智慧助老。

7. 教育云模块

教育云模块运用云计算的资源整合功能将老年人与不同的教育机构、保健组织等连接，老年人可以根据自身的需要，单击智能设备上的相关图标，随时与教育机构沟通，获得所需要的教育指导。此外，老年人还可以通过网络与他人互相交流学习的心得体会，帮助社会、社区更好地开展教育。政府创办的老年大学等老年人教育机构可运用教育云模块，满足更多老年人的学习要求，更有效地利用政府及社会公益组织的资金投入。教育云模块可以为老年人提供教育与学习的功能，使老年人更能适应时代发展的需要。

第六节　定位技术

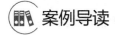 案例导读

　　智慧养老解决方案离不开GPS。老人GPS定位器拥有许多强大的功能，可以帮助家

人和监护人员更好地照看老人。给老人佩戴一个 GPS 定位器，可以采集老人的各种信息，比如实时位置信息、行动轨迹、行走路线、去过哪些地方、停留过多长时间等，并将这些信息通过无线传输到服务器，家人和监护人员可以通过电脑平台和手机 APP 来进行查看。老人 GPS 定位器功能具有以下特点。

（1）实时定位：老人 GPS 定位器采用"北斗＋GPS＋基站＋Wi-Fi"多种定位模式复合定位，覆盖范围更广，无论老人是在室外还是在室内，都可以精准定位，让家人更加安心。

（2）远程听音：使用手机 APP 设置一个授权号码，拨打定位器内的卡号，可通过远程听音来判断老人所处的环境。

（3）电子围栏：家人或者管理人员可设置一个电子区域，当老人进入或者走出此区域时，会立即发送围栏报警信息，提醒家人或者管理人员及时注意。

（4）历史轨迹：平台可保存最近 180 天内的数据，家人可反复查看这些时间内任意时间段老人的活动轨迹。

（5）低电报警：当老人 GPS 定位器电量过低时，会立即发送低电报警信息提醒家人及时充电。

智慧养老解决方案通过运用物联网、互联网、移动互联网技术、智能呼叫、云计算、GPS 定位技术等信息技术，创建"系统＋服务＋老人＋终端"的智慧养老服务模式，大幅度帮助养老机构提升管理效率，并且涵盖机构养老、居家养老、社区日间照料等多种养老形式，让老人在家就可以享受到智能的服务。

思考：如何通过老人 GPS 定位器实现智慧养老？

随着社会的发展，定位技术的应用也越来越广泛，智慧养老中的定位就应用到了定位技术。定位技术又为很多种，如蓝牙定位、射频识别定位等，本节课将对定位技术做简单的介绍。

一、定位技术概述

关于定位技术，比较常用的有全球卫星定位技术和室内定位技术。

（一）全球卫星定位技术

全球定位系统（GPS）由卫星、地面监控系统、用户接收机组成，它是具有在海、陆、空进行全方位实时三维导航与定位能力的新一代卫星导航与定位系统。全球定位系统能提供被测物体出现的时间、三维速度和坐标等数据，具有全天候、高精度、自动化、高效益等显著特点。

随着全球定位系统的不断改进、软硬件的不断完善，其应用领域正在不断地开拓，目前已遍及国民经济各种部门，并开始逐步深入人们的日常生活。养老服务平台与全球定位系统对接，结合老年人手持的终端设备（如智能腕表、手机等），可以实时定位老年人所在的地理位置，为老年人的精细化服务提供有力支撑。如老年人来电时，相关人员通过窗口弹屏看到老年人当前的位置，还可以通过平台查询老年人姓名、身份证号或联系方式等，对老年人进行定位，也可以查看老年人最近的活动轨迹。该应用主要针对一些失智失能的老年人，当老年人发生意外时，通过一键呼救的方式，相关人员可以快速找到老年人所在位置。如果老年人走出所设置的电子围栏，平台就会自动报警，客服窗口出现弹屏，同时给亲属发送短信。

（二）室内定位技术

室内定位技术是在室内环境无法使用卫星定位时所使用的辅助定位技术。它主要解决卫星信号到达地面时较弱和不能穿透建筑物的问题，最终定位物体当前所处的位置。

主流的室内定位技术主要有蓝牙定位、超宽带定位、射频识别定位及 Wi-Fi 定位技术等。其中大部分技术需要依赖于一些辅助设备。其基本原理是使用前期在室内环境中部署相应的辅助性硬件设备；在定位阶段，通过使用移动终端接收辅助设备的信号，进行分析计算后得到位置信息。

室内定位技术的发展在无形之中为养老服务提供诸多解决方案。养老机构中搭建的老年人定位监护系统可以实现实时定位监护、移动轨迹查询、电子围栏设置、安全健康监护、一键报警求助等功能。该技术不仅能够实时显示老年人的位置，还能够设置电子围栏圈定老年人的安全活动范围，一旦老年人走出安全区域，系统就会自动预警，并通知管理人员前往查看，避免老年人走失。在定位监护中，养老机构可将定位标签与可穿戴设备结合起来供老年人佩戴，而手环、腕表、胸牌等都可以作为定位标签的载体。

1.蓝牙定位技术

蓝牙定位基于分布式蓝牙定位技术和蜂窝网无线数据传输技术，在需要定位的应用场景内（如室内等）布设分布式蓝牙信标，形成无线定位环境，人员或物品佩戴定位器（内嵌于对讲机、安全帽、胸牌等），能够实现对现场人员、车辆、重要物资及现场作业的全方位可视化管理。蓝牙定位技术利用在室内安装的若干个蓝牙局域网接入点，把网络维持成基于多用户的基础网络连接模式，并保证蓝牙局域网接入点始终是微微网的主设备，然后通过测量信号强度对新加入的盲节点进行三角定位。蓝牙是一种无线技术标准，在短距离内可以实现信息交换。几乎所有的移动设备都具有蓝牙连接的功能。

蓝牙定位技术的优势有：移动终端设备都具备蓝牙的功能，低功耗、成本低、使用广泛；设备体积小、短距离、低功耗，容易集成在手机等移动设备中；只要设备的蓝牙功能开启，就能够对其进行定位。

目前市场上主流的蓝牙定位精度是 70% 的地段在 2 米以内，部分公司可以做到 90% 的地段在 2 米以内。主流的蓝牙定位技术都是基于三角定位算法，通过手机获取周围蓝牙基站的信号强度，再通过其他的一些辅助方法，比如加权平均算法、时间加权算法、惯性导航算法、卡尔曼滤波算法、高斯滤波算法等，来计算出当前位置。

2.超宽带（UWB）室内定位技术

超宽带室内定位技术是一种全新的、与传统通信定位技术有极大差异的新技术。它利用事先布置好的已知位置的锚节点和桥节点，与新加入的盲节点进行通信，并利用三角定位或者"指纹"定位方式来确定位置。超宽带的带宽大、衰减较少，对信道的衰落不太敏感，可以进行短距离定位，适合室内定位。

超宽带室内定位技术的基本原理是：室内部署辅助设备，这些辅助设备需具备接收超宽带信号的功能。根据信号传播接收的时间和速度，进行距离的计算，再由后台根据信息进行位置计算。超带宽通信不需要使用传统通信体制中的载波，而是通过发送和接收具有纳秒或纳秒级以下的极窄脉冲来传输数据，因此具有 GHz 量级的带宽。

超宽带室内定位技术的优势是定位精度高，精度可以达到 10 厘米左右，是室内高精度定位的首选。由于超宽带定位技术具有穿透力强、抗多径效果好、安全性高、系统复杂度低、能提供精确定位精度等优点，前景相当广阔。但由于新加入的盲节点也需要主动通信，使得功耗较高，而且事先也需要布局，使得成本无法降低。

超宽带室内定位可用于各领域的室内精确定位和导航，包括人和大型物品，主要是面向一些特殊行业，对流程的实时性或者对精确定位有着比较高要求的行业，比如汽车地库停车导航、矿井人员定位、贵重物品仓储、监狱定位、工厂定位、足球训练定位、物流叉车定位等。

3. 射频识别定位技术（RFID 技术）

射频识别定位技术是一类非接触的自动识别技术，俗称"电子标签"，指的是射频信号自动地识别物品并获取相关信息，通过空间耦合实现无接触信息传送。射频识别定位是基于辅助设备的方法，原理是先在室内部署读写器、RFID 标签等工具，利用信号传播过程中的信息进行定位，其过程是利用传播的信号强度。该技术通过信息的交换与通信来实现，其基本理念是采用先进的技术手段，实现人对各类物体或设备（人员、物品）在不同状态（移动、静止或恶劣环境）下的自动识别和管理。

射频识别定位技术作用距离很近，但它可以在几毫秒内得到厘米级定位精度的信息。该技术的优势在于远距离（读取半径可达数米甚至数十米）、穿透力强（可直接读取包装箱里面物品的信息）、无磨损、非接触、防污染、高效率（可以同时识别多个标签）和信息量大等。但其不具有通信能力，抗干扰能力较差，不便于整合到其他系统之中，且用户的安全隐私保障和国际标准化都不够完善。RFID 技术广泛应用于物流追踪、交通运输、商场货物管理、物品定位等领域。

4. Wi-Fi 定位技术

Wi-Fi 现在广泛用于室内环境，不论是商用还是民用，Wi-Fi 都随处可见。Wi-Fi 定位技术有两种，一种是通过移动设备和三个无线网络接入点的无线信号强度来确定位置；另一种是事先记录巨量的确定位置点的信号强度，通过用新加入设备的信号强度对比拥有巨量数据的数据库，来确定位置（"指纹"定位）。

Wi-Fi 定位技术的工作原理大致概括如下：在室内部署辅助设备，一般采用无线接入点，在待定位点通过设备接收到来自辅助设备的无线信息后，获得其信号强度值，根据信号衰减模型得出距离，后台根据距离计算出位置。

Wi-Fi 定位技术的优势有：定位精度相对较高，精度可以达到米级以内；Wi-Fi 使用广泛，成本较低；任何手机等智能设备都具有 Wi-Fi 连接和使用功能，所以不需要额外的硬件设备，环境部署简单；Wi-Fi 的定位系统可以降低射频干扰可能性；Wi-Fi 定位适用于对人或者车的定位导航，可用于医疗机构、主题公园、工厂、商场等各种需要定位导航的场合。

5. ZigBee 技术

ZigBee 技术是一种新兴的短距离、低速率的无线网络技术。它是应用于短距离和低速率下的无线通信技术，它介于无线标记技术和蓝牙技术之间，可以用于在大量的无线传感节点之间通信和传递数据。

ZigBee 定位技术通过若干个待定位的盲节点和一个已知位置的参考节点与网关之间形成组网，每个微小的盲节点之间相互协调通信以实现全部定位。所用参加通信的传感器节点会以接力的形式传递数据，通信效率很高。这些传感器只需要很少的能量，以接力的方式通过无线电波将数据从一个节点传到另一个节点。作为一个低功耗和低成本的通信系统，Zig-

Bee 的工作效率非常高。但 ZigBee 的信号传输受多径效应和移动的影响很大，而且定位精度取决于信道物理品质、信号源密度、环境和算法的准确性，造成定位软件的成本较高，提高空间还很大。ZigBee 技术主要用于各种电子设备之间进行数据传输，以及典型的有周期性数据、间歇性数据和低反应时间数据传输的应用。ZigBee 定位技术已经被很多大型的工厂和车间作为人员在岗管理系统所采用。

6.基站定位技术

基站定位即"LBS（location based service）定位"。它包括两层含义：首先是确定移动设备或用户所在的地理位置；其次是提供与位置相关的各类信息服务，指与定位相关的各类服务系统，简称"定位服务"。其特点主要包括以下两个方面。

（1）覆盖率：基站定位一方面要求覆盖的范围足够大，另一方面要求覆盖的范围包括室内。用户大部分时间是在室内使用该功能，高层建筑和地下设施必须保证覆盖到每个角落。除了考虑覆盖率外，网络结构和动态变化的环境因素也可能使一个电信运营商无法保证在本地网络或漫游网络中的服务。

（2）定位精度：手机定位应该根据用户服务需求的不同提供不同的精度服务，并可以提供给用户选择精度的权利。定位精度一方面与采用的定位技术有关，另外还取决于提供业务的外部环境，包括无线电传播环境、基站的密度和地理位置、定位所用设备等。

7.红外线定位技术

红外线是一种波长介于无线电波和可见光波之间的电磁波。其定位的原理是红外线标识发射调制的红外射线，通过安装在室内的光学传感器接收进行定位。典型的红外线室内定位系统是待测物体附上一个电子标识，该标识通过红外发射机向室内固定放置的红外接收机周期发送该待测物唯一 ID，接收机再通过有线网络将数据传输给数据库。红外线室内定位有两种：第一种是被定位目标使用红外线标识作为移动点，发射调制的红外射线，通过安装在室内的光学传感器接收进行定位；第二种是通过多对发射器和接收器织红外线网覆盖待测空间，直接对运动目标进行定位。

红外线定位技术目前已经非常成熟，用于室内定位，精度相对较高。但是由于光线不能穿过障碍物，使得红外射线仅能视距传播，穿透性极差（如家里的电视遥控器），直线视距和传输距离较短这两大主要缺点使其室内定位的效果很差。当标识被遮挡时，如放在口袋里或者有墙壁及其他遮挡时就无法正常工作，也极易受灯光、烟雾等环境因素影响。加上红外线的传输距离不长，使其在布局上无论用哪种方式，都需要在每个遮挡背后、转角安装接收端，布局复杂，使得成本提升，并且定位效果有限。红外线定位技术比较适用于实验室对简单物体的轨迹精确定位记录，以及室内自走机器人的位置定位。

8.超声波室内定位技术

超声波室内定位系统基于超声波测距系统而开发，由若干个应答器和主测距器组成，主测距器放置在被测物体上，向位置固定的应答器发射无线电信号，应答器在收到信号后向主测距器发射超声波信号确定物体的位置。

超声波室内定位整体精度很高，达到了厘米级，结构相对简单，有一定的穿透性而且超声波本身具有很强的抗干扰能力。但是超声波在空气中的衰减较大，不适用于大型场合，加上反射测距时受多径效应和非视距传播影响很大，造成需要精确分析计算的底层硬件设施投资，成本太高。超声波定位技术在数码笔、海上探矿、无人车间的物品定位上已经被广泛利用。

二、定位技术在智慧养老中的应用

在智慧养老中，应用移动定位系统，配备具备定位模块的终端设备，为老人提供定位救助服务尤为重要，未来养老势必投入更多的智能化设备，采取智慧养老模式。

养老院人员定位应用于养老院机构，管理对象为老人、护士、来访者，室内采用蓝牙定位技术，室外采用 GPS 定位技术。该系统将信息技术与老人、社区、养老机构、护理人员联系起来，更快地为老人服务。定位技术具体可以解决养老服务中的以下问题。

（一）求助定位

根据老人和工作人员佩戴的 RFID 标签的终端，无论是在养老院里还是养老院外都可以定位，并在电子地图上显示。在寻找某个人员的位置时，输入人员姓名或编号便可快速定位要查找的人和工作人员的所在地点。定位技术可以保证实时定位准确可靠，为老人的安全提供保障，为工作人员的管理提供强有力的支撑。外出活动的老人身体不适或突发其他状况时，通过终端发出求救信息，平台工作人员可快速定位其所在位置，并协助家人、社工、110、120 等开展现场救援服务。定位技术为失智、失忆老人配置定位功能的终端，实现实时定位防止走失，家人可通过移动定位救助平台提出主动定位查找老人的需求，及时将老人的定位信息和老人 ID 传回到服务器。

（二）异常报警

可在定位手环上集成一键紧急求助按钮，老人发生危急情况时可一键进行求助，通知监护人员前来救援，保障生命安全。例如当老人异常跌倒时，室内定位系统自动报警，也可按下一键报警按钮触发周边摄像头，方便管理人员第一时间了解现场情况；设定电子围栏，老人超出监护范围自动报警；支持护工和老人双向寻找，在意外报警时可以在第一时间寻找到老人并及时救助。

（三）门禁管理

护工佩戴定位工牌，后台一键管理所有护工，实时查看护工位置，快速给护工下达护理任务；护工工牌还可集成实现线上考勤、门禁一卡通等功能；老人喂药提醒、特殊监护提醒等根据系统设置自动提醒护工。

老人在通过一些重要的出入口的时候，老人的终端都会与 RFID 读写器进行通信，很好地利用 RFID 远距离识别的特点，大批量读取。老人不用刷卡，一切全自动地进行，每一次读取的信息都会传到后台管理系统，并在数据库中进行记录，并支持高速度移动物体或人员数据的读取。

（四）亲情互动

子女可查看老人实时位置，日、周、月的活动轨迹和停留时间；接入医护平台后子女还可以查看心率、血压、血糖等数据；定位手环可与子女通话、语音留言等；系统还会提醒老人生日、老人兴趣爱好、生活规律等具体事项。

（五）医养结合

室内定位将应急救助服务和监控检测服务融合，为高龄、病危老人进行升级智能照护。通过线上云平台，以健康档案为核心，利用智慧养老系统提供医院预约挂号、网上会诊等服务，为老人提供病例管理及健康数据监测。从老人使用的第一天，老人的信息就可以录入系统，包括基本信息、健康信息、注意事项等。分配给老人的终端有 RFID 电子标签，标签可以存储一些信息，拥有唯一的 ID 号，可以根据数据库的信息进行绑定。管理人员可以分配给工作人员不同的权限，可对老人信息增删、修改、查询，随时对老人的档案信息进行编辑处理，实现对老人的全过程管理。

（六）历史轨迹

采用主动定位的方式，通过在养老院内部署的老人位置监护系统，给院内每位老人佩戴智能手环或胸牌，可在电子地图上实时动态显示人员的位置。管理人员可动态掌握人员的数量和分布情况，鼠标移至人员的图标上，便可查看人员的详细信息。定位技术可对老人在一天之内、半天之内或几小时之内的行走轨迹进行定位，系统可以全天候地记录所有人员经过的时间和地点，获取历史轨迹信息，分析老人行踪、动向，尽快找到老人；可对人员的运动路线进行跟踪和回放，掌握其活动的详细路线和时间。监护人员可在后台或 APP 端查看每位老人的实时位置和历史轨迹，方便对所有老人进行监护管理。

（七）围栏报警

对老人的日常活动范围进行分析，在养老院的关键区域设置电子围栏，向移动定位救助平台要求设定老人的定位活动半径，通过终端定时上报位置信息的方式来判断老人是否在围栏范围内活动。一旦老人随意走出该区域，系统第一时间进行预警，提醒监护人员提高警惕，防止意外发生。为了保障不同健康状况的老人的安全，也可以设置滞留预警，一旦老人在某区域停留时间过长，系统立即预警，防止老人过度疲劳或是突发疾病。

通过定位技术来实现养老院的人员定位管理，为养老机构的管理带来了极大的提高。当前，定位技术在智慧养老中的应用迎来了发展的良好时期，定位技术的应用正在以更简单、更方便的智能方式，为老人提供多方面、个性化、便捷化的养老服务，为中国养老模式提供了新的探索方向，不断地满足老人的个性化养老需求。

第七节　区块链

案例导读

在日本，每年的七八月份，入殓师的工作就会比较忙碌，因为越来越多的老人因无法抵御夏日的高温在孤独中死去，而且这一数据在不断增长。

过去 20 年里，日本人口老龄化持续加速，导致劳动力市场中 15 岁至 64 岁的劳动力流失了近 1000 万。但庞大的劳动力缺口并没有得到补充，相反，日本出生率持续走低。从 1973 年至今，日本出生率更是断崖式下降，出生率远远赶不上老龄化速度。虽然日本试图通过引进外劳缓解劳动力短缺，但老龄化所导致的社会问题早已是积重难返，囊括了生产过剩、消费乏力、社会福利、金融交易，乃至整个社会经济发展问题。

为缓解养老压力，日本当局连续出台了《介护保险法》《国民养老金法》等多项法规条文，鼓励民间资本参与养老实业，持续完善养老配套设施。同时，为释放不充足的劳动力市场，日本开始探索智慧养老新模式。多种原因交杂使得智能家居系统、远程医疗终端设备、智能康复系统、智能出行系统等相关产业在日本大受欢迎，养老机构智能化更是普遍。但在实践过程中，各个数据库相互独立、养老信息不协调等问题也日益突显。为此，日本养老机构开始尝试引入区块链技术解决区域性养老信息协调问题。对于区域内涉及养老的相关机构，诸如住房、医疗、出行、娱乐等相应平台统一上链，同时结合大数据智能系统，实时监测老人健康状态，力求最大程度缓解养老难题。

目前，日本多个都、道、府已开始借助区块链助力智能养老，由于大多处于早期应用阶段，尚未形成完整的数据报告。虽然日本的老龄化令人担忧，但更让人担心的是，现在很多年轻人还觉得养老问题离人们很遥远。借助区块链等新型技术，是他们为养老事业正在做的事情。

思考：日本如何利用区块链缓解养老难题？

随着我国老龄化人口基数的增长，养老与养生服务机构数量也不断增长，大量的数据问题与管理问题亟待解决。区块链技术的引进，将在保护数据安全的同时推进管理效率，改善中老年人群养老体验，促进行业进入稳定的良性循环。

一、区块链概述

（一）区块链的含义

区块链本质上是一个去中心化的数据库。作为一种底层技术，它是一串使用密码学方法相关联产生的数据块，每一个数据块中包含了一批次网络交易的信息，用于验证其信息的有效性（防伪）和生成下一个区块。

区块链是分布式数据存储、点对点传输、共识机制、加密算法等计算机技术的新型应用模式。其实现原理是利用区块链让系统中的任意多个节点把一段时间内系统交互的数据，通过密码学算法计算并记录到一个区块中，并且生成该区块的指纹用于验证和连接下一个区块，系统所有参与节点共同认定记录的真实性。

通俗地说，区块链技术是一种系统内全体成员参与记账的一种方式。在区块链系统中，系统会把通过网络进行交易的产品或服务的信息生成数据块，每一个数据块中不仅包含该交易信息，也包括交易商品或服务的来源信息，以及交易的时序信息，从而使数据块之间形成一个链。这些信息形成账本内容，发送给系统内所有的其他人进行备份，这样系统中的每个人都有了一本完整的账本，我们将这种方式称为区块链技术。

狭义来讲，区块链是一种按照时间顺序将数据块以顺序相连的方式组合成的一种链式数据结构，并以密码学方式保证不可篡改和不可伪造的分布式账本。广义来讲，区块链技术是利用块链式数据结构来验证与存储数据、利用分布式节点共识算法来生成和更新数据、利用密码学的方式保证数据传输和访问的安全、利用由自动化脚本代码组成的智能合约来编程和操作数据的一种全新的分布式基础架构与计算方式。

（二）区块链的类型

区块链根据参与主体或服务对象的不同，可以分为公有链、私有链和联盟链。

公有链最早出现，是最能体现区块链理念的一种类型。它完全对外公开，公有链上的数据网络所有人都可以访问，同时所有人都可以发出自己的交易并等待写入区块链中。公有链是真正具备完全去中心化特征的区块链，能够在去信任化的网络环境中快速建立共识，形成去中心化的运行机制，并且交易信息不可篡改。

私有链网络仅在私有组织内部使用，按照私有组织规则来制定用户在链上的读写权限和记账权限。私有链指对单独的实体开发的区块链，是开放程度最低的一种类型，参与的节点只有实体内部的成员，数据的访问和使用有严格的权限管理，是存在一定的中心化控制的区块链。私有链可有效防范来自内部或外部对数据的安全攻击。

联盟链指对特定的联盟成员开放，按照联盟规则来制定用户在链上的读写权限和记账权限。参与区块链的节点是事先选择好的，节点之间可以实现资源与信息的共享与互认。例如，地区大学之间建立大学联盟链，上链学校的学生可以互相选择链上其他学校的课程，并且学分互相认可。

（三）区块链的特点

区块链的本质是一个对参与者公开透明的可信赖的账本系统，它能安全地存储交易数据，并且不需要任何中心化机构的审核。区块链技术有如下特点。

1. 交易去中心化

去中心化是区块链最基本的特征。在传统的中心化网络中，对一个中心节点进行攻击就有可能破坏整个系统，而去中心化的网络采用分布式记录、分布式存储和点对点通信，任意节点的权利和义务都是均等的，系统中的数据块由所有节点共同维护。这样就避免了被某个人或机构操纵，任一节点遭受攻击或停止工作，都不会影响整个系统的运行。区块链不再依赖于中心化机构，实现数据的分布式记录、存储和更新。在日常生活中，交易活动一般都会存在一个中心媒介，交易双方之间需要依靠中介组织开展业务活动，而交易双方之间较难达成直接的业务关系。以银行为例，去银行存钱，资金存入银行，银行再将这些资金贷款给企业，这时银行就是中介组织。区块链使用系统内全员记账的方式，不需要一个中心记账，可以不用第三方介入，也不需要向中介支付费用，就能实现人与人之间点对点交易和互动，达到节约交易成本的作用。

2. 交易去信任

去信任是指不用考虑交易伙伴是否值得信任，而是人们都信任这个区块链应用系统，这个系统是基于算法的、值得信任的可信系统。所以，这里的去信任是去掉对交易伙伴的信任，前提是系统是可信的。这是因为系统中所有节点之间不用信任也可以进行交易，数据库和整个区块链系统的运作是公开透明的，所有的数据内容也是公开的，所有节点都必须遵守同一交易规则来运作。这个规则基于共识算法而不是信任，因此在系统指定的规则范围和时间范围内，节点之间不能也无法欺骗其他节点，自然无需任何第三方介入，系统是可信的。

3. 信息不可篡改

交易的数据信息一旦被写入区块中就不能更改与撤销。交易的账本如果在中介组织手上，造假的可能性就会存在。但如果系统中每个人手里都有一本账本，除非某人掌握了系统中51%的节点或者说服了整个系统中超过51%的人都同时更改某一笔账目，否则篡改都是无效的。另外，即使某个人手里的账本丢失或损坏，由于其他人手里都有副本，完全不用担心数据丢失，可以在下一个时间节点复制即可得到全部数据。

4.共识机制

共识机制是指所有记账节点之间根据规则达成共识，来选择和认定记录的真实性和有效性，它是区块链运行的基础。如果想要修改某个区块内的交易信息，就必须将该区块和该链条后面所有区块的信息进行修改。这种共识机制是交易数据记账的基础，可以避免虚假交易和信息篡改。

5.信息可溯源

交易的数据信息（包括产品或服务的来源信息）在极短时间内会被打包成数据块，然后会被复制到区块链系统中的所有节点，实现全系统内的数据同步。每个节点都能回溯交易双方过去的所有交易信息，每次交易的产品或服务的来源也是可以清晰回溯的。正是由于这个特点，区块链在物流管理和供应链管理中得到了很好的应用。

6.资产上链

区块链是交易数据的区块连接成的链条。资产上链就是指资产信息能够在链条中记录，这也是区块链运行的基础。例如，区块链水果是否使用农药、使用多大的剂量，可以将使用的配方和配置过程拍照给购买方，这些服务信息可以通过区块链系统记账，形成一条不可篡改的信息链，从而形成一种去中心化、自动信任的交易模式。实体资产信息建模上链将会彻底改变整个价值流通，从而优化生产关系，解放生产力。

（四）区块链的核心技术

1.分布式账本

分布式账本指的是交易记账由分布在不同地方的多个节点共同完成，而且每一个节点记录的是完整的账目，因此它们都可以参与监督交易合法性，同时也可以共同为其作证。跟传统的分布式存储有所不同，区块链的分布式存储的独特性主要体现在两个方面。

一是区块链每个节点都按照块链式结构存储完整的数据，传统分布式存储一般是将数据按照一定的规则分成多份进行存储。二是区块链每个节点存储都是独立的、地位等同的，依靠共识机制保证存储的一致性，而传统分布式存储一般是通过中心节点往其他备份节点同步数据。区块链存储没有任何一个节点可以单独记录账本数据，从而避免单一记账人被控制或者被贿赂而记假账的可能性。由于记账节点足够多，理论上讲，除非所有的节点被破坏，否则账目就不会丢失，从而保证了账目数据的安全性。

2.非对称加密

存储在区块链上的交易信息是公开的，但是账户身份信息是高度加密的，只有在数据拥有者授权的情况下才能访问，从而保证了数据的安全和个人的隐私。

3.共识机制

共识机制是所有记账节点之间达成共识，去认定一个记录的有效性，这既是认定的手段，也是防止篡改的手段。区块链提出了四种不同的共识机制，适用于不同的应用场景，在效率和安全性之间取得平衡。

区块链的共识机制具备"少数服从多数"及"人人平等"的特点。其中"少数服从多数"并不完全指节点个数，也可以是计算能力、股权数或者其他计算机可以比较的特征量。"人人平等"是当节点满足条件时，所有节点都有权优先提出共识结果，直接被其他节点认同后并最后有可能成为最终的共识结果。以工作量证明为例，只有在控制了全网超过 51% 的记账节点的情况下，才有可能伪造出一条不存在的记录。当加入区块链的节点足够多的时候，这基本上不可能，从而杜绝了造假的可能。

4. 智能合约

智能合约是基于可信的不可篡改的数据，可以自动化地执行一些预先定义好的规则和条款。以保险为例，如果说每个人的信息（包括医疗信息和风险发生的信息）都是真实可信的，那就很容易在一些标准化的保险产品中去进行自动化的理赔。在保险公司的日常业务中，虽然交易不像银行和证券行业那样频繁，但是对可信数据的依赖是有增无减的。因此，利用区块链技术从数据管理的角度切入，能够有效地帮助保险公司提高风险管理能力。具体来讲，主要分投保人风险管理和保险公司的风险监督。

（五）区块链面临的挑战

1. 受到现行观念、制度、法律制约

区块链去中心化、自我管理、集体维护的特性颠覆了人们的生产生活方式，淡化了国家监管概念，冲击了现行法律安排。对于这些，世界各国缺少理论准备和制度探讨。即使是区块链最成熟的应用，不同国家持有的态度也不相同，不可避免地阻碍了区块链技术的应用与发展。解决这类问题，显然还有很长的路要走。

2. 在技术层面尚需突破性进展

区块链应用尚在实验室初创开发阶段，没有直观可用的成熟产品。相比于互联网技术，人们可以用浏览器、APP 等具体应用程序，实现信息的浏览、传递、交换和应用。但区块链明显缺乏这类突破性的应用程序，面临高技术门槛障碍。再比如区块容量问题，由于区块链需要承载复制之前产生的全部信息，下一个区块信息量要大于之前的区块信息量，这样传递下去，区块写入信息会无限增大，带来的信息存储、验证、容量问题有待解决。

3. 竞争性技术挑战

虽然有很多人看好区块链技术，但也要看到推动人类发展的技术有很多种，哪种技术更方便、更高效，人们就会应用该技术。如果在通信领域应用区块链技术，通过发信息的方式每次发给全网的所有人，但是只有那个有私钥的人才能解密打开信件，这样信息传递的安全性会大大增加。同样，量子技术也可以做到，量子通信利用量子纠缠效应进行信息传递，同样具有高效安全的特点，近年来更是取得了不小的进展，这对于区块链技术来说具有很大的挑战。

二、区块链在智慧养老中的应用

区块链为解决养老中的一些难题提供了一个难得的、强有力的工具。我们处于一个新时代，养老服务面临着新产业、新业态、新模式的不断涌入。传统的养老服务业大都是信息孤岛，各自统计各自的数据，完成后是一个个独立的中心账本。同时存在老年人个人信息泄露、健康数据泄露、检测数据错乱、跨行业、跨领域、跨机构服务监管困难等现象和风险，这些都是养老服务业不可回避的新难题。缺乏标准化的、严谨的、完整的、连续的服务记录是产生这些问题的主要原因。在未来的养老服务业这个大领域，很多细分场景有着数据透明和不可篡改的要求，因此养老场景天然地适合区块链技术的落地。

区块链协同云计算、大数据分析和人工智能技术，让识别更精准，施策技术的落地更科学，成效更显著。与养老服务对象、地点、事件相关的全盘历史数据对接、精准照护康复和医疗护理具有宝贵的价值。区块链理论上能将个体乃至群体的数据进行收集、总结、分析、实时存储与共享，为政府部门、养老相关机构和企业提供精准的大数据服务。由于它的三个显著的特点（去中心化、可追溯、不可篡改），区块链解决了养老健康数据在传输与保存过程中的安全及数据共享等问题，能够实现对健康数字资产全生命周期的完整记录并永久保存。在健康数字资产流经整个供应链的时候，无论是老年人的健康记录，还是照护人员的照护服务记录、医疗服务记录等都清晰可见。根据区块链特点的阐述，将区块链应用到智慧养老主要体现在分布式记账与存储、养老服务与智能合约、安全信息机制与隐私保护、智养链的建立、区块链技术追踪与养老金融领域、医护资格认证、养老供应链七方面的潜在应用。

（一）分布式记账与存储

为缓解养老问题，国家推出以房养老的政策。以房养老是面向特定人群解决养老问题时的一种有益方式。但由于相关法律法规不健全，以房养老在国内推行面临着很多的现实困境。区块链信息不可篡改的特性可在以房养老的运作中发挥作用。具体来说，愿意以房养老的人群，可以在养老机构或金融机构（银行、保险等）区块链上登记其房产情况，由机构根据其房产价值按照智能合约，即按照合同规定的方式，由系统自动执行发放养老金，并在区块链上记录。由于区块链安全稳定，就可以让合同自动、无法篡改地执行下去，各方对于执行的合同也不能抵赖。

未来，政府可以根据当地的财政收入和福利政策，以及个人的纳税情况、服兵役情况、为当地所做的贡献等内容，通过区块链给每个老年人每年发放一定数量的养老币，发放的数量可以进行调整。另外，养老币可用于老年人购买上链后的养老运营商的服务，服务记录可以回溯、不可篡改。如果有些养老机构的声誉获得社会公众认可，也可以探索发行养老联盟链或私有链的养老币，筹集用于养老基础设施建设的经费，而社会公众购买的养老币，则可用于老年人购买这些养老机构提供的服务。当然，老年人也可以通过发挥余热挣取养老币等。养老币市场有效运行后，也可基于区块链技术交换其他机构发放的养老币，即币币交易。

另外，还可以通过区块链技术来建立养老时间银行。养老时间银行是通过对养老志愿者服务时间的记账，实现低龄老年人帮助高龄老年人的互助养老。等到低龄老年人变成高龄老年人后，可以消费以前存储的志愿时间，接受其他低龄老年人的服务。当前，养老时间银行运行的困难在于记账的真实性，以及对多年以后是否认账的担忧。区块链技术的全系统记账、可以回溯、不可篡改为人们参加养老时间银行提供了技术上的保证，建立对养老时间银行的信任，从而更多地参加为老年人的志愿服务。

（二）养老服务与智能合约

随着年龄的增长，老年人领取养老金及政府养老补贴，缴纳水电费、物业费，到相关部门报销医疗费，或者收取出租房屋的租金，都成为一个难题。将医养数据智能合约直接部署到区块链应用场景中，结合线下实体店和各类智能终端，形成医养数据来源渠道，使去中心化应用能够以智能合约的方式在区块链上进行存储和访问。老年人可以授权区块链系统自动从自己的存款账户中扣除，每月只要给老年人清单即可。老年人的子女对该系统也放心，不用担心老年人错交、多交或漏交各种费用，忘领养老金或各种补贴。即使老年人随子女在异地居住，也能自动扣费或领取补贴。

以上涉老补贴和缴费能够自动执行，需要区块链系统中运行上述业务的智能合约。智能合约主要是基于区块链系统里可信的不可篡改的数据，自动地执行这些预先定好的规则和条款，并且生成新的数据区块，发布给该区块系统的全体成员。

（三）安全信息机制与隐私保护

区块链技术的核心是沿时间轴记录交易数据，并且只能读取和写入，不能修改和删除。区块链的这一特性可以很好地用在涉老公证上。安全的信任机制可解决当今医养信息化技术的安全认证缺陷和通用识别问题。例如，不同部门之间由于数据不能互联互通，或者即使系统能够互联也担心系统中的数据造假，出现强制证明老年人在世的现象。如果老年人生命中重要时间节点的服务数据都能上链，相关的记录都可以通过区块链系统传递，养老服务商的信誉证书和服务记录也通过区块链传递，养老事务之间的流程或先后关系就会合法、合理、合情。

制约养老服务快速发展的另一障碍是老年人的隐私保护。由于目前很多涉老组织对老年人的隐私保护不够重视，导致老年人及其子女对接受养老服务商的服务心存疑虑。区块链通过可控匿名技术，老年人可以放心地将一生的个人生命历程数据在区块链系统中以去中心化的方式记账或存储，商家和老年人通过区块链的去信任的方式认可个人智能代理匹配的合约（即智能合约），老年人的子女也大可放心老年人接收养老服务商的服务，不用担心上当受骗。

（四）智养链的建立

智养链以区块链技术推动人工智能、智能硬件在养老领域的发展，并在我国率先铺设各类健康养老驿站，真正将区块链技术率先应用于线下场景，用区块链技术提升我国的养老服务水平，帮助更多的老年人安享晚年。利用专属方式激励老年人提供高度连续的、匿名的、可追溯的、不可逆的、可扩展的医养数据。在区块链智慧养老中，信息服务平台通过对老年人的远程监测，能够获得海量的信息数据，包括对老年人的生活状态、身体机能和心理状态的监测数据。在老年人的实时响应中利用智能机器人设备24小时实时待命、语音交互的特点来满足用户的各类紧急和常规的交互需求；利用智能监控设备来保障养老驿站的安全，并实时掌握用户的健康状态信息。智慧养老平台的养老服务功能主要体现在对老年人服务需求的主动响应上，在对日常监测数据深度挖掘处理和实时监控的基础上分析老年人养老服务需求，并主动为老年人提供各项服务。

（五）区块链技术追踪与养老金融领域

区块链技术在金融领域内的应用基于对个体（某个个人或某个企业）的金融行为、金融品质，及其资产、信用生成过程的追踪记录，推动金融创新向个性化、精细化、自我管理的方式纵深发展，从而根本上改变以往养老金融行业以信息不对称挣钱、粗放式经营、追逐暴利的问题。

（六）医护资格认证

医疗区块链项目可以通过非对称加密手段为医患提供医护人员身份验证服务，在医疗健康记录中，敏感数据泄露的风险非常高。区块链的身份识别和治理规则，可以预先定义用户的访问权限和控制权限，以确保医疗健康记录的隐私级别与透明度，并确保只有有资格的参与方才能看到必要的数据。

（七）养老供应链

现有的养老供应食品及医药的信息数据在存储、传输、展示等环节中都有被篡改的风险。现有的追溯体系严重依赖政府监管措施，无法对监管者的权力进行有效的约束。区块链的去中心化和不可篡改性，可以保证养老供应链追溯系统中信息的可靠性，可以避免数据被篡改。而且，如果区块链技术和物联网技术结合起来，就可以通过机器实现数据的自动采集，既可以提高效率，又避免了数据被作假和隐瞒。由于区块链技术的开放透明和机器自治，消费者、生产者和政府部门对养老供应链追溯系统中的数据可以完全信任，这就大大降低了交易过程中的不确定性，降低了很多隐性成本。

随着区块链基础设施的日益完善和区块链知识的日益普及，将会有越来越多养老资产的数字化和交易信息上链，养老领域也会有越来越多的公有链、联盟链、私有链的探索建立，相信成功的养老领域落地应用案例会越来越多，养老服务业会得到一个更健康的发展。

目前，区块链技术已在养老保险、养老金融、养老供应链、老年社交、老年旅游、医药溯源、电子病历等领域有所应用，但区块链技术本身存在着一些技术挑战。区块链在养老方面的应用不仅需要政府引导、企业参与，更需要每个人付出实际行动。实际操作过程中，老年人在政府、社区宣传引导下主动了解区块链技术，可以用一定的激励手段引导老年人主动将数据上链、共享。使用区块链技术，通过算法与零知识证明机制，实现自动资源分配与排队机制，杜绝特权与关系通道，实现生命平等就医。减少人为干预流程，实时对接医保、治疗、康复养老等数据上链，实现一链单点通办。了解到这些益处之后，老年人及其照护者应该会主动与多方联动，参与到区块链应用之中。此外，在应用区块链技术时，要考虑成本效益、投入产出比、技术难度、实施周期、法律与政策等因素，而不是盲目地将现有应用与区块链技术强行结合在一起。当政府引导、企业协作、个人参与一同发力，相信区块链技术一定会在健康养老领域大放光彩。

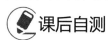 **课后自测**

实训演练

实践一

1. 实训目的

了解人工智能的发展现状。

2. 实训内容与步骤

（1）利用互联网检索关键词：计算机科学、机器人、人工智能、发展趋势、人机关系、智慧理疗、智能养老、智慧医疗。

（2）搜索近 10 年来的文献，阅读、总结并归纳人工智能的相关内容，了解目前的研究现状。

3. 实训总结

通过了解人工智能的内容增加新知识的拓展能力，了解发展的方向，做信息时代的有心人。

实践二

1. 实训目的

了解互联网技术及应用，能够运用互联网技术解决养老中出现的问题。

2. 实训内容与步骤

（1）通过对当地养老机构调研，熟悉"互联网＋"相关知识和系统架构，了解基本的智能设备应用，了解智慧平台的接入技术，会联网智能设备。

（2）根据老年人的需求设置系统，引导老年人进行健康的生活并享受智能带来的便利。

（3）定期维护智能设备。

3. 实训总结

记录老年人使用过程中的问题，根据需求调整系统，能够在小组讨论后给予建设性的意见。

实践三

1. 实训目的

了解各种定位技术并掌握定位技术的简单应用，能够运用定位技术解决智慧养老中出现的问题。

2. 实训内容与步骤

（1）通过对当地养老机构调研，熟悉定位技术的相关知识和系统架构，了解基本的智能设备应用。

（2）了解智慧平台的接入技术，会联网智能设备并进行必要的定位，根据老年人的需求设置系统。

（3）定期维护智能设备，重新检测定位准确性。

3. 实训总结

记录在实际定位中出现的问题，帮助老年人准确地使用智能定位设备。根据老年人需求调整系统，能够在小组讨论后给予建设性的意见。

第四章
智慧养老的实现

知识目标
  1.掌握智能家居系统的构成。
  2.熟悉智能家居产品的种类、智慧用老的实现途径。
  3.了解智慧孝老的模型及实现方式。
能力目标
  1.具备熟练使用智能居家系统的能力。
  2.能熟练应用常见的智能居家产品。
素质目标
  1.培养热爱养老服务行业的职业精神。
  2.树立尊老、孝老的职业道德观念。
  3.努力学好专业知识，并在实践过程中不断丰富和提升专业素质。

PPT课件

案例导读

为了更"智慧"地照顾好居家老年人，Z市与本土企业合作，实施医养护智慧照料试点。在养老机构内引入老年人健康智能监测装置，机构外设置家庭养老床位，联动卫健、医保等部门资源，解决老年人养老和医疗需求，提升养老服务质量。

陈奶奶是医养护智慧照料试点的体验者之一。陈奶奶86岁，是一位独居老年人。通过加入医养护智慧照料试点体验，陈奶奶的家经过了一系列适老化改造，变得更加"智慧化"。但是有一件事让陈奶奶犯了难。陈奶奶家住一楼，白天在家她习惯开着大门通风，但通常会出现门打开没一会儿，门框上的智能门磁检测到异常，就会立马发出通知，这时工作人员就通过机器提醒陈奶奶关门，这令陈奶奶哭笑不得。

除去门口的智能门磁、卧室拐角处的红外探测仪，最让陈奶奶赞不绝口的是卧室里加装了传感器的"智慧床"。在陈奶奶的心目中这个床是最有用的，晚上睡觉医养护中心可以通过"智慧床"中的传感器长期稳定地获取陈奶奶的生理数据，采集陈奶奶在睡眠状态下的心率、呼吸频率、打鼾、翻身、在离床、心跳间期等数据，查看她在睡觉时轻微的身体状况变化。采集到的数据会形成一份健康报告，传送至医院内24小时运行的医养护智慧照料中心和老年人监护人的手机里，以便中心工作人员和家属能在第一时间了解老年人的身体情况。同样是老年人的赵奶奶今年70岁，心脏不太好还患有"三高"。自从安装了"智慧床"，她的子女就可以通过手机APP随时了解老年人的身体情况，为子女省去了很多担心。

通过安装"智慧床"和智能传感器，以及门磁、红外线探测仪、一键呼叫等设备，医养护智慧照料让老年人身边形成了一个闭合的关怀照护链，是智慧养老成果的生动体现。目前当地正在推进机构养老和社区养老互融的"家庭养老床位"模式，新的医养护智慧照料中心也即将完工，新中心将更有家的感觉。

思考： 如何进行居家养老"智慧化"改造，使科技更显温情？

互联网、人工智能、5G等技术的发展，为传统养老服务业的转型带来了新的机遇。智慧养老将突破传统养老在居家照顾、出行、安全保护、健康管理、精神关爱等方面的难点，提高养老服务的质量，促进养老行业的发展。智慧养老的最大优点就是能够最大程度地解决空巢老年人寂寞的问题，提高了老年人的晚年生活质量。一般来讲，智慧养老主要包括智慧助老、智慧孝老和智慧用老三个方面的内容，它是通过面向居家老年人、社区及养老机构的传感网系统与信息平台，并在此基础上提供实时、快捷、高效、低成本、物联化、互联化、智能化的养老服务。其中，智慧助老主要是物质支持，智慧孝老主要是精神支持，智慧用老主要是利用好老年人的经验、知识和技能。具体介绍如下（图4-1），本章将对智慧养老的三个方面做重点介绍。

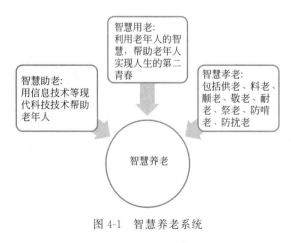

图4-1　智慧养老系统

第一节 智慧助老的实现

随着智慧城市建设的不断推进，人们对于智能化、安全、舒适的智能家居环境的要求越来越高。特别是随着社会人口老龄化的不断加剧和智慧养老的不断推广，人们对智慧助老用信息技术等现代科技技术帮助老年人，有效地解决老年人生活中遇到的各种问题越来越熟悉，使得老年人逐渐成为智能家居的一个重要消费群体，智能家居逐渐成为智慧助老的一个重要的应用领域。

一、智能家居系统构成

智能家居系统又称智能住宅，泛指一个系统或一个过程，是人们的一种居住环境。其以住宅为主要平台，利用先进的计算机技术、网络通信技术、智能云端控制、综合布线技术、医疗电子技术，依照人体工程学原理，融合个性需求，将与家居生活有关的各个子系统，如安防、灯光照明控制、窗帘控制、煤气阀控制、家用电器、地板采暖、健康保健、卫生防疫、环境监测、防盗报警，以及远程控制等有机地结合在一起，构建高效的住宅设施与家庭日程事务的管理系统，提升家居生活的安全性、便利性、舒适性、艺术性，并实现环保节能的居住环境。

（一）智能家居系统功能

智能家居通过在家居空间中的特定位置安装各种感知设备，完成对环境信息、人的位置和动作数据的采集，从而实现对环境信息、人的位置和动作，甚至对意图的感知。智能家居通过将 RFID 技术、无线传感器网络技术、多媒体视频技术与家用电器、消防设备、水、电、煤气、照明等有机融合，逐步构建老年人智能家居环境。

智能家居可以根据用户的不同需求给所有联网设备进行自定义的场景设置，通过网络通信或其他方式，实现对家居设备的最优控制，进而满足人的当前需求。具体功能包括如下五个方面。

1. 家居环境信息采集

智能家居利用传感器网络对室内环境（包括温度、光强、湿度等）进行感知、控制和调节，采集温湿度、光照度、可燃气体浓度、烟雾浓度等环境量的信息。在智能家居中，根据用户的场景设置，相关设备将自动进行相应调整。如通过开或关窗和空调来调节室内的温度、湿度；通过开或关窗帘、调节室内灯光的亮度等来接近用户所预设的光亮标准。

2. 家电控制

智能家居能够通过对人的行为认知和意图的理解，利用计算机、移动电话、PDA（personal digital assistant），将高速宽带接入互联网，自动地开、关或调节其他智能的家居设备（包括电饭锅、微波炉、热水器、多媒体设备等），实现智能家居的设备自动化，为用户提供健康、方便、舒适、可娱乐的家庭生活。

3.家居安全监控

当出现紧急情况时，智能家居能利用环境信息及各种报警探测器提醒用户或自动触发报警装置，防止敌人入侵、煤气泄漏等危险情形发生，实现智能的安全防范，实现智能家居的安全控制。

4.家居管理

智能家居通过局域网、广域网和移动网，与邻居、家人和朋友进行信息共享和语言交流。其可以利用服务器并通过互联网与室外环境实时交互信息，如购物时需要的打折信息、外出停车时需要的停车信息等与生活紧密相关的信息，实现智能家居的智能通信。

5.家庭医疗、保健和监护

实现远程医疗和监护、幼儿和老年人求救、测量身体的参数（如血压、脉搏等）和化验、自动配置健康食谱，这些功能都是通过智能家居系统中的家庭网络控制器来实现的。智能家居可以通过传感器网络随时随地监控、查看家居环境中的情况，并通过局域网或互联网将信息反馈给用户持有的智能终端，实现智能家居的远程监控。其中的检测内容主要包括生理监测、功能监测、紧急状况探测与反馈、安全监测和辅助、社会互动监测与辅助、认知与感知觉辅助，也包括监测摔倒、移动、穿衣、梳洗、做饭等日常活动。

（二）智能家居系统拓扑结构

根据以上功能的分析，智能家居系统主要包括安防、远程监控、智能家电、可视对讲、情景模式、智慧影音等子系统，用户可使用远程终端并通过管理系统进行家居管理。具体智能家居系统拓扑图如图 4-2 所示。

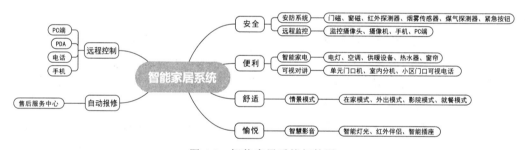

图 4-2   智能家居系统拓扑图

1.安防系统

完善的智能家居安防系统可以确保用户的生命财产安全。智能家居安防系统主要由用户报警主机和前端探测器组成。前端探测器主要包括门磁（用于防撬门）、铁门门磁（用于铁门防护）、窗磁、幕帘（用于门窗防盗）、红外探测器（用于客厅防盗）、燃气或煤气探测器（防燃气或煤气泄漏）、烟雾传感器（防烟雾火灾）、紧急按钮等。智能家居安防系统可采用遥控器或手机软件对系统进行布防、撤防，一旦安防系统自动报警，系统能够准确地确认报警信息、状态及出现情况的位置，并且报警时能够自动强制占线。当发生入室盗窃、火灾、煤气泄漏等险情时，报警主机会自动报警，用户可随时通过手机、电脑远程查看居家情况，并及时地采取相应措施。

（1）安防系统的功能：安防系统应具有监控功能、报警功能、智能安防的功能。

① 监控功能，视频监控功能可以在任何时间、任何地点直接透过局域网络或宽带网络，使用浏览器进行远程影像监控、语音通话。另外还支持远程 PC 机、本地 SD 卡存储、移动

侦测邮件传输、FTP 传输，对于家庭用的远程影音拍摄与拍照更可达成专业的安全防护。

② 报警功能，当有警情发生时，能自动拨打电话，并联动相关电器做报警处理。

③ 智能安防有室内防盗、防劫、防火、防燃气泄漏及紧急救助等功能，全面集成语音电话远程控制、定时控制、场景控制、无线转发等智能灯光和家电控制功能；无需重新布线，即插即用，轻松实现家庭智能安防；预设防盗报警电话；质量可靠，性能稳定，无需再担心家的安全、财产的安全、生命的安全。

（2）安防系统中的智能产品：具体有以下六种。

① 门磁探测器（图 4-3），通常使用双面胶粘贴在门或窗户处。小偷撬门入室时，门磁感应到并发送至信号主机，并通知到用户手机上。

② 窗磁探测器（图 4-4），通常使用螺丝钉固定安装在窗户上方或两侧的位置。小偷打开窗户时，窗帘感应到并发送至信号主机，并通知到用户手机上。

③ 红外探测器（图 4-5），通常使用方向支架固定安装在门或窗户处。小偷经过客厅时，红外感应到并发送至信号主机，并通知到用户手机上。

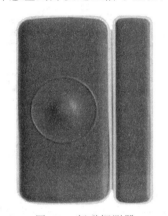 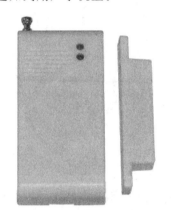 

图 4-3　门磁探测器　　　　　图 4-4　窗磁探测器　　　　　图 4-5　红外探测器

④ 烟雾传感器（图 4-6），通常安装在客厅或厨房。火灾发生时，传感器感应到后立即报警，用户手机会收到报警信息，可搭配摄像头查看现场情况。

图 4-6　烟雾传感器　　　　　图 4-7　煤气探测器　　　　　图 4-8　紧急按钮

⑤ 煤气探测器（图 4-7），通常安装在厨房或浴室。煤气泄漏时，探测器感应到后立即报警，煤气阀会自动关闭煤气，用户手机会收到煤气泄漏报警信息，可搭配摄像头查看现场情况。

⑥ 紧急按钮（图 4-8），可用于客厅或卧室。它可以及时处理一些家庭紧急报警，更快速地报警或通知物业。

2. 远程监控系统

远程监控系统基于网络，高度集成了安防技术、视频技术、网络技术、计算机技术等技术，是一种质优价廉的视频监控系统。系统拥有强大的云端记录端，支持手机客户端登录的方式，用户可以通过手机和无处不在的无线网络随时随地浏览远程监控视频图像，实现远程实时监控、历史视频查看、照片抓拍和云台控制。

即使在单位或离家较远的地点，用户都可以操控家中的任何设备，通过监控摄像头、摄像机、手机和 PC 端查看家里的状况。例如当家中无人的时候，可以远程打开照明和音乐，实时用窗帘控制器（图 4-9）控制电动窗帘，以及控制自动窗户、车库门，模拟有人在家的情景。具体控制方法包括遥控控制、电话或手机控制、定时控制、集中控制、场景控制和网络控制。

图 4-9　窗帘控制器

（1）遥控控制：使用遥控器来控制家中灯光、热水器、电动窗帘、饮水机、空调等设备的开启和关闭；通过遥控器的显示屏可以在一楼（或客厅）查询，并显示出二楼（或卧室）灯光和电器的开启或关闭状态；同时遥控器还可以控制家中的红外电器，诸如电视、DVD、音响等。

（2）电话或手机控制：当使用者出差或者外出办事时，使用者可以通过电话或手机来控制家中的空调、窗帘、灯光和电器，使之提前制冷或制热，或达到开启和关闭状态。通过手机或固定电话知道家中电路和各种家用电器的情况，还可以得知室内的空气质量（屋内外可以安装类似烟雾传感器的装置），从而控制窗户和紫外线杀菌装置进行换气或杀菌，此外还可以根据外部天气的优劣，适当地加湿屋内空气和利用空调等设施对屋内进行升温。使用者不在家时，也可以通过手机或固定电话来自动给花草浇水、给宠物喂食等。控制卧室的柜橱对衣物、鞋子、被褥等的杀菌、晾晒。

（3）定时控制：可以提前设定某些产品的自动开启或关闭时间，保证在享受热水洗浴的同时还能省电、舒适和时尚。电动窗帘也可以进行定时控制。

（4）集中控制：可以在进门的玄关处同时打开客厅、餐厅和厨房的灯光和电器。尤其是在夜晚，可以在卧室控制客厅和卫生间的灯光和电器，既方便又安全，还可以查询它们的工作状态。

（5）场景控制：轻轻触动一个按键就有数种灯光，电器在使用者的需求下自动执行任务，让使用者感受和领略科技生活的完美、简捷和高效。

（6）网络控制：在办公室或在外地出差，只要是有网络的地方，使用者都可以通过互联网来登录系统，在网络世界中通过一个固定的智能家居控制界面控制家中的电器，提供一个免费动态域名。其主要用于远程网络控制和电器工作状态信息查询。例如在外地出差，利用外地网络计算机，登录相关的 IP 地址，就可以控制远在千里之外自家的灯光、电器，在返回住宅之前，将家中的空调或是热水器打开。

3. 智能家电系统

智能家电系统通过家庭控制终端和智能遥控器对家用电器进行控制，可控制家庭网络环境中所有的电器设备，包括照明灯具、采暖系统、电动窗帘或卷帘、普通家用电器、大功率电器、红外电器（如电视、空调、音响）等。智能灯光作为智能家电系统的主要设备，主要包括智能控制照明的开关（图 4-10）、亮度、色彩。智能灯光可以应用在花园、洋房别墅、写字楼、展厅、会议室、商场、专卖店、酒吧、KTV 等场所，随心地打造前所未有的照明体验。

图 4-10　智能控制照明的开关

例如，西班牙智能家电。西班牙作为一个艺术氛围浓厚的国家，住宅楼的外观大多是典型的欧洲传统风格。只有当你走进它的时候，才会发现智能家居的设计的确与众不同。当室内自然光充足的时候，带有感应功能的日光灯会自动熄灭，减少能源消耗。安放在屋顶上的天气感应器能够随时得到气候、温度的数据，在下雨的时候它会自动关闭草地洒水喷头、关闭水池；而当太阳光很强的时候，它会自动张开房间和院子里的遮阳篷。地板上不均匀分布着的黑孔是自动除尘器，只需要轻松遥控，它们就会在瞬间清除地板上的所有灰尘、垃圾等，这一切都充满了柔和的艺术气息。

4. 可视对讲系统

可视对讲具有室内机、手机双重开锁选择。可视对讲系统精简、稳定，并且有操作界面提示，采用全双工语言对讲，抗干扰能力强，媲美电话对讲效果。访客呼叫时，手机可以实时接收门口机拍摄的照片，并直接通过手机开锁。访客呼叫无人接听时可以留影、留言，业主回家后可以查看。室内机与智能家居无缝对接后，可以在室内机上实现不同的情景控制，方便用户在进门或出门时直接控制。

5. 情景模式系统

通过设置情景面板，可实现对住宅指定区域内照明灯光、空调或采暖设备、园林灌溉系统、音频视频系统、电器设备等的控制。同时可设置多种场景，如在家模式、外出模式、影院模式、就餐模式、园林灌溉等模式，这些模式可以根据用户的生活习惯进行调整设计。

例如，园林灌溉模式可以智能开启自动浇花灌溉系统和喷泉系统。自动浇花灌溉系统（图 4-11），可通过手机、平板控制花园的灌溉系统，无论是在工作还是在旅游，都可以随时保养家中绿地。系统可以根据季节变化或根据天气情况灵活调整浇灌时间。云平台中心可以让系统自动根据用户所在地的天气情况为花园实施灌溉；可以设定白天自动打开，晚上自动关闭，节能的同时省去了每天亲手去开启或关闭灌溉系统的麻烦；还可设置节假日等特定时间段自动打开喷泉系统，增加节日气氛。

图 4-11　自动浇花灌溉系统

6.智慧影音系统

智慧影音系统可提供全屋背景音乐共享，每个房间都可以实现独立听音频、切换音乐、调整音量大小，每个房间互不干扰，做到身心的愉悦享受。安装了家庭智慧影音系统后，家中的音视频信号源可供多个房间同时使用，音频、视频输送到的房间均可以通过本房间的电视、音响等设备自由收看、收听不同的源信号，如家庭影院、幕布、投影仪、DVD、音响一键控制。通过家庭影院播放厅的智能灯光等，可以营造不同色彩的灯光场景。红外伴侣可以控制投影、空调、DVD播放器、功放等。智能插座控制影院功放电源，控制功放开启和关闭。平板、手机等移动终端随时对每个设备进行控制和情景控制。

（三）智能家居系统在智慧助老方面的应用

近年来，智能家居系统的发展是智能养老的重要方向，家居系统结合智能设备的使用使养老服务业的质量得到不断提升。智能家居系统在智慧助老方面的应用包括以下几个方面。

可穿戴的医疗设备可以通过传感器即时检测并采集人体的生理数据（如血压、血糖、心率、血氧浓度、呼吸频率、体温、脉率等），并将数据无线传输至主机设备中（如老年人子女的手机系统中），当数据发生异常时及时发出警告信号。

智能家居系统中不同功能的子系统能够为老年人提供不同的解决方案。例如，家居安防系统可为老年人提供煤气环境检测与智能控制，当老年人离开厨房时间过久，系统可以自动关闭燃气阀门；当发生煤气泄漏时，系统会自动关闭安全阀，保护家人安全。除此之外，还可以提供防盗报警功能，一旦发现警情，系统可立即通过短信或电话通知子女、小区和联防安保公司等。

远程监控系统可以远程视频交流，子女可以利用手机随时查看家中的监控实时画面，保证老年人的安全；老年人可随时地与子女进行视频交流互动，一键操控，简单方便。同时远程监控系统配合智能家电系统可提供远程开门、远程控制灯光、空调温度自动调节等功能，子女能够通过手机为回家的老年人远程开门，也能在家人忘记关门窗时远程将其关闭。

二、智能家居产品介绍

在智慧养老系统中智能家居产品是在老年人的周围植入各种带电子芯片装置的设施与设备，通过智能感知及识别技术，连接各类传感器和计算机网络，让老年人的日常生活处于远程监控状态，供看护人员、子女等远程查看，以便及时提供照护服务或紧急救援。针对老年人的生理、心理特点和生活需求，根据功能和用途的不同，智能家居产品可以分为一键通式产品、安防监控类产品、穿戴式产品、康复护理类产品、文化生活类产品等。

（一）一键通式产品

一键通式产品是老年人通过一键按动，服务就能送上门的产品，如修燃气、修家电、请保姆、购物等。这类产品就是老年人家里装的、手上拿的所谓的"一键通"，有的叫老年人手机，有的叫呼叫器。严格来讲，这类一键通式产品还不属于智能型终端。

1.固定式单芯片呼叫器（拨号器）

固定式单芯片呼叫器采用拨号器工作原理，智能产品需要连接固定电话，一般设置红绿两键，分别提供紧急救助及生活服务。事先设置好红绿两键快捷拨出的电话号码，方便老年人在居住范围内遇到紧急情况使用，红外感应到拨号器，再通过固定电话一键拨号原理发出呼叫信息。

固定式单芯片呼叫器的优点是安装简单、界面清晰、操作简单，老年人不用记忆急救号码，一键呼出。缺陷为没有按键防误拨功能，功能简单，没有扬声器及拾音器，局限于单芯片，没有内存，不具备存储功能和语音通话功能，没有定位功能。从长远来看，固定式单芯片呼叫器应用受限较多，所以使用率较低。

2.移动手机式呼叫终端（老年人手机）

移动手机式呼叫终端也称老年人手机，一般由电信运营商提供。此类手机针对老年人生理特点设计，键盘大、声音响，有些还带有手电筒、收音机功能，手机正面或背面有红色的一键通紧急救助键，用于一键呼叫事先设置好的服务平台。

移动手机式呼叫终端的优点是携带方便，可直接通话，附加功能较多，红色急救键操作简单，大键盘、大音量、大屏幕符合老年人生理特性。弊端是在终端功能上无低电量提醒，不具备定位功能，无法为外出走动的老年人提供急救定位服务，没有防误拨功能，平时放在身上、握在手上容易误拨电话，手机键盘复杂，对高龄老年人不适用。

3.智能呼叫设备

智能呼叫设备是在传统一键通终端的基础上综合应用物联网技术、移动通信技术、位置定位技术等创新的产物。智能呼叫设备一方面可以自动发送采集到的老年人健康数据、当前位置、急救信息、家中视频，为老年人的即时性服务提供技术支持；另一方面可进行服务满意度考评、服务自动计时与自动结算等。同时，结合线下服务，解决子女们的烦恼，让老年人的生命安全和养老护理变得便捷。智能呼叫设备主要有以下几个特点。

（1）外观适用性：根据老年人的特点，智能呼叫设备外观设计具备按键大、字体清晰、按键数量少、按键发出声音、终端使用简单等特点。

（2）独立免提直接通话：具备独立免提通话功能，老年人在发生紧急情况时直接大声呼救即可发出紧急救助信息。

（3）按键防误拨：按键设置 2 秒呼出功能，防止老年人不小心误拨，减少不必要的麻烦。

（4）呼叫或通话免费：终端各个按键的呼叫和通话，服务对象均不需要支付通话费，因此节约了老年人开支。

（5）定位服务：老年人外出时佩戴移动式智能呼叫设备，若老年人主动发起紧急救助，系统平台可自动获取老年人的定位信息。对于存在潜在危险的老年人，可由系统主动发起追踪定位。还可提前设置老年人的电子围栏，规定活动范围，超出活动范围后实现围栏预警。

（6）急救智能看护：如果老年人在家中发生紧急情况，按下智能呼叫设备的红键，就能在发起呼叫的同时自动触发屋内摄像头开启视频，将视频信息同步传送至平台。

（7）低电量报警：智能呼叫设备自身电量待机时间长（一周左右），为防止老年人因记性不好忘记充电，设备具备低电量报警功能。电量低于 10% 时设备本身发出提示音，电量低于 5% 时发送信息给平台，由平台服务人员电话提醒。

（8）增值应用：智能呼叫设备可实现亲情通话、用药提醒、天气预报、语音亲情关怀、满意度考核、电子支付等功能。同时，设备还可自定义各键呼出的号码，实现亲人互助、邻里互助服务，可进行白名单、黑名单等防骚扰设置。

（二）安防监控类产品

安防监控类产品主要通过在老年人家中安装摄像头，或者将摄像头集成在电视机、机顶盒、电脑、电话机上，通过摄像头接入互联网，将家中视频上传至服务器，推送给老年人认证的看护人员及子女。目前，应用于养老服务的安防监控类产品，主要有以下几种类型。

（1）可视对讲系统：为老年人提供视频看护服务。

（2）红外人体感知仪、地面防摔压力传感器：进行实时监测和数据采集、发送，系统分析并判断老年人的行为状态，必要时做出预警或警报。

（3）可视门铃、门窗传感器、天然气泄漏探测器、烟雾探测器、机械手：针对老年人记性差而设计，提醒老年人关好门窗与燃气阀门，解决忘带钥匙的问题，实现对老年人的远程监护服务。

（4）智能摄像头：可以跟智能腕表配合使用，通过一键呼叫触发通信；作为居家数据网管，实现家庭网络与互联网的通信；跟燃气、烟感等报警器对接，实现报警功能；作为远程控制主机遥控灯光、空调等。

安防监控类产品方便看护人员远程照护老年人，判断老年人家中的情况，与老年人视频通话聊天，或者远程遥控翻身床帮助卧床老年人翻身等。服务对象面向长期卧床老年人、孤寡独居老年人。

（三）穿戴式产品

穿戴式产品是应用智能传感技术、高性能低功耗芯片处理技术、移动互联网技术、物联网技术等，采集个体在不同时间的运动、健身、位置数据，以及血压、心率等医疗体征数据，通过传递、汇总、展现，整合成为大数据，对日常穿戴的物品进行智能化设计、开发的设备。如智能眼镜、智能手套、智能手环、智能手表和智能鞋等。可穿戴智能设备可为养老服务提供以下几类应用。

1.健康监测

通过采集体征数据（如心率、脉率、呼吸频率、体温、热消耗量、血压、血糖、血氧、

BMI 指数、体脂含量等），智能监测健康状况，对个人健康进行监控处理。常见需要监控的老年慢性病包括高血压、糖尿病、心脏病。

2. 行为监测

通过运动传感器或 GPS 定位技术采集老年人的行为数据，分析老年人的行为状况、运动距离和运动量数据，对老年人地理位置、行动轨迹、摔倒行为等进行监测，从而实时掌握老年人的状态，保护老年人健康安全。

3. 生活看护

通过智能手环、智能手表等跟踪老年人的日常活动、睡眠情况、身体指数和饮食习惯等，将数据上传到服务平台，同时可以接收医生对老年人的医疗建议。通过智能设备可提醒老年人按时服用药物，按时吃饭。当老年人身体出现异常状况时，自动发出紧急呼叫，通知附近的医院，或提供简要的应急处理建议等。

（四）康复护理类产品

康复护理类产品是指为失能、半失能老年人提供的康复、护理和健康监护等服务的智能化产品。

1. 智能康复类产品

智能康复类产品可以帮助老年人进行上肢、下肢、手指关节等康复。主要有保健按摩器械，如颈椎保健器、远红外线按摩理疗床；助力行为器械，如分指矫正器、智能上肢反馈系统、智能下肢反馈康复训练系统；还有智能康复机器人。例如，智能下肢反馈康复训练系统可以根据患者的自身情况设置系统的参数，有针对性地对不同患者的不同病情进行康复训练治疗，最基本的参数有步幅、步频、治疗时间和痉挛灵敏度等。

2. 智能护理类产品

智能护理类产品可以帮助老年人移位、爬楼、如厕、沐浴、视听、进食、就寝等，例如移位机、爬楼机、电动座位支架、自动翻身床等。

这类产品的最大优点是远程操控。养老机构、社区居家养老服务照料中心或子女可通过摄像头，查看瘫痪卧床而生活无法自理的老年人的情况，运用手中的智能遥控终端，帮助他们翻身。这种以电子操控替代人力劳动的方式，能够减轻子女或护理人员的劳动强度。

3. 智能健康监护类产品

高龄老年人易夜间发病，一方面增加子女、护理人员的照护工作强度；另一方面在护理过程中又极易出现疏漏，因此使用智能健康监护类产品尤为必要。智能健康监护类产品主要通过在老年人家中的物品里植入传感装置，进行实时监测和数据采集、发送、分析及推送，系统地分析判断老年人的行为状态，必要时做出预警或警报，实现对老年人的远程健康监护服务。这类产品适合照护高龄老年人。

（五）文化生活类产品

文化生活类产品主要是播控一体机（机顶盒）。它构建从手机到机顶盒的分享通道，让老年人和子女共同分享家庭生活的乐趣。其主要功能有如下几个方面。

1. 亲情服务

播控一体机结合手机的这种远程辅助方式，巧妙地减轻原本老年人与年轻人之间的负担，找到了他们都乐于接受的亲情交流方式，使养老变得轻松、愉快。它至少有三个亲情服务项目。

（1）基于微信和电视之间的照片、语音、视频分享：子女的手机通过连接网络，可以访问父母客厅的电视机，子女可以将手机拍摄的视频或者图片通过微信点击传送到父母的电视机上，老年人在家里的电视中即可看到，这将极大提高老年人的幸福指数。

（2）预约节日与生日的远程问候：相关的智能产品，如播控一体机有一套预约服务体系，可通过预约服务给老年人推送祝福视频或照片。

（3）远程娱乐辅助：相关的智能产品，如播控一体机构建了基于微信和播控后台的一整套远程辅助机制。无论子女身处何地，都能帮助异地的父母远程搜索和控制老年人喜欢看的电视和电影内容，甚至可以帮助老年人设定这些内容开始播放的时间。

2. 文化生活

老年网络电视大学可以对不同地区居家养老服务照料中心里的老年人进行差异化的课程分配，订制不同的课程内容。统一的管理后台不仅给不同的照料中心分配教育题材，同时为其他安装播控一体机的用户直接安排后台教学内容。这种灵活的课程分配、安排机制，能够让不同程度、不同地区的老年人获得符合他们当前程度的课程内容。

3. 健康生活信息服务

智能产品利用互联网能为老年人提供丰富的健康生活信息服务。

（1）时令养生服务：智能产品的后台管理系统能够根据时令季节，结合当地的饮食文化特色，提供适合老年人的健康饮食建议的服务。

（2）时髦娱乐服务：智能产品能够根据当前流行元素，为每个日间照料中心或者是安装智能产品的老年家庭，推送相应的文化服务。

在互联网时代，老有所学、老有所乐被赋予了新的含义。整体而言，对于新事物，老年群体往往接受较慢。这表明老年人在日常生活中，无法像年轻人一样顺畅地享受互联网所带来的便捷服务，有时甚至成为困难群体。如打车软件兴起，导致老年人打车困难。但从另一角度看，老年人也能足不出户地享受互联网所带来的便捷服务，获得快乐。所以，问题的关键是如何能够帮助老年人快速应用互联网来获取各种娱乐与教育服务，如何利用互联网架起老年人与子女之间互通互联的分享桥梁，从而构建起互联网生态下的老有所乐。

我国关于养老健康管理服务产业的智能家居系统目前仍处于起步阶段，但发展市场和服务需求量巨大，产业发展前景广阔，表现出蓄势待发的发展势头和经济潜力。实现智慧助老，建立智能家居养老健康管理系统需有正规的养老健康管理中心，并配合相关专业的专家来设计老年人的健康管理指导方案和干预调整措施，可为有需求的老年人带来健康和快乐。智能家居系统作为智慧助老实现的主要途径之一，必然是未来智慧养老服务业发展的重要方向。

第二节　智慧用老的实现

随着人口老龄化的加重和"银发经济"的兴起，在国家大力支持养老行业的背景下，智能养老行业迎来发展的良好时期。目前，我国养老行业形成以居家养老为基础，社区养老为依托，机构养老为支撑，三种模式相辅相成、互相影响的局面。未来，智慧养老将在智能硬件和智能平台的协助下，由"助老"向"用老"和"孝老"迸发。

　　智慧用老作为智慧养老模式的其中一个维度，表面上指的是借助信息技术等现代科技，高效用好老年人的经验智慧、技能和知识；从深层含义来说，是帮助老年人实现人生的第二青春，充分发挥自己的价值和余热。在一定程度上来说，智慧用老与另一个词相近，那就是"老有所为"。

一、智慧用老优势

　　随着人口老龄化的持续加剧，老年抚养比持续上升，劳动力短缺的问题逐渐呈现，使得人力成本上升。大批老年人虽然在退休后退出了劳动力市场，开始享受人生的金色年华，但是很多老年人无论是出于财务上的需要，还是出于发挥余热、体现个人价值的愿望，实际上仍然愿意并且能够持续地为社会做出贡献。

　　（一）智慧用老现状

　　当前，在老龄化问题比较严重的日本、美国、欧洲等发达国家和地区已经在积极挖掘老年人口潜力，以弥补社会劳动力人口的短缺。

　　在日本，"退而不休"已经成为日本的一种社会风尚，退休后选择再就业或者创业，成为日本老人们自己的选择。在日本的街头，人们经常能在上下班高峰期间的街头、旅馆、商店等场所看到白发苍苍的老人在工作，他们认真的工作态度丝毫不亚于年轻人。这背后是日本人口老龄化的社会现实，同时日本老年工作者也获得了越来越多的认可。

　　2016年，日本厚生劳动省关于"60岁以上雇佣者"的调查结果显示，退休后还继续工作的日本老人正在逐年增多。2005年约有100万人，2013年增长至250万人。根据经济合作与发展组织发布的数据，2016年日本约23％的65岁以上的老人还在继续工作，比例是G7成员国中最高的，超过了美国的19％。日本很多企业会在员工60岁时为他办理退休手续，然后以返聘的方式让他继续留在企业工作，只是返聘后工资会低一些。一些退休老人工作是为了补贴家用，但也有很多老人生活无忧却仍然选择出去工作或创业。很多老人在退休后继续工作，并不是为了赚钱，而是为了服务社会。

　　退休后创业的老人也很多。日本的创业门槛很低，有些老人具有一定的技能，希望能继续发挥作用。有些老人积攒了一定的资金及人脉，相对于年轻的时候更有实力和经验去创业。在日本，50岁以上的创业者面对的"盈利"压力相对不大，近70％的创业者认为只要能收支平衡就好了。例如几位退休的企业高管，他们有丰富的外贸经验，又懂几门外语，退休后合伙开了一家外贸咨询公司，为从事这个行业的人提供咨询和服务。

　　在日本，老人创业主要从事咨询、餐饮及旅馆业，他们倾向于利用自己的职业经验，为客户提供管理咨询和其他企业服务。其中有近四分之一的人没有干自己的老本行，这相当于开启第二人生。日本劳动力一直不足，老人找到工作并不难，所有的工作机会对于老人都是平等的。日本政府制定了《高龄者雇佣安定法》，保障高龄者的工作权益。最新修改的该法案中加入了任何企业都有重新雇佣退休人员的义务，只要本人提出要求就可以继续工作。而且，老人重新上岗，如果所得工资不足正式职工的75％，就可申请雇佣保险金，金额相当于正式职工的15％。另外，日本很多地方政府开设了"银发族"人才中心，还有专门为老人介绍工作的支援机构为退休人员提供适合本人生活的工作方式。

　　一个人在60岁退休之后，尚有平均10～20年的空闲时间，相当于在岗工作时间的四分之一到三分之一。按平均每人 10 年来计算，抛去部分失去正常劳动能力的，如果让这部分人尽自己所能去工作，我国能增加 1.4 亿劳动者。从社会利益考虑，这部分退休人员继续在行业中发挥余热，不仅能为社会创造精神和物质的财富，还可以让他们实现人生价值，获得成就感和满足感，从而过得更快乐、更健康。我们能够看到有大批的老人仍在积极参与服务行业，除了从事咨询行业，也会从事空乘人员、出租车司机、商场收费员等职业，甚至有大批老人选择在退休后创业。但是，老人的体力、精力和其他多种能力的不均衡，仍然对其积极参与社会形成制约。智慧用老可以有效解决这个方面的问题。

（二）智慧用老的必要性

1. 老年人自身的需要

随着社会的发展，老年人的自我实现需求将日趋强烈，"要健康、要欢乐、要价值"既是亿万老年人的人生实践，更是经济社会现代化在人口老龄化过程中的一个反映。老年人通过继续参与社会来发挥自己的优势，有利于老年人的身心健康，充分实现自己的人生价值，排遣内心的寂寞。许多经验证明，不少老年人退休后，虽然体力上负担减轻了，由于突然改变了长期的劳动生活习惯，缺乏精神寄托，往往引起性格和生理上的变化，产生"退休病"。如果从在职到退休的转变过程中，继续从事一些力所能及的工作，这样会有利于老年人的身心健康，增加老年人的生活乐趣，同时也可减轻社会在"养老""医老"方面的负担。

2. 社会发展的需要

随着劳动力人口占总人口的比重逐步下降，未来劳动人口将逐渐变得稀缺甚至不足。在解决劳动人口稀缺不足的多种途径中，开发老年人力资源成本最低、见效最快。但是有人认为，开发老年人力资源，让老年人继续工作，会给青年一代带来就业困难。如果仅从劳动力的供需总量上看，鼓励低龄老人再就业似乎存在与成年、青年劳动力争夺劳动岗位的矛盾。但事实并非如此，社会工作岗位不是一成不变的，并不是只有一名老年工作者退出岗位，一名年轻人才能顶替他；而且老年人再次进入劳动力市场或人才市场，有两点与成年和青年劳动者不同。其一，老年劳动者选择目标岗位的方向一般是各产业中的辅助性和服务性的岗位，如技术顾问、专家、办事员等，而直接参加技术开发、业务拓展的老年人相对较少；其二，老年劳动者凭借的更多是由于积累而形成的某种优势，如知识、技能、社会关系等，但这些都不是其他年龄段劳动者一定可以具备的特点。

3. 提高人力资源利用率的需要

国家培养一个高素质的人才要投入很大的人力资本。目前我国受教育年限较长的人的智力资源没有得到充分的利用。老年人，特别是处于"青年期"的老年人，其职业能力依然处于较高水平。发挥老年人优势、延长劳动服务期能使劳动者的能力得到充分的释放，从而有利于提高人力资源利用率。

（三）老年人的优势

1. 知识经验和智能优势

老年人虽然在体力和精力方面比不过中、青年人，但他们经历了青少年的学习和知识积累时期，又经历了中青年的实践、知识深化阶段，处在思想最成熟、知识最渊博、经验最丰富的时期。人的生理老化与思维老化并不是同步的，随着年龄的增长，智力不会被破坏，只是发展速度下降。老年人阅历深、见识广、积累多、办法多，在知识、经验和智力等方面具有一般中、青年人所不能比拟的优势。

2.思想政治素质优势

当代老年人大多经历过创建新中国的艰苦岁月，在社会主义建设和改革开放中经历了无数的政治考验。他们在长期的人生磨砺中，不追求个人名利、身份、地位之类的东西。有相当一部分老同志，养成了一种以奉献为乐趣、以服务为光荣的思维惯性特点。他们所希望的工作已经不再是谋生的手段，已经成为一种个人的爱好。因此，现实中有很多老同志自愿无偿地服务于各种岗位，无报酬地参加各类公益活动。很多老年人愿意为社会、为他人服务，甚至不计报酬进行义务性的服务以发挥余热。

3.人力成本优势

聘用老年人的投入成本相对较低，收效快而高，有"拿来就可用"的特点。一方面，用人单位聘用中青年人才，由于他们经验和技能方面的不足，需要对他们提供一定形式和一定时间的专业培训。但老年人以成熟的现成劳动生产力存在于社会，对于相应的技术和工作业务，他们不需要花费各种必需的培养与培训成本，不需要进行长时间的训练实习过程就可以上岗任职，并能轻车熟路、游刃有余地开展工作。另一方面，聘用一般中青年人才，单位需要为他们交纳各种社会保障费用。对于老年人才来说，由于他们是从工作单位上退下来的，原工作单位不仅向他们提供退休金，同时他们开始享受社会保险。如果他们再就业，用人单位无须为他们交纳各种社会保障费用。所以聘用老年人才，用人单位为他们所花的成本相对较低。

4.创造力优势

老年人在创造力方面具有很强的优势。"大器晚成"或老有所成的事例不胜枚举。例如郑板桥晚年达到艺术顶峰；齐白石50岁开始改变创作手法，晚年艺术成就超过中年时期，90多岁更达到他的艺术顶峰……不少老年人不仅能保持较高的智力水平，而且还具有较高的创造力。

5.心理品质与人格威望优势

老年人心理品质坚强，不少年龄越大的人，心理防御机能越健康。当老年人以自己的方式随意支配时间的同时，他们也深知属于自己的时间越来越少，意识到了时间的宝贵，也就更懂得如何利用它。老年人人格威望高，有不少老年人才是本单位的元老，为社会、单位的建设和发展已经做出了重要贡献，在人们的心目中有良好的印象，形成了便于沟通、有利于工作的关系网。还有些老同志，特别是高校中的老年人才，他们往往是几代人的老师，在群众中享有很高的威望，其行为举止在社会上的影响力是中青年人才难以替代的。同时，对他们的聘用也便于管理，可信度高。

二、智慧用老应用

老年人是社会精神和物质的财富，他们蕴藏着巨大的潜力。智慧用老不仅解决大批老年人的自我实现和晚年空闲时间的利用问题，也能够为社会开发出一个巨大的人力资源池。同时，在老年人退休后，智慧养老能为老年人增加一份收入，这也会使他们购买和消费服务的意愿更强些。那么，老年人是如何进行智慧用老的呢？下面首先了解一下智慧用老应用的形式。

（一）智慧用老应用的形式

根据对老年人的年龄阶段及生活经验能力的综合判断，将老年人能够参与的用老方式总结如下。

1.回归社会

退休老年人如果体格壮健、精力旺盛，又有一技之长，可以积极寻找机会，做一些力所能及的工作。一方面发挥余热，为社会继续做贡献，实现自我价值；另一方面使自己精神上有所寄托，使生活充实起来，促进身心健康。

2.志愿服务

我国法律明确指出鼓励慈善组织、志愿者为老年人服务，倡导老年人互助服务。退休老年人在离开其工作单位后，有大量的空闲时间，很多老年人希望"老有所为""老有所乐"，不愿意与社会脱节，但是缺乏施展其才能和发挥余热的平台。目前，常见的形式为参加社区志愿活动，通过参与志愿活动，老年人既得到了社会对个人的尊重和满足，又体现了个人对社会的责任和贡献，充分体现了老年人的社会价值。在参加社区志愿活动中，如何将大批老年人和那些他们力所能及的工作对接起来是利用老年人的时间资源的关键。

3.技术辅助

在传统的老年社会里，老年人因为体力下降问题导致力不从心，从而退出了工作领域。但是随着技术的发展，通过技术辅助使老年人持续地发挥其脑力和剩余体力的可能性大幅度增加。通过技术辅助，老年人能够从事一些"简单"且机器难以胜任的劳动，能够有效地缓解老龄化社会将要面临的劳动力不足的问题，将有限的劳动力用在最需要的地方。从目前的趋势看，重复性、机械性的人工服务将很快被机器替代，但需要"软技能"，尤其是"情感技能"的工作在很长一段时间内仍然需要人去完成，而老年群体便是一个价格合理的人力资源池，将这些需求和能够提供服务的老年人对接将不再是个难题，其关键是开发相关的、易用的"工具"来辅助老年人完成任务。

4.搭建平台

退休老年人在离开其工作单位后，虽然有大量的空闲时间，但是缺乏施展其才能和发挥余热的平台。目前，常见的社区志愿活动只是给社区内少数老年人提供了参与的机会，而大批老年人的大量时间仍然消耗在了无价值或低价值的事务上。在现代通信技术出现之前，也是一个难以解决的问题，在信息时代的今天，智慧用老才能在技术上实现，其中重要的形式是搭建平台。

对于习惯了使用微信的一代老年人，平台的使用界面将不会成为老年人的使用障碍，这一代老年人将是智慧用老的主要服务对象。即使对于不使用智能手机的老年群体，语音界面也可以提供一个可行的方案，使老年人可以通过一个简单易用的平台，搜索、了解各种需要完成的项目、任务描述、要求和标准、时间期限、报酬等，然后选择自己喜欢并能够胜任的项目。但是，常见的互联网信息平台往往因为使用界面对老年人不友好，而无法被多数老年人使用。如何采用智能技术搭建一个对老年人来说方便易用的平台，使更多的老年人可以把他们的空闲时间利用起来，创造人生价值，同时增加他们的社会参与程度，这是一个挑战，也是一个机遇。

5.充实生活

老年人不仅需要积极参与社会活动、发挥余热，也非常希望他们的努力能够获得社会的认可，自我感觉"有价值"。许多老年人在退休前已有业余爱好，只是工作繁忙无暇顾及，退休后可利用闲暇时间充分享受这一乐趣。即便是先前没有特殊爱好的老年人，退休后也应该有意识地培养一些爱好，以丰富和充实自己的生活。因此，通过一个平台帮助老年人展示其工作、学习成果，同时展示其他人对老年人的积极反馈是非常重要的。分享展示平台的另一个作用是使老年人之间形成互动，通过互相借鉴、互相学习，形成老年人之间的另一个社交平台。

（二）发挥智慧用老的优势

1. 加大宣传力度

解决好认识问题，是发挥老年人优势的前提。

第一，要有计划、有步骤地大力宣传老年人在经济和社会发展中的重要性和特殊作用，营造一个良好的社会氛围。

第二，要提高人们对老年人的理性认识。要通过宣传教育逐步消除对老年人的偏见，提高对老年人的认同感。

第三，促进老年人自身改变传统的观念，树立起"既有享受退休的权利，也要尽相应的社会义务"的现代新观念，鼓励老年人积极走出家门、融入社会。

第四，要明确"人才没有年龄界限"的观点，要认识到发挥老年人的优势不仅是对老年人才潜在价值的一种承认，更重要的是关系到国家的经济发展和社会稳定。

2. 加强老年管理

第一，要把发挥老年人工作优势纳入政府有关部门的职责范围，列入人才资源开发的整体规划当中，统一部署、统一协调，共建高素质、高技术含量的老年人才队伍。

第二，建立老年人才信息数据库，为社会合理选择使用老年人才提供根据。

第三，大力发展社区老年人自我管理。随着社会老龄人口比重的加大，家庭养老趋于弱化。因此，发挥老年人才的作用，在社区内把老年人组织起来，开展以老年人为主的各项工作，组织老年人进行自我管理、相互服务活动，提倡低龄老人为高龄老人服务、健康老人为患病老人服务，实行相互间的生活援助和思想感情交流活动，不但有助于提高他们的自助自立能力和生活水平，减轻了社会的养老负担，同时也是发挥老年人才作用的重要内容。

3. 重视政策指导

要使老年人才的优势真正得到有效发挥，必须有正确的政策指导来调动老年人参与经济社会发展的积极性。

第一，可根据实际研究制定灵活退休制，根据老年人身体条件和工作能力来确定退休年龄及领取养老金年龄。

第二，要建立健全老年专业技术人员的聘用制度，按照党和国家鼓励支持离退休科技人员发挥作用的有关文件精神，制定符合地方实际的离退休专业技术人才开发使用管理办法，从法制上规范其社会地位、权利、责任、义务及待遇。

第三，进一步贯彻落实劳动、知识、技术、管理等生产要素按贡献参与分配的政策，建立以实际效益为基础的分配激励机制，实行人力资源与业绩、待遇挂钩的政策，对成绩突出的老年人要给予必要的表彰和奖励。

4. 培育老年市场

政府有关部门应采取实际措施，积极培育和发展老年人才市场，依托政府人才网为社会用人单位和老年人才搭建平台，建立老年人才信息服务网络，督促建立老年人才交流中介组织，完善推荐聘用管理机制，并建立配套的监督体制，保证老年人才资源按照市场需求模式健康运行。要做好老年人才的信息交流工作，充分发挥各级老龄工作机构、街道居委会在建立老年人才介绍所上的作用，为各类人才供需双方牵线搭桥、提供信息、提供方便。可根据社会实际需要，必要时举办老年人才交流洽谈会，进行双向选择，合理使用老年人才。

5. 依托老年组织

从组织管理的角度看，老年人力资源在退出原工作岗位后，已经很少介入组织或单位。老年人必须依靠自身的努力，积极地寻求整合和参与，组织起来结成一支强有力的老年群体，同其他人才群体一样，去追求自身的共同利益。一旦老年人才在退出原工作岗位后愿意继续发挥专业特长，就可以进入新的组织管理系统。如老年离退休科技协会、老教授协会、老医生协会、老年社区志愿者协会和老年体协等社团组织，以"自我组织、自我管理、自我教育、自我服务"为主，帮助老年人发挥作用。

第三节　智慧孝老的实现

作为对传统孝老方式的革新，智慧孝老有明显的中国特色，是未来可以进行文化输出的领域。它利用信息技术等现代科技技术，在人口老龄化问题日益加剧的今天，帮助年轻人以更恰当的方式感恩和回报老年人，进而推动中华美德的传承和孝老文化的弘扬。

智慧孝老是用信息技术等现代科技孝敬老年人，如果说智慧助老更多是从设备、器材等物质方面给予老年人帮助，智慧孝老则主要是从精神层面给老年人以情感和尊严的支持。挖掘好孝文化，做好智慧孝老，在世界智慧养老大舞台上彰显中国特色。

一、智慧孝老模型

（一）智慧孝老的类型

智慧孝老最常见的类型有老年人安全保障与风险控制、宜居环境营造和亲情关怀三类。

1. 老年人安全保障与风险控制

老年人的身体随着年龄增长而衰弱，能力在逐渐减退，越来越多的动作成了高风险动作。例如，为了捡起地上的东西而弯腰低头、跌倒损伤，这些都是青年人经常做，中年人习以为常，但对于老年人来说却充满风险的动作。由于很多老年人对自身的衰老程度并不是很了解，出于心理惯性，他们并没有意识到风险在增加，或者意识程度远远不够，因此往往低估某些风险。我们常常注意到，老年人更容易接受家庭适老化改造中那些能够使他们直接体会到好处的、能使他们行动更方便的配置，而拒绝那些防患于未然的、保障安全的配置。这一现象充分体现了老年人对安全风险的惯性认识。

在这种情况下，一般是老年人的子女替老年人考虑、评估，并设计、实施应对各种风险的方案。增加老年人在家中的安全保障手段，包括消除安全隐患、使用安全监控服务、鼓励老年人做特定的肌肉锻炼来提高抗风险能力等，都属于老年人安全保障与风险控制一类。

根据老年人安全保障与风险控制的类型，为实现智慧孝老，可以通过以下方案来大幅度改善老年人居家安全状况。

（1）安装紧急呼救装置：如在床边、卫生间内马桶边等常见的紧急事件发生点安装一键呼救装置，连接到老年人子女或者社区应急人员的电话。

（2）安装感应式夜灯：很多老年人并没有在起夜时先开灯的习惯，而是习惯于摸黑下床去卫生间，这一动作隐藏着很大的安全风险。安装一个自动打开的感应式夜灯能够很好地解决这一问题。

（3）安装可视门铃：空巢老年人容易成为犯罪分子的目标，入户诈骗或强买强卖是犯罪分子的主要犯罪手段。由于老年人的鉴别能力和防范能力较弱，一旦犯罪分子进入老年人的家门，老年人成为受害人的可能性会大大增加，因此，将犯罪分子拒之门外非常重要。安装可视门铃可以有效地避免老年人给陌生人开门。

（4）安装智能看护系统：在空巢老年人家中部署基于物联网技术的居家安全智能看护系统，全天候地关注老年人在家中的生活起居，在发现意外和严重异常时，系统可以及时主动地向老年人子女或社区服务人员发出告警信息。

（5）安装厨房环境安全监测系统：防范老年人在烹饪操作中的安全风险。

2. 宜居环境营造

老年人随着年龄的增长，逐渐形成难以改变的思维和行为惯性，他们更愿意生活在熟悉的环境中，不主动地去变动、改善居住环境，这是大脑衰老的一个征兆。观察老年群体的居住环境会发现，大多数老年人家中家具的摆放、物品的收纳乃至电源插线板的位置等，可能几十年都不会改变，一直保持着多年以前的家居格局。但是年老后仍然居住在过去几十年来没有变化或很少变化的生活环境中，会产生很多问题。

针对这种情况，为了实现智慧孝老，很多子女为老年人的居住环境进行了改造，使居住环境更舒适、方便，这是孝老的具体体现。在这种改造过程中可以运用以下智能技术来改善老年人的居住环境。

① 部署语音驱动的智能家居系统，控制家中的多种电动装置。

② 对温度、湿度、噪声等老年人居住环境指标进行实时监测，在异常时发出告警。

③ 智能马桶等为老年人每天的日常起居行为提供更方便、卫生和安全的协助。

④ 在厨房和卫生间的上水处部署水温控制器，有效地控制日常用水的温度上限，避免老年人被烫伤。

⑤ 采用电子助力工具协助老年人从沙发、床上起身的动作。

⑥ 采用助力工具协助老年人上下楼梯。

3. 亲情关怀

受传统文化影响，老年人往往在晚年对子女与他们的情感连接有着较高的期望和需求，他们需要情感上的关怀。但是由于很多子女忙于工作，不常在父母身边，有的只是在逢年过节时能探望一下父母，这种需求很难得到满足。协助子女充分利用有限的时间来解决家中多个老年人的亲情关怀问题，是智慧养老能够大显身手的领域。

很多老年人一直有着勤俭节约的生活习惯，即使现在经济条件允许了，仍然不愿意在自己的生活方面花钱。在这种情况下，老年人的子女将改善老年人的生活作为亲情关怀的具体体现，能大大提升老年人在感受家庭亲情方面的满足感。

采用智慧养老技术来保持和拓展子女与老年人的情感连接将是中国孝文化在信息时代新的体现。为实现智慧孝老，可以通过智慧代理助力亲情关怀。

（1）智慧代理发起日常问候和提醒重要日期：当子女忙于工作和自己的家庭时，很容易忽略与父母的交流与沟通。智慧代理能够及时地提醒子女在重要日期发起对父母的问候，如老年人的生日、春节、结婚纪念日、父亲节、母亲节、重阳节等。另外，根据老年人的日常生活安排，定时提醒子女和老年人联系，避免老年人经历过长的孤独时光。

（2）智慧代理记录老年人感兴趣的话题：在和老年人交流时，除了谈一些日常的柴米油盐等生活事务，还可以多谈谈老年人感兴趣的事情。

（3）子女可以通过智慧代理提醒老年人：如其他长辈的生日、结婚纪念日等，来帮助老年人维系其社会交往圈子，同时传递对老年人的关爱，以避免老年人忘记社会交往中的一些事情。

（二）构建智慧孝老模型

基于上述对当代智慧孝老内涵的理解，我国的学者构建了智慧孝老模型（图 4-12）。

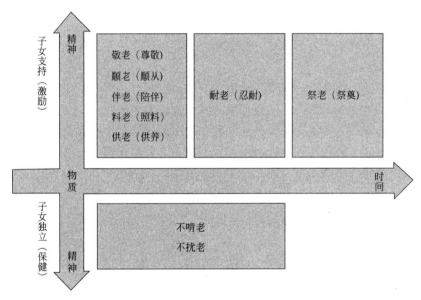

图 4-12　智慧孝老模型

在智慧孝老模型中，横坐标是时间，从左至右，时间维第一个模块的五个内容是日常情况下的孝老，第二个模块"耐老"是在较长时间孝老的内容。老年人过世后，年轻人应当为其料理后事，并在很长时间内，特别是约定俗成的祭奠日对逝者进行缅怀祭奠，因而最后一个模块是"祭老"的内容。

根据行为科学家提出的双因素理论，横轴上方的七个孝老元素归纳为孝的激励因素，因为当子女给老年人提供或优化这些支持时，老年人变得更加愉悦。模型下方的"不啃老"和"不扰老"两个内容归纳为保健因素。当子女物质上独立的时候，他们便不再啃老；当子女精神上独立的时候，他们便不需要父母担心，即不扰老。

模型的核心是供老、料老、伴老、顺老、敬老，这是现代老年人对孝道最普遍的理解。核心的五个孝老元素自下而上符合马斯洛需求层次理论：最底层的供养老年人，是孝最基本的要求；其次是对老年人的照料，通过供养和照料老年人，满足了老年人的生理需要和安全需要；中间是陪伴老年人，给老年人带来精神慰藉和情感归属，满足他们的社会需要；模型的顶端是顺老和敬老，这满足老年人被尊重的需要。马斯洛需求层次顶端还有自我实现需要，这主要是"智慧用老"所关注的部分。当然，如果老年人有自我实现（如学习书法等艺术）的需求，子女应该顺从和尊重他们来表达孝敬。

这五部分核心元素所关注的重点也要有所差别。供养老年人主要是为老年人提供物资，满足老年人的物质需求；照料老年人既需要相应的物资支持，也需要人工服务，因此既要关注物资也要关注行为；陪伴老年人主要是关注子女的行为；顺从、尊敬老年人则更多地关注晚辈对老年人的态度。

在上述的智慧孝老模型中，孝老与助老有重合的内容，主要表现在伴老、料老与供老上。这三者也可以通过智慧助老来实现。

二、智慧孝老应用

智慧孝老应用用来协助子女孝敬老年人。智慧孝老具有鲜明的中国传统孝文化色彩，虽然最终是老年人从服务中受益，但智慧孝老服务需求主要是从子女尽孝的角度着眼的，满足的是子女在这一方面的道德和情感需求，并且费用也多由子女负担。这类应用往往是那些老年人通常不易理解或不易感受到益处，但老年人的子女却有切身体会的为老服务。

智慧孝老可以通过智能手机中的应用及其他辅助物联网设备来实现。智慧孝老的全面应用包括供老、料老、伴老、顺老、敬老、耐老、祭老、防啃老、防扰老九个智慧支持模块，老年人或子女可根据实际情况选择使用，下面将对九个智慧孝老支持模块进行介绍。

（一）供老智慧支持模块

供老智慧支持模块一般具有检测需求、推荐商品服务及购买商品服务三大功能，主要是通过检测老年人的日常起居，及时发现老年人在衣食住行方面的具体需求，并及时通过手机应用给子女或外部服务人员发出提醒。如及时检测老年人家中食物、药物及生活用品的数量及保质期，及时向子女发出提醒；如遇老年人身体数值发生变化，也可及时发出提醒以便观察老年人的健康状况；换季时，向老年人报告天气情况，及时提醒老年人根据温度增减衣物，更换当季需要的衣物和生活用品。

（二）料老智慧支持模块

老年人在日常生活中难免会遇到很多问题，料老智慧支持模块可以通过一键求助功能或健康检测仪等设备辅助子女对老年人进行健康照料和日常生活照料。料老智慧支持模块的功能通常与智慧助老系统结合。例如，老年人身体出现突发情况或日常生活问题，下水道堵塞、房屋管道漏水等，老年人可以通过智慧孝老手机端应用中设有的"一键求助"功能进行求助，智慧孝老手机端会立即联通老年人子女或外部服务中心、急救中心，掌握老年人的详细信息，第一时间到家中对老年人实施帮助或紧急救援。老年人还可以一键进行健康咨询、养老便民等便捷服务。

（三）伴老智慧支持模块

伴老智慧支持模块包含终端远程陪伴系统和伴老评价功能。一方面可以通过手机端应用设置提醒，定时给子女推送陪伴老年人的提醒。例如，设定每周或每天固定时间给老年人打电话，每月回家看望并陪老年人吃饭，每年陪老年人过生日或有特殊意义的纪念日、节日。具体的时间和次数都可以在系统中进行更改和设定。离家较远的子女通过智能设备远程陪伴系统可以与父母视频"见面"。此系统也可以实现老年人之间在线社交或在虚拟社区交流，相互沟通。另一方面智慧孝老移动端应用可以检测并记录老年人与子女之间的距离、交流时间，通过后台记录可以计算出子女陪伴老年人的时间和频率，给他们统计出相对应的评价与得分，以及他们在家庭圈或朋友圈中的伴老排名，以此激励子女更好地陪伴老年人。

（四）顺老智慧支持模块

顺老智慧支持模块主要可以依靠传感器、声音或面部识别技术检测老年人的身体状况和情绪，在有危险情况时发出警报，让子女能够及时了解老年人的身心状况。在顺老智慧支持模块实施的过程中，老年人可以携带智能设备，例如腕带、项链、手环等轻便的传感器实时监测身体数值（血压、心跳、体温等），亦可通过定位系统云记录老年人所处的位置，声音识别技术则可以检测老年人周围环境中说话的声音分贝、辨识老年人及其亲属的声音。当老年人随身携带的传感器检测到数值超过临界值时，智慧孝老移动端应用可以发出警报，提醒双方控制自己的情绪或向附近的人发出求助信号。当老年人的亲属与其发生争执或不愉快时，APP 会将子女或其他亲属的"不良行为"记录在案；如果是在户外与他人发生争执，则会给老年人的亲属发送提醒和定位，告知他们老年人可能正遇到不愉快的事情或存在生命危险。

智慧孝老应用可以将老年人的身体数值及每天的情绪记录下来，绘成表格或曲线图。通过这一模块，子女能够及时了解老年人的身体状况及情绪，与他们沟通，聆听老年人的真实需求并尽力予以满足。

（五）敬老智慧支持模块

敬老智慧支持模块可以通过社会范围的敬老评价体系来实现并辅助引导敬老行为和建设孝文化。如果建立全社会的敬老评价体系，体系中可以设置所有人的"敬老积分"。当遇到同时拥有智慧孝老应用的老年人与年轻人时，老年人可以通过应用向对自己施以善行、表示尊重的年轻人打分、评价来表达谢意。政府、社区或为老年人服务的机构可以根据积分评选"敬老标兵"，定期给优秀标兵进行表彰。年轻人可以运用自己的敬老积分享受一些社会惠民服务，例如换取优惠券、免费游览公园、享受公共交通工具的优惠等。

（六）耐老智慧支持模块

耐老智慧支持模块可以将上述五个模块整合在一起，持续评估老年人的状态和年轻人的表现，并将得到的数据进行后台记录、整合和分析，年轻人可以获得"耐老综合评价"。对老年人没有耐心的年轻人，其综合评价的数值会持续走低，低于一定的分数会得到提醒和警告，告知年轻人应保持积极乐观的情绪，保持对老年人的细心、耐心。

（七）祭老智慧支持模块

祭老智慧支持模块是利用互联网技术，使用"绿色环保祭祖"的新方式，将传统的祭祀方式转移到现代信息技术建立的平台中，既可以省去远离家乡的子女来回路途的奔波，也可以减少因焚烧祭品带来的火灾隐患和环境污染。例如，当前网络上出现的"网上扫墓"迅速地进入到大众的生活中，人们只需要扫描二维码或点击网址，便可以进行网上扫墓、送花并在留言板中表达对亲人的思念之情，还可以在网站上传逝者的生平、照片等供生者瞻仰。

（八）防啃老智慧支持模块

防啃老智慧支持模块主要包括老年人消费监管功能。在消费监管功能中，老年人可将自己的银行卡、工资卡等绑定到智慧孝老应用中，当子女动用老年人卡中的金钱时，老年人的手机会收到信息提醒。同时，老年人也可以在应用中对其消费上限进行设置。当子女每月的消费金额超过消费上限时，可对其提醒和警告，行为过分者可直接扣除相应的"敬老积分"。

（九）防扰老智慧支持模块

防扰老智慧支持模块的功能主要是防止老年人在可以完全独立自主生活的情况下，子女对其生活进行过度的干扰。例如，当老年人希望拥有自己独立时间的时候，可以在智慧孝老应用中设定子女探望或联络自己的次数，当子女过度联络超过设定次数时，可视为干扰老年人的独立生活，提醒子女要尊重老年人的生活，减少对老年人生活的干预。

总之，孝是中国传统文化的核心，智慧孝老支持运用现代信息技术，借助"智慧""智能"的理论帮助子女更好地与老年人进行沟通，进而更好地尽孝，满足老年人物质和精神的需求。

当前智慧养老不仅显示出优势，也存在玩噱头、炒概念的现象。市面上很多智慧养老产品可复制的、成形的模式并不多，大部分仍停留在概念阶段。其根本原因是，产品并没有考虑到老年人的生活习惯和使用能力。比较典型的例子是很多商家和厂家在可穿戴设备的技术方面下了很大的工夫，但大多是站在成年人的角度设计。比如，主打老年人摔倒报警的产品安装了最新的安卓系统，但因屏幕小、字体小的问题，对老年人十分不友好。这也提醒了市面的厂家，智慧养老要在技术上做减法，在为老年人服务上做加法，与面向中、青年人的智能化技术研发有所区别。再比如，现在很多地方建设了智慧养老信息平台，但是普遍存在"重线上、轻线下，重显示终端、轻客户终端"等问题。显示终端主要用于展示，主要作为一个呼叫平台来进行使用，并不能提供老年人所需要的养老服务。

养老的本质是服务，智慧养老应真正以老年人为本，既要有技术精度，又要有人文温度。同时，推广智慧养老要以积极老龄观和健康老龄观为引领，不能让技术成为新的障碍，使老年人变得更加封闭和依赖。要意识到，智慧养老不是一种新的养老模式，其本质是与传统的居家、社区、机构养老模式的有机融合，融合度越高，智慧养老就越有生命力。要把智慧养老有机融合到养老服务的全过程、全领域，并加强标准统一和规范建设。

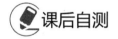 课后自测

实训演练

1. 实训目的

了解智能家居产品的发展现状，探求智能家居与智慧养老的契合点。

2. 实训内容与步骤

（1）利用互联网对智慧养老实现的内容进行研究，了解现有智能家居产品的类型及功能。

（2）开展小组讨论：怎样结合智慧助老、智慧用老、智慧孝老与现代信息技术，才能够让老年人更容易接受与使用？

3. 实训总结

记录小组讨论的主要观点，推选小组代表在课堂上阐述小组的观点。

第五章
智慧养老的发展趋势

知识目标

    1. 了解智能家居和智能社区医疗服务。

    2. 熟悉远程医疗监护系统的发展趋势。

    3. 掌握智慧养老发展的应用趋势与技术趋势。

能力目标

    1. 培养学生搜集资料、阅读资料、利用资料的自学能力。

    2. 培养学生分析问题和解决问题的能力。

    3. 培养学生表达、团队协作、社会交往等综合能力。

素质目标

    1. 树立爱岗敬业、尊老爱老的职业道德观念。

    2. 培养热爱养老服务行业的职业素养。

    3. 努力学好专业知识，在实践过程中丰富和发展自己。

PPT课件

案例导读

日本为应对人口老龄化较为成熟的国家，养老产业在日本被划为"非产出"产业。作为一个人力资源短缺型国家，日本社会认为，大量年轻劳动力投入养老院，会使日本先进工业品的生产受到影响。因此，日本政府自2013年10月起，原则上不再批准增建养老院，鼓励发展家庭生活支援机器人，意在通过机器人来解决居家养老中的困难。

在日本，国家认可的"介护用品"主要包括：拐杖、护理床、护理轮椅、护理洗浴用品、护理搬运吊车等。特别值得借鉴的是，这些非低值易耗品主要采用租赁形式，可以消毒后循环使用。低值易耗品则主要包括食品、尿布、消毒用品等。其中食品、尿布的费用由个人承担，消毒用品享受医疗保险，国家承担70%的费用，个人支付30%。不论是"介护"，还是生活照顾、健康管理方面的器械，科技化程度都很高。比如，在老人运动方面，有广播体操机器人带领老人活动身体；也有运动机器人，可以通过摆动机械臂带动老人活动四肢。在老人吃饭方面有喂饭机器人，目前主要是政府购买后赠送给养老机构，一年大约投放一两千台；还有针对居家养老人群的监视用药机器人，对不按时吃药或者重复吃药的情况都会发出警报。照管老人最难的工作是搬运，一般采用"传送带＋担架车"的形式，首先让传送带贴近床边，将老人平移至传送带，再由传送带将老人移动到担架车上；床上吊车也是一种常见的器械，将老人用布兜起来，小吊车会将人吊起，放到轮椅上。

移乘搬运、移动辅助、步行助力、自动排泄处理、健康监测、走失监视等产品的研发和推广，是目前日本政府的重点扶持对象。比如，现在比较成熟的老人智能移动辅助产品，包括智能轮椅和智能拐杖。智能轮椅可以通过脑电波、声音或手柄对轮椅进行遥控，但通过脑电波操控的智能轮椅目前还处于研究阶段，尚未投入使用。而智能拐杖不仅能为老人提供稳固的支撑力，还能感知障碍物。日本扶持养老领域机器人的研发，现在日本著名的汽车制造企业都在花重金进行护理机器人的研发。

日本智能化养老辅助器具的研制处于国际领先水平，下面介绍几款方便好用的护理机器人。

（1）智能马桶：自带喷水功能，可以帮助使用者起身、洗屁股，旁边配备的机械手还能自己撕纸，帮行动不便的人擦屁股。

（2）洗发机器人：机身两侧各有一只机械手臂，每只手臂上有8根"手指"，机体部分设置有一个头盔状的装置，只要被护理者面部朝上把头伸进去，安装在头盔装置里的传感器就会开始对人的头部进行扫描，并且把扫描得到的数据输入机器人内置的计算机中。计算机根据这些数据，使用16根直径约2厘米的树脂制"手指"以适当的力度对人的头部进行重复的揉、压、捏、搓、洗等，整个洗发过程大约需要3～8分钟。"洗发机器人"还可以与可转换成轮椅的护理床相连接，极大地方便了行动不便的老人接受洗头服务。

（3）洗澡机器人：全自动洗澡机器人能让行动不便的老人轻松洗上澡。使用者只要躺进去，开启自动模式，就可以轻松洗浴。洗澡机器人会贴心地帮使用者涂沐浴露，洗浴完毕后帮使用者烘干，之后再涂上润肤露……除此之外，它还能做汗蒸、芳香SPA、声音SPA等。

（4）喂饭机器人：使用者可以用嘴巴、手或脚控制一个操作杆，机器人手臂前端装有叉和勺子，能将食物自动夹起，并送到使用者嘴边，豆腐等软性食品则可以用勺直接舀起。

上层的叉子还会感应缩回，不会伤到使用者的嘴巴。利用这款机器，颈部以下瘫痪的患者、肢体行动不便的老人也能自行进食。

思考： 日本在推行智能养老方面有哪些可借鉴之处？

现代科技信息技术的发展为智慧养老提供了技术支持和动力，老年人数量的快速增加带动老年人服务需求的扩张，成为智慧养老发展的社会和市场基础。随着互联网、大数据、移动通信技术的迅猛发展，新一代信息技术在养老领域的运用将会更加广泛。未来，智慧养老的应用场景将具有无限的可能，将智慧养老技术应用于老年人的生活中，不再通过一个对老年人来说难以操作的界面去执行某项任务，而可以通过具有感知功能的智能环境，来探测甚至预知老年人需要的服务，然后进行无缝对接。

第一节　智慧养老应用发展趋势

智慧养老产业的发展为社会养老带来了科学的专业服务，为家庭和老年人提供了个性化的养老选择，实现了人性化的智慧养老。

智慧养老的发展不仅需要技术的创新，还需要理念的转变、资源的整合和组织的协同。智慧养老的发展必须满足老年人的实际需要，坚持数据共享和隐私保护的原则，实现线下服务与人才培养的协作联动，需要政府、市场和社会的协同治理。未来，老年人的生活环境将高度智能化，他们的生活照料和辅助将越来越多地由智能环境来完成，或者由智能环境配合服务机器人共同完成。

一、智慧养老应用的发展意义

（一）智慧养老将增强养老服务社会化的能力

养老服务是一个系统工程，涉及社会的方方面面，智慧养老社会化是养老发展的必然选择。智慧养老的实施，使提供养老服务的多元主体找到符合各自职能或特点的定位。政府主导平台建设，申请、允许使用特服号码，加强服务质量监管；社会组织负责实施，做好平台运营管理；企业加盟，发挥主动灵活应对的优势，从而推动全社会积极应对人口老龄化，参与和提供养老服务。各方力量的整合运用，搭建出养老服务 O2O 网络平台，形成一个没有围墙的养老院，为老年人提供包括紧急救援、家政服务、日常照顾、康复护理、家电维修、精神慰藉、法律维权和休闲娱乐等综合性的服务项目。

（二）智慧养老将提高养老服务的管理水平

养老机构应用智慧系统，老年人入住后安排房间、床位，确定护理等级、餐饮服务、身体状况、健康档案、平时提供的服务等，实现智能化、可视化管理，能有效规避人为差错，大大提高工作效率，使服务更趋于科学规范。例如，居家养老应用智慧养老系统通过智能化终端，使电子支付成为可能，有利于强化管理。相比于以往政府购买的居家服务，在安装智能终端后，老年人需要护理员服务时就按相应的需求键，护理员上门服务时按"到达"

键，服务完毕按"离开"键，系统就能自动记录护理员的服务时间。老年人还能通过按"满意"或"不满意"键对服务人员进行评价。另外，街道、乡镇或民政部门根据居家养老服务机构的服务时长、满意度情况支付服务费用。这一方法使政府提供的养老服务能够真正落到实处。

（三）智慧养老将增进社会文明和谐的程度

智慧养老的应用有利于老年人实现自我养老，实现自立、有尊严的生活；有利于子女尽孝，提升社会文明程度；有利于促进社区劳动力再就业，改善社会风气，促进和谐社会的稳定发展。具体表现在以下三个方面。

1. 方便老年人使用

智慧养老应用通常采用多种通信接入方式，提供呼叫服务、语音信息服务、网上娱乐等功能，打造出无障碍的虚拟社区，形成稳定的基础应用和良好的扩展接口，使老年人可以方便地使用康复、教育、就业、生活、娱乐等各种服务产品，从而满足他们医疗保障、社交交往、亲情服务等服务需求。

2. 让子女"远程尽孝"

在老年人逐渐失去独立生活能力时，子女却忙于工作和生活，他们没有时间和精力时时刻刻陪伴、照顾老年人。智慧养老通过信息互通，使子女了解老年人的服务需求和养老服务机构提供服务的状况，从而使子女轻松、主动地传承孝文化。

3. 推动志愿服务和就业的融合

依托智慧养老可以共建邻里互助养老服务圈。养老服务圈由志愿者和社会工作者、专业人员、再就业劳动者两部分人组成。一类是志愿者，包括党员在内，采取免费服务的方式；另一类是社会工作者、专业人员、再就业劳动者，采用政府全部或部分购买服务的方式，打造邻里互帮互助服务，在为服务对象提供服务的同时，取得应有的服务报酬。同时，子女也可以在异地为社区或其他老年人提供志愿服务，服务时间可以存入平台的虚拟银行。子女以志愿者的身份向其他老年人提供的免费服务时间，可以在智慧养老平台"存钱"，当志愿者的父母需要服务时就可以"取钱"，换取同样时长的服务。

二、智慧养老应用的发展趋势

随着信息技术的不断成熟，未来智慧养老的应用场景将具有无限的可能。未来，智慧养老技术被应用于老年人的生活中时，将不再通过一个对老年人来说难以操作的界面去执行某项任务，很多时候将通过具有感知功能的智能环境，来探测甚至预知老年人需要的服务，然后流畅平稳地启动、送达和完成服务。未来，智慧养老的应用场景涉及生活照料和辅助、日常安全、精神陪伴方面，并更深入地协助老年人运用能获得精神生活满足感的智慧化工具与应用。具体表现在以下五个方面。

（一）人工服务被机器和智能系统替代

在我国，未来几十年的趋势是人工服务的成本将逐年上升，而系统服务的成本将逐年下降。对于大多数人来说，使用人工服务的成本将越来越高，老年人的生活环境将高度智能化，他们的生活照料和辅助将越来越多地由智能环境来完成，或者由智能环境配合服务机器人共同完成。未来在养老服务人员严重短缺的情况下，下面三类服务将很有可能首先被机器和智能系统替代。

1.长期帮助老年人处理日常个人卫生的服务

养老服务中一些服务人员总是不愿意做的事情，首先就是失能老年人排泄物的处理。即使支付较高的工资，长期帮助老年人处理日常个人卫生，仍很难吸引高质量的服务人才，这也是很多人进入老年人照护职业的一大障碍。随着老年人年龄的增长和寿命的延长，这一刚性需求的规模会越来越大，进而将加速驱动相关产品的成熟并进入实际应用领域。近年来的技术突破，使智能排泄处理系统有望进入家庭，取代人工服务。

2.全天候监测老年人全面状态的服务

随着老年人寿命的延长，其晚年的居家生活时间也越来越长，对全天候监测的需求越来越大，特别是独居老年人的安全看护服务。但是，传统的安全看护服务却出现很多问题。一方面，用人力来提供这种服务的成本太高，无法实现大面积覆盖；另一方面，人力无法持续地关注老年人的各种状态细节。而智能看护系统则不会疲倦，可以日夜不停地运行，达到人工无法达到的程度。以独居老年人的安全看护服务为例，智能看护系统能够做到7天不间断服务，并且能够把老年人的活动定位到马桶、淋浴器、床等具体位置，其关注细致度远远超过人工。而且采用智能看护的成本比人工服务的成本低很多，并能大大地减少看护的死角。使用同样的资金，智能看护将能够极大地扩大服务的覆盖面，因此全天候监测将很快地被系统监测取代。

3.老年人的日常精神陪伴服务

随着社会的发展，传统的老年人日常精神陪伴服务将无法满足老年人的需求。一方面，子女及亲属由于工作的压力或者其他问题，无法长时间陪伴老人；另一方面，大批非独居老年人每天生活在"准孤独"状态，虽然身边有子女或保姆陪伴，但是同时具备耐心、爱心，又有相关知识和技能可以和老年人做有一定深度的精神交流的人少之又少；再一方面，老年人不断重复的话语，也是正常人难以长时间倾听的。智能陪伴机器人（如陪伴聊天机器人）的出现将有效解决这个问题，它将逐渐替代大量人工的陪伴，满足老年人的日常精神陪伴。但这并不能完全取代真实的人际社会交往，协助老年人拓展、维持一个必要的、真实的人际社交网络将是老年人身边"智能助手"的重要职责。

（二）智能化自我评估与自我实现辅助

智慧养老应用未来在提升老年群体晚年的精神生活质量方面将大有可为。在满足了老年人生活和健康方面的需求后，使用智能化自我评估与自我实现辅助来满足老年人精神层面的需求将成为主要任务。因此协助老年人实现自我价值，将对老年人晚年的精神生活起到越来越大的作用。以下是智能化自我评估与自我实现辅助的关键环节。

（1）智能评估：通过系统的定期自我（兴趣）评估，使用专业的工具来发现那些最令老年人获得精神满足感的活动和爱好。

（2）智能规划：根据老年人身边的资源，采用智能化工具科学地设计和安排老年人晚年生活的各种活动，包括教育、旅游、社交等。

（3）智能对接：通过智能代理获得老年人参与活动和爱好的渠道、资源和社群。

（4）参与辅助：运用积极心理学的最新发现，利用智能化工具积极地协助、分享、帮助老年人。

这类应用在未来将变得十分重要。其原因在于随着年龄的增大、身体机能和大脑的衰退，老年人的社交和活动范围会不断收缩，在达到一定年龄后，老年人将难以独立完成许多活动，但是其精神需求仍然存在，因此需要多种智慧化的工具来协助满足其精神需求，而这正是未来智慧养老应用的重要领域。

（三）健康管理融合线上与线下

目前健康管理平台仍以线上咨询为主，还不能形成良好的互动模式，老年人对互联网医疗产品的认同度也还停留在较低阶段。特别是对于取代传统人工服务的线上服务，其服务效率不再受人力资源供给的影响，也不再受服务人员的情绪、能力和态度的影响。由技术辅助的传统线下人工服务中，无论是服务调度、服务资源的匹配、服务流程的控制，还是服务的监督，引进智慧养老技术均可以快速地发现效率洼地，大幅度提高服务效率。因此，以"平台＋医生＋患者＋检测硬件"为切入点的互动模式将更具价值。

（四）医养结合实现医疗与智慧养老融合发展

未来医疗大数据和智慧养老融合发展，实现老年人的养老日常数据与医疗服务数据互通，为老年人提供医养结合、无缝衔接的服务模式，真正解决老年群体的医疗刚需。其中，远程医疗监护是智能化养老的理想途径，具体发展方向包括以下几个方面。

1.家庭医疗保健工程成为远程医疗的新趋势

家庭医疗保健工程的目标是将家庭和医疗联系起来，实现医疗进入普通家庭，让老年人在家中就能够得到康复治疗、监护和保健。其中，家用医疗仪器和现代化医疗仪器等具有先进性和科学性的特点，它们工作可靠、操作简单，在价格、重量、体积、使用、安全等方面能够满足家庭和社区的需要。

2.高抗干扰能力和高信息安全性

生理信号和测量数据在家庭医疗检测节点和远端监控中心之间网络传输的过程中，易受到外部因素（如环境中的噪声干扰、电磁干扰）等的干扰，并且无线通信数据容易被侵入，受无线宽带的限制。因此，为实现节点高能效管理和节能、提高系统的可靠性，高抗干扰能力和高信息安全性是未来远程医疗监护系统的一个发展方向。

3.整体系统的一体化

随着无线传感器网络技术、信号检测与处理技术、计算机技术的进一步发展，远程医疗监护系统将具有更高的信息采集速度和定位精度，形成高度集成的信息化系统，可提高远程医疗的工作效率和准确率。

4.软件的智能化

老年人生理功能退化和慢性病的出现，对医疗服务提出更多的需求。对于医护人员来说，给老年人的远程医疗监测主要关注相关的生命体征（体温、脉率、呼吸频率和血压）、肺活量、血糖水平、心电图和身体体重。目前，主要利用的是家庭计算机系统、移动电话、平板电脑或者专门的远程监控仪器，它们在日常生活中可以监测到相关参数。这些数据可通过网络传输给远端的医院或者私人诊所的临床医师。未来，这些设计和技术应该能够方便地安置在老年人的家中，来满足他们现有的及将来的需求。人机交互界面会显示信息量更多、操作更加简单、更加简洁直观的界面，系统将具有生理参数动态图形模拟显示功能。

未来需进一步寻求无线多通道数据传输方式，传输医用传感器与医疗监控中心之间的信息，重点对生理参数信息进行准确检测、实时处理和数据显示，并通过无线通信网络外传到远端的医疗监控中心，使得用户活动自由、拥有更多的空间。这样一方面可以获得比较准确的测量指标；另一方面免除用户在家庭与医院之间奔波的劳苦。此外，各类医疗资源要对医疗设备、被监护人、专家等进行实时追踪和整合，省掉监护设备与医用传感器之间的连线，从而降低医护人员的工作强度、提高医护人员工作效率、提高医疗设备的利用率、节省医疗成本和增加安全性等。

5. 智能社区医疗服务的升级

伴随着人口老龄化问题的出现，老年人日常护理的需求也进一步加大。智慧养老的应用使我国社区医疗服务水平有大的提升。大力发展智慧养老不仅可以使社区医疗服务能力向大型医院靠拢，也可以解决我国所面临的社会医疗问题。将新一代信息技术应用到社区医疗服务中带来的最大好处在于，为社区老年人提供高效、高质的医疗卫生服务，提高社区医院的管理水平，能够做到对慢性病的预防和对老年人日常生活的护理。一方面，节省了医护人员和患者就诊治疗的时间。另一方面，对那些行动不便、无人照料的特殊患者和孤寡老年人的护理更加方便，同时还降低了患者的医疗费用，降低医护人员的工作强度，并以最快的速度获得上级医院给予的技术支持，从而能够加快国家医疗改革的步伐。

应用智慧养老，可以缩小社区医院与大医院的信息鸿沟。智能社区医疗服务通过 RFID 感知技术、电子健康档案、远程病情监测等应用，可以避免患者奔波，避免医生重复检查、询问病史；方便行动不便、无人照料的特殊患者；降低患者费用，降低医护人员的工作强度。未来，将智慧养老在全国进行普及是养老服务的必要途径。

（五）智能家居是智能养老的重要方向

随着物联网和互联网技术的发展，智能家居在计算机科学工程学、医学等学科领域的推动下将获得极大进展。智能家居不仅具有传统的居住功能，还能将原来被动静止的建筑转变为能动、智能的生存空间。在住宅中利用感知设备、分散式运算环境及网络，对室内场景进行感知及活动的辨识（包括身份、位置、活动、姿势、表情、声音），融合人的个性化需求，通过智能化的控制和管理，协助老年人的生活，并利用主动式个人化温湿度控制及紧急呼叫救助系统和全方位的信息交换功能，保证家庭内部、家庭与外部信息的畅通，实现以人为本的家居生活。在应用方面，智能居家养老系统采用电脑技术、无线传输技术等手段，在居家养老设备中植入电子芯片装置，使老年人的日常生活处于远程监控状态。最重要的是，智能居家养老系统可以在老年人身上安装 GPS 全球定位系统，子女再也无须担心老年人外出后走失。

近年来，美国、英国、日本等国家发起了数项为老年人服务的智能家居技术应用的项目，主要为了降低老年人对家人的依赖程度，同时增加老年人心理上的安全感。

未来，智慧养老应用的发展一方面需要利用互联网、物联网、云计算、大数据等高科技手段，另一方面需要政府统筹制定政策规划、服务和产品标准、财政投入标准，打破智慧养老企业进入养老服务领域的种种约束，研发覆盖省、市、县（市、区）、街道（乡镇）、社区（村）智慧养老服务的大数据平台，整合利用"线上＋线下"各类养老服务资源，推动信息互联互通，实现政府、智慧养老服务供给方（各类企业和养老机构）的服务资源与老年人多层次、差异化需求的动态匹配，打造集"互联网＋政府＋企业＋养老机构＋老年人＋子女"于一体的智慧养老综合服务体系，促进各类智慧养老服务资源的合作共建，以及老年群体的智慧养老资源共享。

第二节　智慧养老技术发展趋势

智慧养老的发展离不开科学技术的支持，新一代信息技术的发展极大地推动了智慧养老产品的发展，使智慧化产品所增加的服务的安全性和透明度得到极大的提高。即使是传统的线下服务，在智慧养老技术的协助下，也可以将服务的状态、服务对象的状态、服务的场景等即时地展现给相关的服务管理人员和老年人的家人，大大增加了服务的透明度，也明确了责任的归属。另外，智慧养老技术为服务管理提供了很多有力的工具，从实时服务状态的监控、基于大数据的服务异常现象的发现，到服务流程的自动校正和告警，智慧养老服务的管理均具有前所未有的力度和细致度。因此，发展智慧养老，智慧养老的相关技术是必不可少的。

一、智慧养老技术的发展意义

（一）智慧养老技术发展将提升养老服务的品质

智慧养老技术以信息化建设为抓手、以政府购买服务为推手、以培育社会组织为支撑、以老年人需求为导向，整合社会各类服务资源，通过可视影像、定位地点、实时通话、流程记录、考评服务、虚拟支付等智慧养老平台的功能，为老年人提供所需的各种服务，建立起以智能化为主要特征的多层次的养老服务体系，从而满足老年人对生活照护、政策服务、亲情交往、安全守护等优质服务的需求。具体从以下四个方面入手。

1.挖掘数据，提供即时性服务

在大数据时代，用信息化的模式收集老年人的身体状况、经济状况和性格喜好等数据，目的是以这些数据为依据，驱动政府、养老机构、社区和企业及时制订服务方案和日常工作计划，科学管理养老服务的过程与结果，当老年人有需要时，及时提供适合老年人的优质服务。

2.预警在前，提供主动性服务

通过监控老年人的各项指标，比对历史数据，提前为老年人或其子女、养老服务组织、机构等做出预警，提供老年人居住安全、出行定位、突发事故报警、实时监控等智能看护服务，做到服务在前。

3.加强研判，提供个性化服务

有了新一代信息技术，就能掌握每位老年人的性格特点，从而使服务从批量生产转向个性提供，这对养老服务品质的提升具有重要意义。

4.关注需求，提供高品质服务

在帮助老年人解决基本生活需求的同时，智慧养老以老年人的需求为出发点和立足点，通过高科技的设备、设施和管理，最大限度地满足老年人的需要。例如，集成传感器设计的老年人"智慧终端"，除了实时提供健康监护外，还能细心兼顾老年人的精神需求。老年人有交流需求时，相应的数据库中便会列出老年人的背景资料，包括兴趣、爱好、习惯、性格等，从而挑选出"合拍"的服务人员或者心理辅导员与他们对话；老年人想学习或者娱乐，系统可以推荐好玩的地方、精彩的节目或者丰富的社区活动，以此提供高品质的养老服务。

（二）科学技术发展将促进智慧养老服务技术的发展

新一代信息技术背景下的智慧养老将成为战略性新兴产业，科技集成的智慧养老将改变我国养老服务技术设备落后的现状，极大地提高养老服务的专业化、产业化水平，从而推动传统养老方式的变革，提高全社会老年人的生活品质。

（三）智能化水平将促进智慧养老进程加快

智慧健康养老产业是具有巨大发展潜力的朝阳产业，但目前在国内尚未形成规模，主要局限在智能可穿戴设备、智能家居和智慧医疗领域的相关产品上，与物联网、信息安全等技术的结合尚处于萌芽期，甚至在某些技术领域仍相对空白。各级政府部门密集出台相关政策文件，推动健康养老产业依靠互联网、物联网、大数据、云计算等创新技术，实现远程、智慧、在线方式的养老照护与服务，加快提升养老行业智慧化水平，完善健康养老服务标准体系，建立检测评估体系，加强老龄社会体系的顶层设计和统筹规划，加快养老智能化建设进程，提升养老服务水平及智能化程度，促进智慧健康养老产业快速稳健发展。

二、智慧养老技术的发展趋势

新一代信息技术背景下的智慧养老是老年服务领域的一场革命，它通过技术革新改变服务方式，使养老服务的供给和需求产生质的变化，供给质量大幅提升，需求大量释放，促使养老服务产业在短时间内呈现指数级增长，从而推动经济发展和社会的全面进步。

在智慧健康养老的大背景下，远程医疗照护、在线监测、人工智能、数据共享等系统智能化手段，便携式、可穿戴、自助式、高灵敏度等装备智能化手段，简单便捷、人性化、可订制的服务智能化手段，及时性、全面性、集成化、可预测等管理智能化手段将成为未来智慧养老产业的发展方向。

（一）未来智慧养老的特点

1. 智慧养老将更"隐形"

通过智慧养老技术的发展，智慧养老应用将不再是在现有环境里追加的一个技术模块，而是通过部署在老年人家中各种器具上的传感器，无缝地融入人们的生活环境，成为环境的一部分，老年人不会明显地感受到它的存在。

2. 智慧养老将更"智能"

随着人工智能技术的发展，智慧养老中涉及的各种识别、分类、判断、决策也将更准确、更及时，基于实时信息的多种服务资源的匹配和调度也将更及时、更有效。此时，对老年人生活的感知将不再由每一个分离的系统来完成，而是由智能环境全面地、实时地采集，可以自动地发现并区分更多的、更细的安全事件。从老年人跌倒的预警和发现、吃药的提醒和风险告警，到识别冰箱里的过期食品等，老年人与智慧养老系统的交互也不再是通过一个特定的操作界面，而是由包括语音、手势甚至思维（脑电波）驱动的智能化意愿感知环境来完成。这一切通过真正的智慧养老应用融入千家万户，尤其是融入老年人的生活环境。

3. 智慧养老将"无处不在"

随着新一代信息技术的发展，智慧养老将渗透到老年人生活的方方面面，包括安全看护、生活照料、健康管理、文化娱乐、精神慰藉、教育学习、社会参与、价值实现等老年人生活的所有方面。与养老相关的各种设施，包括老年人家中、社区养老服务中心、老年大学、商业网点、医院、城市的各种公共设施、交通设施等，都将有智慧养老服务融入其中。

4. 智慧养老将使老年人更有控制感

对于有自主意识和自主能力的老年人来说，智慧养老将会使他们更容易把握自己的生活，而不是被动地接受安排。所以智慧养老的设计需要有更多的懂得老年人心理需求的设计人员，使智慧养老不仅体现在服务方案的设计上，更需要体现在交互的方式上。

（二）未来智慧养老的应用技术

1. 智慧家居

随着人口老龄化的加剧，智能家居将更"智慧"，会迎来真正的市场需求大潮。特别是一系列在家中与高龄老年人直接发生关系的各种智能器具，除了真正便于老年人操作的智能电视，还包括智能床、智能药箱、智能马桶、智能冰箱、智能橱柜和智能灶具等智慧产品。这类产品的目的是保障大批老年人在高龄阶段能够独立地在自己家中生活，它不仅可以提供舒适的温度、智能化的服务，还能够通过地板上的传感器提供一系列与老年人安全和行动相关的信息，对监测老年人的整体安全状况和行动趋势至关重要。

例如，未来的智能马桶将具备语音功能，克服操作界面不适合老年人的缺陷，便于老年人操作。智能药箱和智能冰箱等将帮助老年人进行药物和食物的管理，包括及时补充、过期处理、搭配与平衡等。智能床不仅能够调整老年人各个身体部位的角度、协助老年人起身等，还能够在老年人睡觉时监测与分析老年人的睡眠，分析老年人的一些关键体征，如呼吸频率、心率等，甚至能够根据老年人在床上的姿势，自动调整压力支持，避免老年人血液流动不畅。智能橱柜除了能够显示橱柜内的东西，方便老年人查找，还能够自动地调节高度。下面以智能地板为例，具体分析一下其功能。

（1）监测老年人是否跌倒：智能地板上的传感器能采集老年人跌倒的速度、跌倒后的身体位置及姿态等信息，为判断老年人跌倒的严重程度提供更精细的信息。

（2）监测老年人步态：通过老年人行走的速度、步幅、重心变化等信息，能够预测老年人跌倒的风险，以便及时干预，避免事故发生。从老年人的步态中能够分析出老年人平衡能力的一些细微变化，及时发现大脑的变化，从而分析出老年人腿部肌肉的变化，从侧面发现老年人在锻炼、营养和消化系统等方面的问题。

（3）监测老年人日常生活轨迹：监测老年人在各个生活区域之间的移动，发现老年人日常生活轨迹明显的变化，解决生理或心理上的问题。

2. 智能穿戴

随着新一代信息技术的发展，尤其是信息采集模块、传输模块和供电模块等的持续小型化，以及用于可穿戴物品的新型材料的不断涌现，未来的智能穿戴技术将与传统的可穿戴物品紧密融合，大规模地渗透到人们的日常生活中。具体发展趋势将在小型化、智慧化、载体化三个方向上同时发生：可穿戴设备将继续小型化和首饰化，大批传统的可穿戴物品将被植入智慧功能而演变为新一类可穿戴智能设备，衣物将成为可穿戴设备的主要载体，一些特定的智能装置甚至将被植入人的皮肤之下。

3. 生活辅助器械

随着人力成本的持续攀升，老年人家中的很多清洁工作，尤其是卫生间和厨房的清洁将不得不依赖清扫机器人或者自动清洁系统。各种一键操作的清洁装置将会出现，老年人或服务人员只需要设置好需要清洁的位置，系统便可以完成其余的工作。各类服务机械手将协助老年人完成一些他们独立操作有一定困难的居家活动。例如，洗澡机械手能够帮助老年人洗澡；拾物机械手能够帮助老年人捡起掉落在地上的物品，并放置到老年人可以方便操作的台面上。相当一部分独立居住的老年人在高龄阶段需要辅助行走，智能助行器或方便老年人自己操作的智能电动轮椅将普及。与现在的轮椅不同，未来的智能电动轮椅将更自动、平缓地协助老年人起身和落座，听从语音指令等。老年人由于疾病或体力衰弱，对于很多生活中的正常动作已经力不从心了，这使其活动范围越来越小，活动类型也越来越少，特别是在轮椅无法使用的场合。外骨骼则能够辅助老年人恢复一部分活动，帮助老年人行走，包括上下楼梯等，提升活动的安全性，从而大大地丰富老年人的生活，增加老年人晚年的乐趣，这对那些由于体力衰弱而被困在家里的老年人来说很有吸引力。还有很多类似的生活辅助器械将成为大批老年人独立生活的必需品。

4. 健康管理

老年人日常身体监测数据的采集将是自动的，通过床、马桶、地板、座椅等多种在日常起居活动中和老年人接触的智能器具上的传感器来完成。未来，老年人的日常健身锻炼和康复训练等，将由一个智能教练机器人来指导完成。机器人除了制订健身计划，还要监督老年人执行健身锻炼并进行细致的指导。例如，老年人在一次重感冒初愈后，智能地板发现老年人的腿部力量由于几天的卧床休养而明显减弱，它将相关情况通知智能教练机器人，智能教练机器人制订训练计划后，监督老年人定期训练，并协助老年人每次完成预设的目标运动量，以保证老年人在预期的时间内恢复肌肉的力量，降低跌倒的风险。

5. 精神慰藉

（1）智能社交管理：老年人由于大脑的衰老，往往其沟通能力也在减退。出于自尊的考虑，部分老年人往往选择离群独居，减少社交活动，这种行为将会加速大脑的衰老进程，进入一个恶性循环。此时如果不及时地进行干预，这个恶性循环将严重影响老年人的生活质量。未来，智能社交管理能够有效地解决这一问题。一方面，它能够及时地发现老年人在社交方面大的变化，并通知相关人员进行干预；另一方面，它可以根据老年人的情况，比如受教育程度、工作与生活经历、兴趣爱好、家庭状况等寻找适合老年人的网上社交平台，帮助老年人注册，提醒老年人使用。

（2）陪伴聊天机器人：随着年龄的持续增加，独居老年人越来越多，他们生活在一个相对隔绝的居住环境里，这将会使大批老年人的精神和身体受到很大的损害，其需要的日常社交和陪伴将成为一个大问题。未来，语音识别和人工智能驱动的聊天机器人能够真正和老年人进行类似于人的聊天，能与老年人对话的陪伴聊天机器人将被普及，并成为独居老年人的一个标配。目前市场上已经有很多聊天机器人，但它们的一个共同点是只能被动地应答，如果老年人长时间不开口讲话，这些聊天机器人也不会主动找话题和老年人交流。另外，聊天机器人基于上下文记忆的多轮对话功能目前还远不能达到实用，尤其是对高龄老年人语言习惯的适应性严重不足。未来，在没有长期的交流对象时，基于人工智能的陪伴聊天机器人可以作为一个交流对象，以保证老年人实现每天几十分钟的对话交流，这对刺激老年人的大脑、缓解孤独也有较好的效果。另外，陪伴聊天机器人不会对老年人不断重复的话题产生厌倦，每次听老年人讲过去的经历都像第一次聆听，也不会因为听不清楚而贸然中断谈话，而是会好奇地、十分期待地继续聆听。它还会主动寻找老年人感兴趣的话题，主动与老年人聊天，激起老年人交流谈话的兴趣。

（3）VR与AR：虚拟现实技术（VR）是仿真技术的一个重要方向，是仿真技术与计算机图形学、人机接口技术、多媒体技术、传感技术、网络技术等多种技术的集合。增强现实技术（AR），也被称为"混合现实"，它通过电脑技术将虚拟的信息应用到真实世界，使真实的环境和虚拟的物体实时地叠加到同一个画面或空间并同时存在。

老年人对外界感知能力的变化容易使他们产生焦虑，进而影响其日常行为。例如老年人对跌倒恐惧而产生的焦虑，严重的甚至会影响到行走。VR与AR能够提供一个有效的手段来缓解老年人的焦虑。疼痛缓解领域是VR与AR应用的一个新兴领域，特别是针对普遍具有慢性疼痛问题的老年群体，因此，疼痛缓解领域也成了智慧养老的一个新前沿领域。另一个很有前景的应用是用VR与AR来激励老年人参与运动。其应用场景是在健身房里的动感单车上连接一个显示屏幕，采用VR与AR显示多个骑车时的沿途场景，可以是花园、海边、森林、街道等，场景显示的速度和动感单车的速度相关。研究显示，VR与AR应用极大地提高了老年人用动感单车锻炼的积极性。VR与AR在康复领域的应用也非常有前景。

6.语音驱动界面

以电视机顶盒与遥控器为代表的各种装置在老年群体中的利用率很低。很多功能，包括节目定时录制、内容搜索、回放等，由于操作时对记忆的依赖性太强，老年人难以驾驭，使得这些功能形同虚设。语音驱动界面能从根本上改变这一状况。语音驱动的机顶盒操作将通常树状的操作路径扁平化，将多步操作整合为一步，减少了搜索的环节，进而降低了对老年人记忆的要求。

养老技术的智慧化是个缓慢的从无到有的过程，需要市场需求、应用理念、硬件技术、软件技术、产品设计、技术集成、服务融合、制作成本、社会接受度、政府政策等多方面的融合和协同，才能有条不紊地向前发展。目前，智慧养老技术在养老服务领域仍然存在着矛盾。一方面，规模化应用受到产品价格等因素的影响，产品价格又因为应用规模小，导致产品边际成本高而无法下降。另一方面，目前的"智慧"主要体现在数据处理的智能化上，而在应用实施上，尤其是老年用户人机交互这一关键领域的智能化程度还很低。因此，产品的适老化程度需要作为一个重要因素被单独考虑。

人口老龄化加剧和服务人员短缺导致智慧养老需求大幅度增加，技术进步导致硬件和软件的开发及制作成本大幅度降低，未来打破以上困境需要借助政府的影响力，通过政府支持的一些项目促成产品的规模化应用，实现产品成本下降。在可预见的未来，智慧养老的普及将成为汹涌的发展潮流。

第三节　智慧养老发展建议

智慧养老在我国尚处于初级探索时期，智慧养老这种与时俱进的养老方式在国内的推行是任重而道远的。随着新一代信息技术的飞速发展，智慧养老正成为我国化解养老服务资源供需矛盾的可行途径和必然选择。

一、智慧养老发展存在的问题

虽然我国的"智慧养老"目前得到了一定的发展，但其发展面临诸多瓶颈，存在很多问题。如智慧养老地区发展不均衡，就全国智慧养老资源的分布情况分析，东部地区已经得到普遍发展，中部地区紧跟其后，而西部地区发展相对滞后；智慧养老方面的标准大多都来自试点单位出台的地方标准或企业标准；国内学者的关注重点在于运用互联网、物联网、大数据、云计算等现代科技手段；等等。具体表现在以下四个方面。

（一）信息化和智慧化应用程度较低

在信息整合和互联网高度发展的今天，要想真正实现智慧养老，还需借助"互联网＋"、云计算、大数据等信息网络技术。然而，目前就养老信息化和智慧化的程度来看，我国现有的养老服务平台建设与智能设备的开发应用仍处于分割化阶段，智慧养老产品目前仅为智能血压计、便携式手环、便携血糖检测仪等，无法实现健康数据信息的充分采集、整合、分析与共享，且无法针对不同老年人多样化和个性化的需求进行针对性的供应，很多老年人无法学习使用移动终端产品，养老产品很难和养老服务进行有效的联系，使得资源浪费，难以将信息化和智慧化产品达到使用的目的。目前发展的新型智慧养老模式还面临着未能从本质上实现智慧养老的产业链、经验缺乏、规模较小、后劲不足等问题，在医疗 APP 中普及率较低，并且投入的大量智能化产品的成本较大、普及较困难，无法实现投入和产出的平衡。

（二）产业链延伸面临困境

大部分养老平台在产业链延伸方面无法做到满足老年人的使用需求，不仅操作困难，也没有提供有效的便利。智慧养老涉及社保、社区、卫生、服务、人社等各个部门，产业辐射面广，是个多元化的产业体系。但是由于缺乏共享机制，使得各部门无法实现有效的沟通与协调，因此无法形成强大的拉动效应。旅居养老、医疗保健、休闲文化等养老产业目前尚未形成经济集聚效应，暂时无法形成多层次的服务供给体系，因此不能充分发挥"银色"产业链的价值。加之许多老年人对智慧养老服务持怀疑态度，出现智慧养老产业"数据孤岛"的困境，最终导致产业链无法实现有效链接，老年人对智慧养老产业链缺乏认可和接受。

（三）应用端服务仍缺乏人性化

由于智慧养老服务涉及较多家庭主体、服务供应商和庞杂的社会组织，因此人性化的应用需求是智慧养老产品的第一需求。当前的养老 APP 并未体现人性化的应用服务，甚至有不法分子通过 APP 窃取老年人的详细信息，他们会结合老年人的具体情况采取发短信、非法集资、举办免费送东西的讲座等形式诈骗老年人的钱财。信息安全的缺失使得老年人对智慧养老软件的安全感更加降低，缺乏人性化。

（四）平台运营和投入成本高

当今市场上存在的社区居家养老 APP 一般均配备各类传感器及智能设备，用户可自费购买相关联的产品以获得智能养老设备的健康管理服务。然而设备购置、运营和维护的成本较高。据相关调查数据显示，对于普通用户来说，老年人的消费观偏向传统，无力在养老过程中承担过高的智能设施及设备费用；对于企业来说，建成遍及上万用户的养老服务平台的费用将达到近百万元，若配备呼叫中心、联网报警等系统，则需将近千万元，每年的运行费用需要 100 万元以上，投资数额及投资压力巨大。加之国内养老产业目前还未完全处于集约状态，智能产品与养老需求不对等，且难以节约养老服务资源，从而导致养老服务效能过低，造成智慧养老平台的发展停滞问题。

二、智慧养老发展对策

智慧养老的目的不是从老年人身上赚钱，而是要降低社会的养老成本。与传统的养老院养老相比，智慧养老模式不必对基础设施进行投资与建设，而是让老年人可以在家中或者养老机构享受高质量的养老服务，符合国内老年人养老的心理趋势。针对智慧养老的发展，提出以下建议。

（一）加强顶层设计

设立智慧养老产业大数据中心，为制定智慧养老发展政策打下坚实的数据基础。一是国家尽快出台智慧养老发展的相关规划，为各省、市发展指明方向。设立智慧养老产业大数据中心，将涉及养老的相关产业数据互联互通，消除各部门和各行业的信息隔阂。建立养老服务资源和老年人口养老需求信息库，统一信息采集标准，规范数据接口，实现信息整合与畅通流动，为实现国家和各地区政策的制定提供可信赖的基础数据，以数据分析来实现科学预测和科学制定政策。二是完善相关法律法规，加强政府相关部门对企业的服务监督和涉老数据的安全监管，防止服务数据和老年人个人信息数据泄露。

（二）积极推动智慧养老企业的自我提升和产业的融合发展

其一，智慧养老产品、服务软件系统和数据服务平台是社会资本当前愿意投资的前三个领域。在社会资本的助力下，从事这三个领域研发和生产的企业将进入前所未有的机遇期，智慧养老企业将更多精力投入自主研发和技术创新，注重智能控制、大数据分析决策系统的核心竞争技术研发，提升智慧养老产品的科技含量和品质，加强智慧养老自主品牌建设，提升智慧养老企业的市场核心竞争力。其二，发挥政府主导下的"市场经济无形的手"的作用，根据不同类型企业的不同产品和服务，给予合理的政策扶持和价格指导，平衡参与智慧养老的各行业的产业利润率，吸引社会资本积极进入智慧养老领域，以社会资本的力量来推动智慧养老产业的更新升级，同时也可以使社会资本获得一定的回报，实现智慧养老产业和社会资本的相互支持和共同发展。

（三）努力推动社区智慧养老服务供给与老年人需求平衡

以社区为基本单元，依托社区各类养老服务机构，开发应用智能终端、便携式动态监测设备、APP应用等，面对不同老年人的普遍化、多样化需求，推进标准化、精细化的精准服务模式。服务机构要组建专业评估团队，根据对老年人的综合评估结果，将老年人需求细分为一般需求、特殊需求、高质量需求，定制分层、分类而又成体系的智慧养老服务模块，关注不同老年人的实时需求信息，及时提供差异化的智慧养老服务，实现由"大众化"到"订单式"服务的转变，充分满足不同老年人对智慧养老服务的多样化需求，真正为老年人提供优质而高效的服务。

（四）搭建社区智慧养老服务综合信息平台

1. 加大技术开发，增强平台服务智能化

物联网、大数据、云计算、人工智能等网络信息技术在各产业中的应用突飞猛进，相关技术日益成熟，为智慧居家养老服务提供了强有力的技术支持。智慧居家养老服务平台在设计时

应该着力实现养老服务智能化，加大资金投入，以网络信息技术为依托，全方位实现为老年人提供的智慧服务。

2.加强智慧养老数据共享，搭建综合服务平台

注重将住、养、医、护、娱融合为一体，尤其是在线上和线下产业服务连接的过程中，积极实现老年人一键线上操作就可以在家享受便捷的上门服务，推动居家养老产业链协同效应，形成连接平台、医生、患者、检测硬件的良好交互模式。加强数据共享，不仅将用户紧紧与养老平台相连，还要通过共享的数据加强各个服务于老年人的产业链资源链条，切实解决老年群体的刚需，提供便捷、可信赖的服务。

3.强化信息保护，推动平台界面人性化

智慧居家养老应用终端需要更加人性化和个性化的设置，功能界面业务逻辑清晰，开发过程更加关注对老年人关怀，并且配备用户可自主调节字体大小的个性化设置，重视信息反馈，提高老年人使用的积极性。同时，要切实实行智慧养老平台的监督管理制度，保障老年人的个人信息安全。

（五）拓展智慧养老产品购买渠道，提升老年人购买智慧产品的能力

一是针对老年人无处购买智慧养老产品的问题，建立适合老年人选购的线上产品和使用信息平台，把产品信息展现给老年人，让老年人自由选购；打通线下零售渠道，小型、基础的智慧养老产品可以在连锁药店、器械专卖店等老年人比较认可和便于购买的正规渠道进行销售。二是针对老年人对智慧生活的需求，政府及相关部门可广泛组织老年大学、社区、学校、社会力量开展各类型的科学素养课程、培训或讲座，让老年人了解当今科学技术发展的最新趋势，以及科技发展带来的新变化。还要引导更多老年人主动参与学习，教会他们如何使用智慧养老产品，如何在网上选购心仪的智慧养老产品。这不仅能让更多老年人享受全方位的高质量服务，还能增强老年人与亲朋、外界交流的能力和自信心，从一定程度上解决了老年人获取信息闭塞、对外沟通不畅和融入社会困难等问题，促进了代际和社会融合，有助于实现老年人与年轻人共享智慧成果的新局面。

（六）依托互联网、大数据，推进智慧养老相关信用体系的建立

推进智慧养老行业和个人的信用评级体系建设。政府依托大数据，建立智慧养老服务企业、从业人员信用评级体系，可委托第三方评估机构进行评级，政府将信用评级结果作为政策和资金支持、准入和退出的重要依据，制定相关奖惩制度，帮助老年人鉴别智慧养老服务企业和个人的真伪、好坏。还要组建智慧养老服务企业诚信联盟，凝聚一批有强烈参与意愿、有深度合作空间、有数据价值的企业，在信息数据共享、品牌合作共建等方面建立稳固的合作模式，同时引导更多有潜力的社会力量参与智慧养老服务企业信用体系建设，共同助力智慧养老健康发展。

（七）强化人才培养，壮大智慧养老服务队伍

人才是智慧养老服务发展的根基，因此要加大人才培育力度，建立智慧养老服务人才培养梯队。加强一线养老服务人员的科学素养培训学习，让有能力者掌握和使用智慧养老产品，在实践中提供更好的服务。鼓励有条件的地区开设社区居家智慧课堂，让更多老年人的子女学习智慧养老服务知识，并教会父母使用智能产品，成为智慧养老服务中的一员。鼓励各地老年大学重视老年人力资源的开发使用，引导更多老年人学科技、用科技，更好地发挥余热、贡献社会，提升老年人才的社会贡献度和参与度。鼓励高校科研机构、企事业单位、专

业培训机构，通过课堂教学、进修、对外交流、继续教育等多种方式，培育养老服务及相关领域具有国际视野的专业型人才、复合型人才，引导他们积极投入到智慧养老理论学习与政策制定、产品设备软件研发、大数据分析之中，还要创造更多让各类人才获得进一步提升的机会，充分吸收发展模式、产品研发技术、服务等的先进做法和典型经验。

 **课后自测**

实训演练

1. 实训目的

掌握智慧养老的发展趋势。

2. 实训内容与步骤

（1）利用互联网对我国智慧养老产业发展趋势进行研究，了解智慧养老在应用和技术方面的发展趋势。

（2）开展小组讨论：你认为智慧养老今后的发展趋势主要表现在哪些方面？

3. 实训总结

记录小组讨论的主要观点，推选小组代表在课堂上阐述小组的观点。

第六章
智慧养老案例

知识目标

　　1.熟悉智慧养老服务平台各板块的功能及使用。

　　2.熟悉常见的国内外智能养老器具的使用。

能力目标

　　具备运用智慧养老服务平台的能力。

素质目标

　　1.培养热爱养老服务行业的职业素养。

　　2.树立爱岗敬业的职业道德观念。

　　3.努力学好专业知识，并在实践过程中不断丰富和提升专业素质。

PPT课件

第一节   山东省潍坊市智慧养老服务中心

山东省潍坊市智慧养老服务中心（下文简称中心）是由山东省潍坊市民政局支持的公益、公共服务机构，中心将新一代信息技术与居家养老、社区养老、机构养老等养老方式紧密衔接，按照"一网站三平台"的布局设计（"一网站"指潍坊市12349养老服务网站，"三平台"指智慧养老服务大数据平台、老年辅助器具展销服务平台、养老服务专业人才培育平台），实现养老资源的共享。

中心全力构建居家社区机构相协调、医养康养相结合的养老服务体系，主要突出"数据、智能、专业"的特点。其中，突出"数据"是通过数据统计分析，为政府精准决策、养老服务组织精准服务提供科学依据；突出"智能"是通过智能康复辅具和智能适老化改造，既以智能弥补老年人失能的缺陷，又提高养老服务人员的工作效率；突出"专业"是通过培养养老服务专业人才，提高养老服务的专业化水平。

中心通过利用"线上＋线下"服务方式，不仅能满足老年人在安全人身照护、紧急医疗救助、健康生活管理、精神人文关怀等方面的需求，还为老年人提高养老服务的质量水平，营造全新的健康养老生活方式。下面按照中心的布局设计，对中心进行介绍。

一、潍坊市12349养老服务网站

潍坊市12349养老服务网站（下文简称网站）通过整合社会多种养老服务资源，为养老服务提供各种便利。网站主要包括九个板块：新闻资讯板块、政策法规板块、通知公告板块、养老机构板块、养老地图板块、康复器具板块、线上学习板块、老年服务板块和老年养生板块。下面将对这九个板块进行介绍。

（一）新闻资讯板块

新闻资讯板块主要功能是将养老服务方面最新的新闻及链接发布到网站，供用户浏览，使用户能及时了解养老服务方面的前沿信息。

（二）政策法规板块

政策法规板块主要功能是发布各级各类部门出台的养老方面的相关政策法规，供用户查阅浏览，增加用户养老服务知识的储备。

（三）通知公告板块

通知公告板块主要功能是发布潍坊市智慧养老服务中心网站最新的工作动态，让用户能够及时了解中心的工作动态。

（四）养老机构板块

养老机构板块主要功能是通过网站，以视频的方式接入潍坊市各级各类养老机构，全面准确地展示潍坊市各类养老机构的情况。通过720度全景的方式，使老年人和子女不用进入养老机构，就能够身临其境地查看养老院的情况及老年人的实时情况，同时还可以在线选择心仪的养老机构。

另外，养老机构板块设有地图导航、微信二维码和机构简介，老年人和子女还可以通过扫描二维码联系养老机构。

（五）养老地图板块

养老地图板块主要功能是可以轻松地查阅养老机构的信息，可以动态地显示养老机构、服务商和志愿者的信息等。当鼠标放到养老地图板块的相关位置，就可以显示养老机构的名称、地址、电话等信息，方便用户查找。

（六）康复器具板块

康复器具板块主要功能是显示部分康复器具的信息并进行线上、线下销售。

（七）线上学习板块

线上学习板块是为了方便养老护理人员和亲属更好地照顾老年人，提高其操作技能和理论知识而设置的板块。本板块以视频的方式对学习人员进行培训，供学习人员浏览和学习。

（八）老年服务板块

老年服务板块包括定位救助服务和健康医疗服务两个子模块。

1.定位救助服务模块

定位救助服务模块通过 GPS 定位、基站定位，实时了解老年人的行动轨迹，同时老年人可以实现一键呼叫子女和社区管理员，一键拨打 110、120 等救助热线。定位救助服务模块具有随时随地、一键求助、亲情关注等优点。

2.健康医疗服务模块

健康医疗服务模块主要提供三项服务：一是建立健康档案，二是利用社区医疗资源定期对老年人进行健康检查，三是专业医生远程提供健康看护服务。

专业医生通过平台系统一方面实现对老年人的信息管理，特别是当老年人健康参数出现异常时，健康医疗服务会主动给老年人提供信息提示；另一方面专业医生通过平台系统对智能健康检测设备上传的数据进行分析，根据分析结果对老年人提出健康指导意见。

（九）老年养生板块

老年养生板块包括饮食养生、生活养生、运动养生和医药养生四个模块，为老年人科普养生知识，提供养生方法。

二、智慧养老服务大数据平台

智慧养老服务大数据平台创新"线上＋线下"服务方式，促进养老资源优化配置，打造"没有围墙的养老院"，为老年人提供助餐、助浴、助洁、助行、助医、助急等服务，实现统计分析"数据化"，部署交流"可视化"，管理服务"便捷化"，督查指导"在线化"。

智慧养老服务大数据平台实行市级规划设计、县（市、区）级指挥调度、街道（乡镇）服务对接、社区（村）终端服务四层管理机制，将山东省潍坊市所有 60 岁以上老年人和养老服务设施、服务组织等信息纳入平台统一管理，实现市、县（市、区）、街道（乡镇）、社区（村）、家庭五级覆盖。智慧养老服务大数据平台具体包括大数据中心板块、呼叫中心板块、居家服务板块、机构管理板块、健康管理板块、时间银行板块六个板块。

（一）大数据中心板块

大数据中心板块涵盖潍坊市全市的养老数据，将老年人、服务商、志愿者的信息分类别、分层级进行统计分析，实现统计分析"数据化"。具体内容见图 6-1。

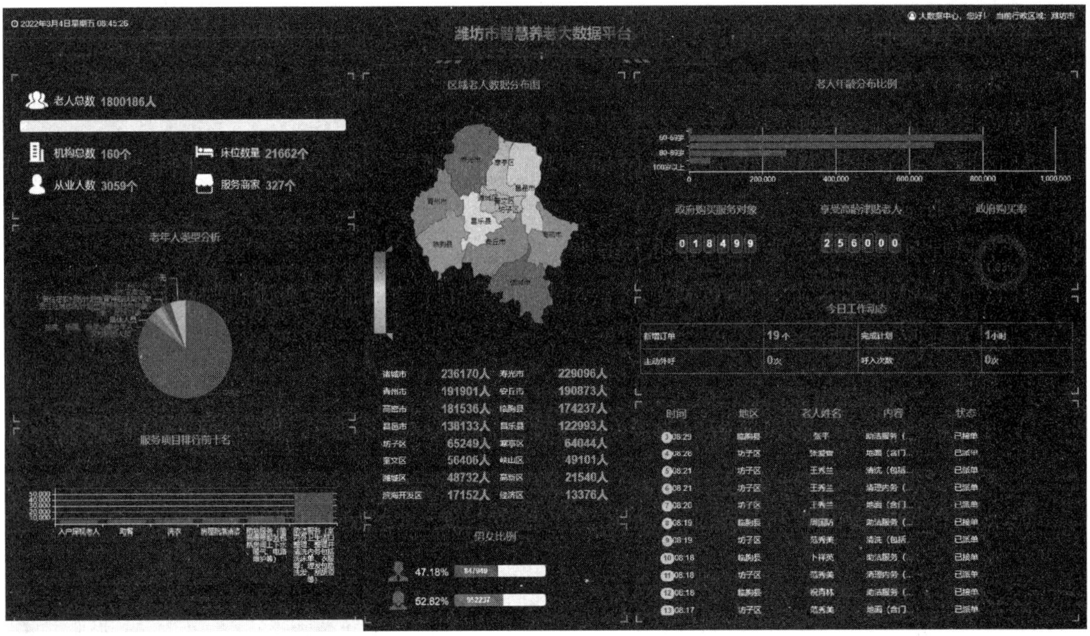

图 6-1   智慧养老服务大数据平台——大数据中心

大数据中心板块中的数据包括老年人总数、机构总数、床位数量、从业人数、服务商家数量、老年人类型分析、服务项目排行前十名、区域老人数据分布图、男女比例、老年人年龄分布比例和今日工作动态。通过对上图的大数据中心板块的数据分析，我们可以得出以下结论。

① 截止到 2022 年 3 月 4 日，大数据中心已经录入潍坊市约 18 万老年人信息，链接 160 家养老服务机构，床位数量约 2.1 万个，服务商家 327 家。

② 老年人类型分析统计中，普通老年人占比最高，农村特困人员、离休人员等占比较低。

③ 从老年人需求服务项目排行榜可以看出助洁服务（室外服务清扫整理，整理并清洗内务包括洗床单、衣服等，理发包括洗发、刮胡须等）需求比较多。

④ 中间区域展示的是潍坊市各县（市、区）60 岁以上的老年人数量和老年人男女比例统计。颜色越深的板块老年人数量越多，诸城市目前录入的老年人数量是 236170 人，鼠标拖动会动态显示其他地区的老年人数据。

⑤ 老年人男女比例统计中，正常情况下男性比例高于女性，但是 60 岁以上的老年人中女性比例高于男性，女性占 52.82%，男性占 47.18%。

另外，大数据中心板块具有远程视频会议指挥调度功能，可实现潍坊市与各县（市、区）线上视频会议。通过远程视频会议交流经验、部署工作，实现部署交流"可视化"，目前系统链接有 10 个县（市、区）的 12 家运营中心。

（二）呼叫中心板块

呼叫中心为老年人提供紧急救助或生活服务，以呼叫中心系统为支撑，整合 GPS 定位系统实现数据共享，构建老年人急救处理及服务的平台。在市、县两级设立 12349 呼叫热线，为老年人和服务团队建立起联系的通道。老年人在日常生活中如果遇到养老咨询、紧急救援、护工服务、医疗保健、家政服务等需求可拨打呼叫热线，电脑屏幕上会实时弹出老年人的基本信息和家庭住址，工作人员可以根据这些信息为老年人提供更周到、更精准的服务。同时，12349 热线电话可以进行回访，了解居家服务满意度和老年人各项政策的落实情况。

（三）居家服务板块

服务商通过平台进行接单，为老年人提供各方面的居家服务。截至 2021 年 7 月，平台已完成 26242 个工单，并在平台进行记录。工单信息主要包括老年人的姓名、家庭住址、服务内容、接单服务机构信息、工作人员带有时间水印的签到及签退照片等。工作人员只能在距离老年人家 50 米范围内签到和签退，超出范围的签到和签退无效。在服务过程中，中心要求工作人员录制视频，方便监督和管理，实现管理服务"便捷化"。

（四）机构管理板块

机构管理板块的功能是通过智慧养老服务大数据平台，对潍坊全市敬老院、城市社区日间照料中心、农村幸福院等各类养老服务机构进行全面监管，实现养老机构的精准服务。

通过智慧养老服务大数据平台，政府有关部门可以使养老机构系统地保存老年人的电子档案并对各养老机构的数据进行统计分析，更精准地落实各项养老政策、发放养老补贴，实现督查指导"在线化"。另外，子女可以通过养老院的 APP 远程查看老年人在院内的生活情况，工作人员每天会对各养老机构和助餐点的监控进行抽查，查看各摄像头是否正常运行，查看护理人员是否有不善待老年人的行为，厨房内卫生是否合格，是否有不规范操作等行为，并做好记录，及时上报、通报并纠正，实现对养老机构的精准管理。具体内容见图 6-2。

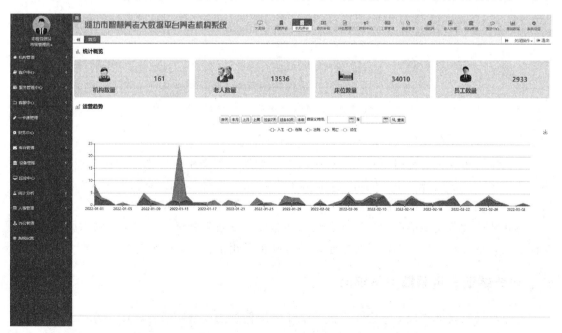

图 6-2　智慧养老服务大数据平台——养老机构系统

未来养老机构运营补贴的评估，计划由现场评估改为网上评估。民政局会根据养老机构在平台的数据统计来发放养老补贴，使养老服务更精准、更方便、更快捷。

（五）健康管理板块

智慧养老服务大数据平台通过健康管理系统与医疗服务机构对接，为老年人提供远程医疗服务。当血压测量结束后，测量数据即时上传到健康管理系统，如果有血压偏高或者过低的情况，系统会给签约医生、子女和服务中心三方发短信，方便对老年人的健康进行实时监管和及时救助，并记录老年人的血压、血糖、心率、呼吸频率等健康数据，形成曲线图，实现老年人日常健康管理，构建医养康养相结合的养老服务体系，具体内容见图 6-3。

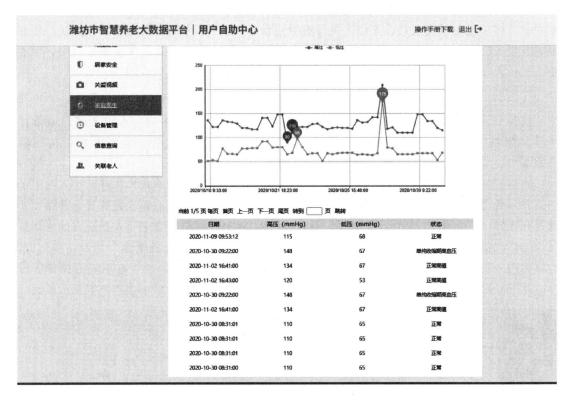

图 6-3 智慧养老服务大数据平台——用户自助中心

（六）时间银行板块

时间银行板块主要是引导并鼓励更多的志愿者加入养老事业中来，志愿者通过 APP 接单，为老年人提供服务。中心实行"时间银行"机制，志愿者可以储存时间，当志愿者年老后可以享受相同时长的志愿服务，或者兑换积分，换算成产品，鼓励更多人参与为老服务。

本板块的优势是能够调动志愿服务组织和志愿者来服务老年人。潍坊市的志愿服务走在全国前列，现在正在探索如何将公益组织和时间银行相结合，更好地为老年人服务。

三、老年辅助器具展销服务平台

老年辅助器具展销服务平台主要进行老年辅助器具的展示和销售，共分为六个板块，包括老年助行区、老年康复区、老年助餐区、老年护理区、老年助浴区和居家智能适老化改造空间区。

（一）老年助行区

老年助行区包括助行多功能拐杖区和多功能轮椅区。助行多功能拐杖区主要以多功能拐杖为主，以智能拐杖居多。助行多功能拐杖设置的目的是提高老年人摔倒时的警报性，当老年人摔倒时可以实现自动报警，以及维持老年人平时生活的娱乐性。多功能轮椅是为方便老年人代步和外出购物而设置的，主要针对偏瘫或重症患者、高龄老年人、失能或半失能老年人这类人群。当老年人外出时，可以通过轮椅等老年辅助器具进行活动，老年人可以按照自己的心愿到达不同的地点，方便自己外出活动，减轻家人负担。

（二）老年康复区

在日常生活中，通过选择适宜的训练方式并配合各种康复辅助器具的使用，可以使老年患者最大限度地发挥潜能，达到生活自理或者减少借助的目的，以此改善老年人的日常生活质量，更好地满足老年人的生活需求。老年康复区展示的辅助器具适用于下肢行动不便人群，集家庭康复训练与生活智能辅助于一体，居家可以实现康复训练，满足家庭康复需求。

（三）老年助餐区

为帮助老年人更方便地完成用餐活动，老年人可使用方便用餐的适老性用餐工具，此为老年助餐区设置的目的。首先，适老性用餐工具可以方便老年人用餐。其次，适老性用餐工具可以避免老年人在用餐过程中发生磕碰。再次，适老性用餐工具可以方便老年人活动，如调整姿势或起身时手握用力、存放物品等。最后，为实现老年人顺利进餐，适老餐桌椅可配备餐具组合进行使用。老年助餐区的设计满足了老年人用餐时的各种需求。

（四）老年护理区

老年护理区展示了护理老年人所需的产品和设备。为改善老年人的居家安全和生活质量，智能化老年护理设备能够提供智能护理服务，如实现老年人自动上下床、左右翻身，为老年人护理按摩等。另外，还可以实时监测老年人的心率、呼吸频率等生命体征，以及老年人体动次数、睡眠质量，为解决老年人日常生活问题提供帮助。

（五）老年助浴区

当前，老年人在洗浴过程中的跌倒、溺水等危险事故时有发生，老年人特别是失能老年人的洗浴问题一直是养老中的痛难点。对于需要照料的失能老年人和护理员来说，洗澡是一件非常耗费体力的事情。智能化助浴产品可以帮助老年人提高自理能力，不但减轻了护理员的负担、缩短了淋浴时间，还降低了老年人感染疾病的风险。

（六）居家智能适老化改造空间区

居家智能适老化改造空间区旨在为千千万万个家庭提供舒适、适老的居家环境，陪老年人度过一个幸福舒适的晚年。居家智能适老化改造空间区通过智能产品入户与智慧养老中心对接，改善老年人的居家环境，提高家庭的安全性、娱乐性、应急性、适宜性等，解决老年人在行动和心理上的各种问题，打造智能居家适老化改造空间。

四、养老服务专业人才培育平台

养老服务专业人才培育平台采用"走出去、请进来"等方式，加强与国内外养老服务专家学者的对接交流，广泛招募养老服务从业人员，培养高端专业人才，全面提升养老服务人员的专业化、职业化水平。

养老服务专业人才培育平台让每一位参训者都能持证，让每一位求职者都能上岗。由于养老护理人员不仅仅是帮老年人打扫卫生、做饭，所以需要对其进行专业的护理培训。例如，如何进行鼻饲饮食的照料，如何防治老年人压疮，如何正确对老年人实施心肺复苏急救，等等。

潍坊市智慧养老服务中心利用"线上＋线下"服务方式，满足老年人多样化、个性化的需求，营造全新的健康养老生活方式，以此为政府分忧，为社会减负。

第二节　易邻里智慧养老服务平台

易邻里智慧养老服务平台是数据服务平台。目前，易邻里智慧养老服务平台已在山东省潍坊市奎文区部街道办事处正式投入运行。

一、易邻里智慧养老服务平台模块介绍

易邻里智慧养老服务平台分为居家养老模块、监管中心模块、呼叫中心模块、医养结合模块、社区驿站模块、服务商管理模块、设备物联模块等核心模块。本平台具备人脸识别门禁和远程可视对讲功能、小区业主邻里圈和户户通功能、车牌识别和智能停车管理功能、智能监控和电子巡更功能、物业线上缴费和线上报修等智慧物业管理功能、社区商城和居家养老服务功能、社区人口管理和信息发布功能等。下面按照平台模块分类进行介绍。

（一）居家养老模块

居家养老模块用于老年人档案信息和健康信息的管理。主要包含老年人档案、会员管理、健康管理和健康数据等子模块。

1.老年人档案

本模块的主要功能是为老年人的基本信息、家属信息、居住信息、补助信息、需求情况、健康情况、用药情况、住院情况等综合信息建立完备的档案。

2.会员管理

本模块的主要功能是通过制订会员专属的套餐服务，为老年人带来更便捷、更高质量的服务，满足更高层次的需求，提供更优惠的价格。

3.健康管理

本模块的主要功能是为老年人的所有健康情况建立健康档案，包含体质检测报告、血压档案、血糖档案、心电档案、病例档案、血氧档案、血脂档案、血尿酸档案、一体机检测报告、计步档案、心率档案等，为老年人的身体状况做定时的健康评估，对心脑血管疾病风险做出预测，提前进行健康干预。

4.健康数据

健康数据包括血压、血糖、血脂、血氧、血尿酸数据、BMI数据、体温数据等影响老年人健康的数据，通过获取健康数据，为老年人的健康评估提供有效的数据支撑。

（二）监管中心模块

监管中心模块的主要功能是实时查看平台数据信息，它包括数字大屏和预警中心两个模块。

1.数字大屏

监管中心数据通过数字大屏进行可视化展示，用户数据可以实时显示在数字大屏上，为后续决策提供有力的依据和数据保障。

2.预警中心

预警中心实现实时预警，当老年人通过智能设备发出求助后，服务人员可以第一时间根据智能设备反馈的数据了解求救情况，做出及时的应变处理。

（三）呼叫中心模块

呼叫中心模块的主要功能是处理居家养老模块中的座席电话产生的订单。通过建立老年人一键呼叫服务中心，对老年人突发事件或应急事件可以迅速做出反应，为老年人的生活提供保障。同时还可以办理预约服务，为老年人的生活带来全方位的便利。

1.订单受理

本模块的主要功能是对老年人呼叫座席电话产生的订单进行受理。

2.工单管理

本模块的主要功能是对多种类型工单的产生、服务、改派、完成、回访等全流程进行监管。

（四）医养结合模块

医养结合模块的主要功能是为老年人提供更方便的医疗服务。其中包括医疗机构模块、服务人员模块和工单处理模块。

1.医疗机构

医疗机构模块对服务老年人的医疗机构的信息进行统一管理，通过管理能够对医疗机构进行有效的监督。

2.服务人员

服务人员模块是对提供医疗服务的相关人员进行统一的管理和监管。

3.工单处理

工单处理模块的主要功能是对服务产生的订单进行统一汇总处理，以及进行后续跟踪和满意度调查。

（五）社区驿站模块

社区驿站模块的主要功能是对社区及社区中建设的养老服务驿站进行统一的管理和监督。其中包括社区服务、服务人员和工单服务三个子模块。

1.社区服务

社区服务模块的主要功能是对社区内驿站提供的服务、驿站档案、合同提醒、体检提醒、保险提醒等进行管理。

2.服务人员

服务人员模块的主要功能是对社区驿站相关的服务人员进行监管。

3.工单服务

工单服务模块的主要功能是对社区驿站提供服务所产生的工单进行统一的汇总处理。

（六）服务商管理模块

服务商管理模块用于关联家政门店的服务商，为家政门店批量或单独分配居家服务项目。其中包括平台入驻、服务套餐、工单管理、服务执行跟踪四个子模块。

1.平台入驻

平台入驻模块主要提供社区服务商入驻的平台。

2.服务套餐

服务套餐模块主要对服务商提供的服务套餐进行统一管理。

3.工单管理

工单管理模块的主要功能是对各个服务商提供服务所产生的工单进行统一的汇总与结算处理。

4.服务执行跟踪

服务执行跟踪模块的主要功能是对产生的服务工单进行后期的追踪调查，对用户满意度进行分析。

（七）设备物联模块

设备物联模块的主要功能是对各智能设备进行统一的管理，并预留开发接口，后续适配新智能硬件。其中包括对定位设备、智能药箱、安防监控、睡眠设备的统一接入管理。

二、易邻里智慧养老产品各功能介绍

表 6-1　易邻里智慧养老产品中各模块的功能介绍

产品	模块	功能
居家养老服务平台	居家中控平台	机构概览、检测信息、服务信息、定位信息、睡眠监控、服务信息汇总分析、老年人服务位置监控、老年人生命体征监测、老年人防走丢定位
	会员管理	用户档案、会员卡管理、会员档案、充值或退卡、消费管理、会员服务
	健康管理	健康中心、健康数据采集、健康档案、健康评估、健康干预
	风险评估	缺血性心血管病风险评估、中医体质评估
	老年人档案	普通老年人管理、政府救助老年人管理、老年人信息综合查询
	政府采购管理	政府采购处理、政府采购审核、政府采购执行跟踪、计划任务工单管理
	呼叫中心	订单受理、工单管理、社区工单执行、门店工单执行、计划工单执行、工单回访、工单查询
	社区驿站管理	社区驿站信息、合同到期提醒、体检到期提醒、保险到期提醒、社区管理信息、社区管理服务、费用统计分析
	活动管理	活动发布、活动报名、活动签到、活动签退
	服务商管理	第三方服务商门店信息、第三方服务工单结算对账
	居家安全管理	定位信息、SOS报警及报警处理、定位轨迹跟踪、电子围栏、睡眠监测信息、睡眠质量报告
	物联网管理	一体机设备维护、定位设备、睡眠设备、血压计、血糖仪、服务签到设备、活动签到设备、视频监控设备
	员工管理	健康管理师维护、健康管理师审核
	统计分析	检测情况、会员交易、会员消费
	数据维护	会员等级、服务项目、救助类型
	平台管理	用户管理、机构管理、角色管理、用户角色分配、角色权限分配、异常处理

续表

产品	模块	功能
第三方服务商平台	呼叫中心	客户管理、订单受理、来电弹屏、电话录音
	门店管理	门店信息、服务项目管理、服务人员合同管理、服务人员体检管理、服务人员保险管理
	服务工单	服务订单受理、内部服务工单管理、第三方工单管理、服务工单执行、服务工单回访及评价
	费用管理	结算对账、费用统计分析
	基础数据维护	会员等级、服务项目
家庭端APP	健康档案	健康档案：体质档案、血压档案、血糖档案、心电档案、医院病历、健康报告、一体机报告、血氧档案、血脂档案、血尿酸档案、健康评估报告、睡眠档案、运动档案
		健康数据采集：体质检测、血压检测、血糖检测、心电检测、医院病历、血氧检测、血脂四项检测、血尿酸检测、睡眠监测
	服务消费	实物商品、服务商品、服务工单预约下单、工单执行跟踪、工单评价
	医生	服务评价、医患交流、医生信息
	更多	个人信息、我的服务、我的活动、我的积分、健康资讯、健康商城、健康社区、我的设备、会员档案、设置
医生端APP	我的患者	患者分组、医患交流、评估报告
	我的积分	积分明细
	医生圈	发布主题、浏览主题、分享
	更多	个人中心、消息中心、设置
社区管家（服务人员）APP	我的工单	工单列表、工单详情、工单接收与服务、计划工单执行、工单路线、工单刷卡开始及结束、工单扫码开始及结束
	我的业绩	业绩统计、用户评价
	家政圈	文章预览、文章分享
	个人中心	系统消息、密码修改、个人信息
微信公众号	机构简介	机构简介、机构服务介绍
	用户服务	个人中心、健康档案、服务工单、我的互动、账号绑定、消息提醒
	老年人信息	老年人基本信息、生活记录、护理记录
	健康商城	实物商品、服务商品、服务工单预约下单、工单执行跟踪及消息提醒、工单评价
养老评估	老年人档案管理	老年人基础档案、政府救助老年人档案
	评估过程管理	评估计划、老年人生活能力评估、能力指数评估
	评估档案管理	评估记录查询
	评估师管理	评估师维护、评估师审核
	评估统计分析	按区域统计、按年月统计、评估明细报表
	平台管理	用户管理、机构管理、角色管理、用户角色分配、角色权限分配、异常处理

三、智慧养老平台应用——潍州路街道智慧养老服务体系

（一）潍州路街道养老服务概况

山东省潍坊市奎文区潍州路街道（简称潍州路街道）辖区面积6.1平方千米，人口总数

约 7.2 万人，存在人口密度大、老龄化程度高等现实问题，潍州路街道养老资源具有"五多"的特点（以下数据截止到 2020 年 12 月）。

（1）老年人口多：辖区内 60 岁以上老龄人口 1.52 万，约占总人口的 21%。其中 80 岁以上高龄老年人 2722 人，约占老年人总数的 18%；失能、失智老年人 920 人，约占老年人总数的 6%，养老问题日趋突出。

（2）医疗资源多：辖区内拥有多家养老机构和社区日间照料中心，共计床位 410 张。

（3）养老机构多：辖区内拥有眼科医院、老年病医院、妇产医院及各类门诊社区卫生室等 39 家医疗卫生机构。

（4）闲置资源多：辖区内拥有多处闲置资源，建筑面积达 2.1 万平方米。

（5）老旧小区多：辖区内拥有 45 个老旧小区，闲置房屋 2000 余套，建筑面积 15 万平方米。原来的老旧小区脏乱差，自 2019 年以来，奎文区逐步实现了红色物业的全覆盖。

（二）养老服务体系的建立

2020 年以来，秉承国家"十四五"规划和 2035 年远景目标的建议，以及住建部、民政部等相关国家部门联合下发的推动"物业服务＋养老服务"指导意见提出的实施积极应对人口老龄化的国家战略，健全基本养老服务体系，支持家庭承担养老功能，构建居家社区机构相协调、医养康养相结合的养老服务体系，潍州路街道在山东省潍坊市奎文区委、区政府的坚强领导下，坚持以党建为统领，持续推进红色物业扩面增容，探索建立智慧养老综合服务体系。着力解决居家养老服务供给能力不足等问题，进一步完善养老服务体系建设，深入推进养老服务设施建设，持续完善养老机构管理机制，加强安全管理，补齐养老事业短板；提升运营能力，整合社区各类资源，满足不同层次的养老服务需求，进而促进居家和社区养老服务向社会化、专业化发展；以红色物业牵引居家和社区养老服务，整合多种资源，探索养老服务新模式，建设包含百姓食堂、养老机构、日间照料中心等综合养老服务在内的智慧养老服务体系，已经取得初步成效。

智慧养老服务体系通过互联网即智慧平台，链接服务与资源，通过养老事业带动养老产业，产生经济效益。以潍坊市奎文区幸福街小区（简称幸福街小区）为例，幸福街小区充分体现了街道智慧养老服务的三级架构，即街道综合养老服务中心、社区养老服务站和嵌入式养老服务驿站。这三级是向老年人提供助餐、助洁、助浴、助行、助急、助医为主的"六助"服务。通过开展嵌入式服务，在幸福街小区里的活力老年人早晚可以接送孩子，白天家里没有人就可以到社区养老服务站或者嵌入式养老服务驿站来活动，在幸福街小区社区大食堂可以解决吃饭问题，同时还能休息和活动。老年人在一起还能解决隔墙不相识、相望不相知的问题，让"低头不见抬头见"在这里重现，真正实现幸福潍州的概念。

潍州路街道智慧养老服务体系包含了 350 平方米的街道智慧养老综合服务中心，由本土企业提供技术支持和运营服务，搭建了以居民需求为导向的"1＋10＋N＋6"智慧养老综合服务体系。其包括 1 个街道智慧养老综合服务中心，10 个社区智慧养老服务站，N 个小区养老服务驿站，以助餐、助洁、助浴、助行、助急、助医为主的 6 项助老服务。街道智慧养老综合服务中心设置了"一站一平台五功能区"的架构，分别是党群服务驿站、智慧养老服务平台、呼叫区、养老设施体验区、多功能培训区、服务资源网格区、养老设施设备展示陈列区。中心为老年人提供养老咨询、居家养老服务体验、医疗保健指导、居家养老设施和智能设备销售租赁等服务，可满足不同层次老年人的需求。中心下设社区智慧养老服务站、小区养老服务驿站、百姓食堂等为老年人提供养生保健、休闲娱乐、营养套餐等贴心服务。

1.党群服务驿站

党群服务驿站针对居家养老打造红色物业升级版，即"红色物业＋智慧养老"服务模式。按照红色化、智慧化、社会化、兜底化的原则，打通物业和养老之间的障碍，满足老年人的"六助"需求，不断打造更符合老年人需求的综合性养老服务中心。

2.智慧养老服务平台

智慧养老服务平台主要展示辖区内老年人大数据及智慧平台的呼叫中心、居家管理、健康管理等服务模块，加强辖区各养老机构、医疗机构、家政服务、社区食堂、红色物业的多方协同联动，促进各类资源优化配置，突出数据、智能、专业。利用"线上＋线下"服务方式，满足老年人多样化、个性化需求，营造全新的健康养老生活方式，全力构建大数据支撑下的居家社区机构相协调、医养康养相结合的养老服务新体系。具体见图6-4。

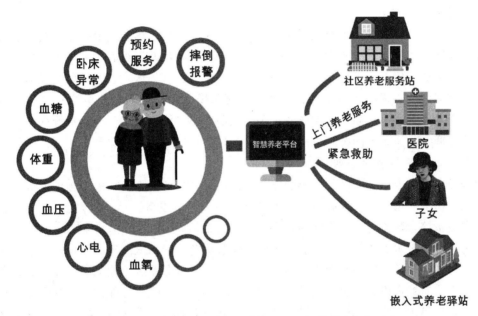

图6-4　潍州路街道智慧养老服务中心——智慧养老服务平台

3.呼叫区

呼叫区即后台服务区，实行24小时值班制度。一键呼叫、电话热线、易邻里APP等均可实时呼叫，方便不同年龄段人群使用。当呼叫热线接通后，电脑屏幕上会实时弹出老年人的基本信息，工作人员可以根据这些信息，为老年人提供更周到、更精准的服务。服务商可通过平台接单，为老年人提供各方面的居家服务。同时，通过热线回访，了解老年人对服务的满意度和各项养老政策的落实情况，实现管理服务"便捷化"。

4.养老设施体验区

养老设施体验区主要是模拟受助家庭的居家养老服务体验，通过智能产品入户与居家养老相结合，从硬件改造、无障碍设施改造、家具改造、辅具配备、智能化用具配备、医疗健康等方面统一考虑，从安全性、便利性、舒适性、经济性、美观性、智能化等多个维度出发，打造智能居家适老化改造空间，提升老年人居家的生活品质。主要包括卫浴体验、餐厨体验、卧室体验、智能体验等模块，展示不同生活空间的适老化标准和产品。

老年人模拟体验套装是为了更好地宣传尊老、爱老、敬老文化，通过体验增进体验者对老年人身体变化的了解，有助于加深对老年人的理解和尊重。老年人模拟体验套装包括视觉障碍模拟眼镜、模拟体验耳罩、身体前倾带、负重背心、绑脚沙袋、拐杖、关节限制套、体验道具。

通过以上设备就可以模拟体验老年人从口袋掏出钱包、接球活动、把水倒入杯中、穿针引线、行走、上下楼梯、接听电话、用餐、购物、看书、写字等情景体验。通过老年人模拟体验，让更多的人可以体验衰老所造成的不便，从而对老年人多一点耐心、多一点关心，塑造一个对老年人友善的环境，理解老年人身心的变化。

5.多功能培训区

多功能培训区是通过桌椅的拼接建成培训区域或会议区域，为老年人组织各种活动提供便利场所。

6.服务资源网格区

服务资源网格区的功能主要包括两个方面：一是展示辖区内养老服务企业机构、医疗卫生机构、社区食堂、社区服务中心、社区日间照料中心，以及其他各类养老服务资源的具体位置，直观地展示出辖区内所有养老服务资源及其覆盖的具体区域，使辖区居民通过电子地图即可对辖区内所有资源的位置一目了然，方便居民前往最近的企业机构获得各类养老服务；二是为老年人写字、画画和制作各类手工艺品等提供活动空间。服务资源网格区通过打造智慧康养圈、品质康养圈、绿色康养圈，不断提高辖区综合养老服务水平。

7.养老设施设备展示陈列区

养老设施设备展示陈列区的主要功能是将国内外先进的助老及居家设施设备进行一站式全景展示，提供展销和租赁服务、各类拐杖和轮椅等助行设备、运动康复设备、护理设备、智能家居设备等，涵盖老年人生活的各个场景，满足不同层次老年人的需求。

街道综合养老服务作为红色物业的延伸，通过红色物业深入到千家万户，让辖区内老年人生活在社区，居住在家，照护于机构。通过智慧养老服务系统，使老年人和子女只需一个电话、一个按钮就可以解决生活照料、日常护理、一日三餐、医疗保健、精神慰藉、物业维修、物品购买等多种服务。让居民得到真正的实惠，从而提升群众满意度，产生社会效益。让辖区群众从心里感受到综合养老办得好，安度晚年没烦恼，暖心服务解民忧，幸福生活在潍州。

（三）潍州智慧居家养老服务平台简介

智慧养老服务平台于 2020 年 12 月 19 日上线试运行，现有 30 名失能、半失能老年人已纳入平台管理服务。目前可提供日常护理、一日三餐、医疗保障、精神慰藉、物业维修、物品购买等多种服务，子女也可通过手机 APP 实时关注老年人的生活状况和身体情况，实现居家养老更贴心、暖心、安心、放心。

平台通过智慧服务终端 24 小时监测老年人生命体征及活动情况，智慧药箱提醒老年人按时服药，当老年人忘记服药后会自动报警；智能手环实现老年人活动监测、实时定位、摔倒自动报警，一键呼叫；智能水表实现老年人家中用水量的监测（图 6-5，图 6-6）；服务平台对老年人实行 24 小时监护，每天早、晚通过平台查房两次，接受老年人 24 小时咨询，提供紧急救助，并将老年人的应急处置情况每日通过 APP 发给老年人的监护人。

智慧养老服务平台通过科技和信息手段，利用社区居家养老信息管理平台，依托健康检测一体机、智能血压计、智能血糖仪、体脂秤、智能手表、睡眠监控设备等智能化设备，形成一个以家庭为核心区、养老服务网络为外围、养老制度为保障的居家养老体系，拓展居家养老服务网络，提高机构的服务效率，提升为老服务的能力和水平。

潍州智慧居家养老服务平台的主要功能包括智能设备检测预警处理功能、居家服务功能和养老评估功能。

1.智能设备检测预警处理功能

智能设备检测预警处理功能又分为定位功能、防走丢和一键求助功能、睡眠和卧床监测功能，以及居家安防设备报警功能。

（1）定位功能：通过中控平台选择定位监控，即可进入定位功能子模块。定位功能主要通过智能手表、手环实时监测老年人的位置、心率、运动步数等情况来进行精准定位。

图 6-5　潍州智慧居家养老
服务平台——智能水表

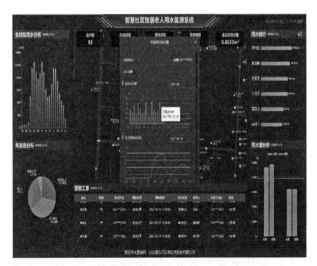

图 6-6　潍州智慧居家养老服务平台——独居老年人用水监测系统

（2）防走丢和一键求助功能：智能手表和手环根据每个老年人的活动范围设置电子围栏，尤其是针对失智老年人，一旦其超出活动范围后就会触发电子围栏报警，平台和监护人会收到即时信息。老年人在感到身体不适或有需求时可以按下手表或手环的一键求助功能，监护人的手机和平台将收到信息，可以通过对话了解老年人的情况并进行处理。若老年人不能正常对话，平台根据定位位置立即启动应急响应机制，安排最近的服务人员查看或报警处置。

（3）睡眠和卧床监测功能：通过安装智能床垫监测老年人的卧床信息，包括心率、呼吸频率及睡眠质量情况，产生睡眠报告，同时监测老年人的卧床和离床情况。如长期卧床和瘫痪的老年人出现离床状态，则立即联系监护人核实具体情况，发现危险及时处理。

（4）居家安防设备报警功能：老年人选配的烟感、气感、水浸、门禁等智能居家安防设备检测到报警信息后，联动摄像头启动处置机制，监护人通过 APP 可主动开启图像对讲询问情况。

2.居家服务功能

（1）基础信息录入：通过入户采集老年人的信息后，上传平台并建立老年人完整的服务档案，对每个老年人的服务偏好和需求都做好标注。对平台签约服务的老年人建立会员管理，生成会员二维码或下发实体 IC 卡，为其提供针对性和差异化的服务。

平台整合了辖区内的优质服务商并纳入平台，如提供送餐服务的社区大食堂或饭店、提供送药服务的药店、提供医疗和理疗服务的社区门诊或医院。平台已上线服务商 19 家，各服务商根据各自的服务范围为平台老年人提供相应的服务。同时养老服务与红色物业相结合，打通物业服务和养老服务之间的障碍，通过"红小二"志愿服务队伍满足老年人不同种类的居家服务需求，为红色物业持续深化提升蹚出了新路。目前平台与各社区的"红小二"进行了联动，已入驻"红小二"志愿服务者 97 名，以社区驿站为依托服务小区老年人。

（2）订单处理：平台可以自动接收子女或老年人在 APP 端发起的服务请求，客服人员根据服务内容分配各自的服务。若老年人不会用手机，则可以通过一键呼叫子女或平台客服发起订单，由客服人员手动创建订单并分派订单。

为保证服务过程的全监管，服务人员到达服务的老年人家后，需扫码再开始服务，服务过程完成后拍照上传平台，再扫码结束服务。客服人员可以随时查看服务情况，保证服务质量和安全。

3.养老评估功能

通过对接民政局等第三方评估机构，入驻评估师，由专业的机构对辖区内的老年人进行评估，及时将评估的过程和结果上传平台，公开信息方便各方运营人员查阅；对是否享受政府兜底服务或特殊服务做出专业判定，方便平台运营人员进行精准服务。

 **实训演练**

1.实训目的

了解智慧养老的发展现状，探求智慧养老的实际应用。

2.实训内容与步骤

（1）利用互联网对当前智慧养老应用案例进行研究，了解市场上应用的智慧养老平台以及现有智能产品的类型及功能。

（2）开展小组讨论：比较各智慧养老应用案例的优缺点。

3.实训总结

记录小组讨论的主要观点，推选小组代表在课堂上阐述小组的观点。

课后自测参考答案

参考文献

[1] 黄启原，李颖，汤先萍.国外居家智慧养老的现状及启示 [J].中国医药导报，2021，18（10）：43-46.

[2] 粟丹.我国智慧养老模式的法律特征及其制度需求——以智慧养老政策为中心的考察 [J].江汉学术，2018，37（6）：50-59.

[3] 杨盛菁，李清镇.国内外智慧养老文献评述 [J].南宁技术职业学院学报，2018，23（5）：71-74.

[4] 齐爱琴.国内智慧养老文献综述 [J].科技视界，2017（7）：272-273.

[5] 卫微微.农村智慧养老服务模式研究——基于晋南两村的调查 [D].太原：山西大学，2019.

[6] 张昊.智慧养老视域下中国养老服务体系的优化路径研究 [D].长春：吉林大学，2020.

[7] 王燕.老年护理 [M].北京：北京大学医学出版社，2020.

[8] 张建.中国老年卫生服务指南 [M].北京：华夏出版社，2009.

[9] 左美云.智慧养老：内涵与模式 [M].北京：清华大学出版社，2018.

[10] 王杰，董少龙.智慧养老技术及落地应用指南 [M].北京：电子工业出版社，2021.

[11] 赵学慧.老年社会工作理论与实务 [M].北京：北京大学出版社，2013.

[12] 姚兴安，朱萌君，苏群.我国老人居家养老研究现状、热点与前沿分析 [J].江汉学术，2021，40（3）：29-40.

[13] 吴金良，马玲，王伟.智慧居家养老系统的构建——以需求为视角 [J].电子商务，2018（3）：42-44，74.

[14] 杨根来，刘开海.养老机构经营与管理 [M].北京：机械工业出版社，2019.

[15] 马丽华.关于旅居养老的几点思考 [J].中国民政，2020（19）：51-52.

[16] 秦聪，张跃松.京津冀协同发展背景下的在京老年人异地养老意愿研究 [J].中国软科学，2020（8）：131-142.

[17] 姚乐，朱启明.赋能大数据教育：全国高校大数据教育教学经验谈 [M].北京：电子工业出版社，2018.

[18] 林子雨.大数据技术原理与应用 [M].北京：人民邮电出版社，2015.

[19] 林子雨.大数据基础编程、实验和案例教程 [M].北京：清华大学出版社，2017.

[20] 覃雄派，陈跃国，杜小勇.数据科学概论 [M].北京：中国人民大学出版社，2018.

[21] 黄宜华.深入理解大数据：大数据处理与编程实践 [M].北京：机械工业出版社，2014.

[22] 佘玉梅，段鹏.人工智能及其应用 [M].上海：上海交通大学出版社，2007.

[23] 王建武.养老服务：创新与实践 [M].济南：山东科学技术出版社，2019.

[24] 成绯绯，孟斌，谢婷.北京市养老机构现状分析 [M].北京：华龄出版社，2018.

[25] 黄佳豪，孟昉."医养结合"养老模式的必要性、困境与对策 [J].中国卫生政策研究，2014，7（6）：63-68.

[26] 朱吉，贾杨，陆超娣，等.上海市"医养融合"面临的问题及对策建议 [J].中国卫生资源，2015，18（3）：233-235.

[27] 向运华，王晓慧.人工智能时代老年健康管理的重塑与聚合 [J].武汉大学学报（哲学社会科学版），2020，73（2）：101-112.

[28] 张博.智慧健康养老产业发展困境与出路——基于有效供给视角 [J].兰州学刊，2019（11）：179-188.

[29] 孙继艳，郝晓宁，薄涛，等.我国健康养老服务发展现状及建议 [J].卫生经济研究，2016（11）：13-15.

[30] 李文.物联网技术及其应用 [J].福建电脑，2010，26（9）：47-48，82.

[31] 沈嘉，刘思扬.面向 M2M 的移动通信系统优化技术研究 [J].电信网技术，2011（09）：39-45.

［32］　胡雅菲，李方敏，刘新华.CPS 网络体系结构及关键技术［J］.计算机研究与发展，2010，47（S2）：304-311.

［33］　曹青林.物联网研究现状综述［J］.软件导刊，2010，9（5）：6-7.

［34］　沈苏彬，毛燕琴，范曲立，等.物联网概念模型与体系结构［J］.南京邮电大学学报（自然科学版），2010，30（4）：1-8.

［35］　孔晓波.物联网概念和演进路径［J］.电信工程技术与标准化，2009，22（12）：12-14.

［36］　陈莉，卢芹，乔菁菁.智慧社区养老服务体系构建研究［J］.人口学刊，2016，38（03）：67-73.

［37］　于潇，孙悦."互联网＋养老"：新时期养老服务模式创新发展研究［J］.人口学刊，2017，39（1）：58-66.

［38］　宁丹萍.智慧居家养老服务需求研究——以长沙市为例［D］.长沙：湖南师范大学，2017.

［39］　闫志俊."互联网＋"背景下智慧养老服务模式［J］.中国老年学杂志，2018，38（17）：4321-4325.

［40］　闫志俊."互联网＋"背景下智慧养老服务产业发展对策研究［J］.宁波职业技术学院学报，2017，21（1）：64-69.

［41］　许子明，田杨锋.云计算的发展历史及其应用［J］.信息记录材料，2018，19（8）：66-67.

［42］　黄文斌.新时期计算机网络云计算技术研究［J］.电脑知识与技术，2019，15（3）：41-42.

［43］　王雄.云计算的历史和优势［J］.计算机与网络，2019，45（2）：44.

［44］　曹子腾.室内定位技术的研究及其在北斗导航服务中的应用［D］.石家庄：石家庄铁道大学，2020.

［45］　张东阳.基于 ZigBee 的无线传感器网络定位技术研究［D］.长春：吉林大学，2020.

［46］　郭东，李惠优，李绪贤，等.医养结合服务老年人的可行性探讨［J］.国际医药卫生导报，2005（21）：43-44.

［47］　郝前进，周伟林."以房养老"的双向风险与我国的制度设计［J］.上海城市管理，2012，21（6）：39-43.

［48］　华中生.网络环境下的平台服务及其管理问题［J］.管理科学学报，2013，16（12）：1-12.

［49］　张芳，李炜.反向抵押贷款制度研究——以美国经验为借鉴［J］.湖北社会科学，2013（4）：148-151.

［50］　朱建明，高胜，段美姣，等.区块链技术与应用［M］.北京：机械工业出版社，2018.

［51］　朱勇.智能养老［M］.北京：社会科学文献出版社，2014.

［52］　王树新.北京市人口老龄化与积极老龄化［J］.人口与经济，2003（4）：1-7，13.

［53］　徐凤亮，王梦媛.国内外智慧养老比较与发展趋势的研究［J］.劳动保障世界，2019（27）：17-18.

［54］　杨武.新时代智慧养老产业的发展趋势与意义［J］.人民论坛，2019（19）：66-67.

［55］　李晨，王娟娟，翟传明，等.智慧养老产业发展现状及未来趋势［J］.智能建筑与智慧城市，2020（1）：84-87.

［56］　李胜军.智慧养老发展浅析与趋势展望［J］.软件和集成电路，2019（Z1）：31.